bazıları
kitap
sever

GEZİ KİTAPLARI DİZİSİ

DİZİNİN DİĞER KİTAPLARI:

1) BATI DOĞU'DAN BAŞLAR / Mebuse Tekay
2) FENER-BALAT-AYVANSARAY / Ahmet Faik Özbilge
3) İSTANBUL'DAN KAPADOKYA'YA / Ahmet Faik Özbilge (Editör)
4) FENER-BALAT-AYVANSARAY (İngilizce) / Ahmet Faik Özbilge
5) PERA'DAN BEYOĞLU'NA / Onur İnal
6) MOĞOLİSTAN GÜNLÜĞÜ / Yıldırım Büktel
7) İSTANBUL KADİM DOST / Ahmet Faik Özbilge
8) MARDİN - GÜNEŞ ÜLKESİ / Nükhet Everi
9) KIYI KÖŞE İSTANBUL / Turgay Tuna
10) İZMİR'DEN ANTALYA'YA / Ahmet Faik Özbilge (Editör)
11) KÜLTÜR - SANAT KENTİ FLORANSA / Yıldırım Büktel
12) TLOS / Taner Korkut
13) BİR ZAMANLAR BAKIRKÖY / Turgay Tuna
14) İÇİNDEN DÜNYA GEÇEN YAZILAR / Bengi Işıl Göktürk

kitap
deyince

YAYINLARI

E Yayınları Tic. Ltd. Şti.
Çatalçeşme Sokak No: 46 Kat: 2 34110 Cağaloğlu/İstanbul
Tel: (0212) 526 89 17-18 Fax: (0212) 526 89 19
www.eyayinlari.com bilgi@eyayinlari.com

TAKSİM'DEN TÜNEL'E
ADIM ADIM BEYOĞLU

TAKSİM'DEN TÜNEL'E ADIM ADIM BEYOĞLU
Turgay Tuna

Kapak Fotoğrafı
Turgay Tuna

Kitaptaki Fotoğraflar
Turgay Tuna Koleksiyonu

Kapak Tasarım
Ziya Levent Aybay

İkinci Basım
Mart 2015

Baskı ve Cilt
Çağdaş Film Matbaacılık San. Tic. Ltd. Şti.
Keresteciler Sitesi Fatih Cad. Kavaklı Sok. No: 11/7
Merter / İSTANBUL
Tel: (0212) 637 03 14
e-mail: cagdasfilm@ttmail.com
Matbaa Sertifika No: 23005

ISBN 978-975-390-327-1

Sertifika No: 10763

Canım Babam,
Mekteb-i Sultani'li
Hulki Bey'in
anısına...

Turgay Tuna; 1951 yılında İstanbul'da doğdu. Aslında bir Bakırköylü, ama İstanbullu olarak bir o kadar da Beyoğlulu. Çünkü, burada, Beyoğlu'nun göbeğinde, Türkiye'nin "Batı'ya açılan penceresi" Galatasaray Lisesi'nde öğrenim gördü. 1970'li Yılların başlarından bu yana tercüman-rehberlik yapan bir turizmci. Ancak, bunun yanı sıra araştırmacı-yazar kimliği ile, uzun yıllar Skylife'tan Cumhuriyet Dergi'ye, Milliyet'ten Popüler Tarih'e birçok dergi ve gazetede yazmış olan ve yazmaya devam eden Turgay Tuna, yıllardır İstanbul "deryası" içinde, tarihseverlere İstanbul'un sokaklarını, semtlerini gezdirmeye, devam ediyor. Ancak, bütün bunların yanı sıra önemli sergilere imzalar atmış iyi bir koleksiyoner ve İstanbul Collection Club'un kurucu üyelerinden biri. Koleksiyon tutkusu, Tuna'ya hem rehberliğinde hem de yazarlığında büyük artılar sağlamış. Tabii ki, tarihi ve İstanbul'u çok seviyor. Onun için tarih demek İstanbul, İstanbul ise tarih demek...

Turgay Tuna'nın yayımlanmış olan kitapları:

1. ***Bir Zamanlar Bakırköy***
2. ***Hebdomon'dan Bakırköy'e***
3. ***3000 Yıllık Gizem Tutankhamon***
4. ***Bergama Gezi Rehberi*** *(beş ayrı dilde)*
5. ***Bakırköy Guide***
6. ***Türk Örf ve Adetleri*** *(beş ayrı dilde)*
7. ***Ahlan ve Sahlan Kahire***
8. ***Posta Pullarında Atatürk***
9. ***Bilinmeyen Kapadokya***
10. ***Deniz Feneri'nin Işığında Ayastefanos-Yeşilköy***
11. ***Minyatür ve Fotoğraflarla Makriköy'den Bakırköy'e-Ayastefanos'tan Yeşilköy'e*** *(Minyatürist Sabriye Şeker ile birlikte ortak çalışma)*
12. ***Kapadokya Gezi Rehberi*** *(beş ayrı dilde) (Bülent Demirdurak ile birlikte ortak çalışma)*
13. ***Kıyı Köşe İstanbul***
14. ***Mısır Gezi Rehberi*** *(beş ayrı dilde) (Bülent Demirdurak ile birlikte ortak çalışma)*

İÇİNDEKİLER

GİRİŞ

Tarihi yarımadanın karşı kıyısı Pera... ya da, Bizans'ın 13. Rejyon'unu[1] oluşturan Peraya... Bir zamanlar Bizans imparatorlarının, Osmanlı sultanlarının avlanmaya geldikleri Galata sırtlarındaki yemyeşil koruların, "Sikai" adıyla anılan incirliklerin geçen yüzyıllar içinde taşa, betona; gürültü, görüntü kirliliğine dönüştüğü, mahvedilmeye çalışıldığı, ama bütün bunlara rağmen tarihi kimliğini korumaya direnen, direndikçe de yıllanmış bir şarap misali değeri yükselen, Doğu'nun kapısı İstanbul'da her daim Batı'yı yaşamış; bunu yaşarken, havagazıyla aydınlatılan sokak lambalarından buz pateni pistine, çiçekçi dükkânlarından sinemalara, modern otelcilik hizmetlerinden fotoğraf stüdyolarına Osmanlı Türkiyesi'ndeki bir çok ilklere mekân oluşturmuş semt. Öyle ki, sinemanın mucitleri olarak bilinen Lumiere Kardeşler'in 1895 yılında Paris'te gerçekleştirdikleri ilk film gösterisinden yalnızca bir yıl sonra, 1896 yılında Osmanlı topraklarındaki ilk film gösterimleri Dolmabahçe Sarayı'nın yanı sıra bu semtte yapılmaya başlanmış... 16. yüzyıldan itibaren ağır aksak başlayan ve ardından adım adım birbirini takip eden yapılanma ile çehresi değişen Galata sırtlarının Pera'ya, Beyoğlu'na, Cadde-i Kebir'e, İstiklâl Caddesi'ne dönüşmesinin izlerini bulacaksınız bu kitapta.

Müslüman tarihi yarımadanın karşı kıyısı gayrimüslim Pera...

"Bey Oğlu" adını vermiş Osmanlı... Kimi kaynaklara göre, 16. yüzyıl başlarında, Pera sırtlarında yaşayan; önceleri İstanbul'da Venedik

1 Rejyon: Bölge

elçisi, daha sonra da Venedik'te devlet başkanı; Osmanlı'da "Balyos"[1] olarak tanımlanan Andrea Giritti'nin üç oğlundan biri olan Alvise Gritti'ten almış adını. "Beyin oğlu", "bey oğlu" sıfatlarıyla anılmış olduğundan, ikâmet ettiği Pera sırtlarına da, halk ağzında bu ad yakıştırılmış... Osmanlı'nın hizmetinde, Osmanlı'nın çıkarlarını korumuş, sonradan Müslüman olmuş, bu nedenle de Papa yanlıları tarafından 1534 yılında Erdel'de öldürülmüş bir Venediklidir Alvise Gritti... 1638 yılında İstanbul'u kaleme alan Evliya Çelebi'nin de aktarmış olduğu gibi Galata ya da Pera'nın o zamanki nüfusu 70 Rum Ortodoks, 3 Frenk, 3 Ermeni ve 19 Müslüman mahallesinden oluşuyormuş. Yani toplam 76 gayrimüslim mahallenin karşılığında yalnızca 19 Müslüman mahallesi. Sinemaları, tiyatroları, mağazaları, pasajları, lokantaları, meyhaneleri, batakhaneleri ile tarihi yarımadanın iki üç kilometre ötesinde yer alan bir başka farklı dünyadır burası... İstanbul'a tutkun gezginlerden Edmondo Amicis'in satırlarında vurgulamış olduğu gibi, "Bir köprü ile ayrılan değil de, aralarında yüzyıllar farkı olan iki ayrı kıyı..." Tarihte iki büyük yangın geçirmiş olmasının yanı sıra, 1970'li yıllardan bu yana kalite ve kimliğinden çok şey yitirmiş olmasına rağmen Beyoğlu, İstanbul deryasının içinde bir "içdeniz". Git git bitmeyen derin bir cadde. Her bir köşesi, her bir sokağı, her bir binası anılarla, tarihle iç içe. Anlat anlat bitmeyen bir yer. Ne satırlara sığar, ne de kitaplara. Beyoğlu'nu anlayabilmek için köşe bucak, gerektiği gibi gezip görmek gerek. Her bir tarafı anılarla yoğrulmuş bu cadde, Osmanlı'da olduğu gibi, Cumhuriyet Türkiyesi'nin de Batı'ya açılan penceresi. Kim bilir, belki bir hafta sonu Beyoğlu'nu birlikte adımlamak dileği ile...

Turgay Tuna

---

1 Balyos: Osmanlı Devleti'nde Venedik elçilerine verilen ad.

TAKSİM MEYDANI

Çocukluğumun Taksim'inden bu yana yıllar su gibi akıp gitti... Meydan öylesine bir değişti ki, ne Kazancıbaşı Yokuşu'nun girişinde yer alan Türkiye'nin ilk süpermarketi Ankara Pazarı kaldı; ne de önünde kuyrukların oluştuğu, bizlere hamburgeri tanıtan o ünlü Kristal Büfe... Teknolojinin baş döndürücü hızına ayak uyduran zaman da yavaşlılığını yitirip, hızlı bir tren misali geçip gitmeye başladı. Aradan koskoca bir yüzyıl geçti ve Taksim Meydanı, günümüz Türkiye'sinin en hareketli, en popüler meydanı olup çıktı. Oysa, bundan yarım asır öncesindeki Taksim; Chevrolet, Dodge, Desoto marka damalı taksilerin gelip geçtiği; Skoda otobüslerin Gezi önündeki duraklarda arka arkaya dizildiği siyah beyaz filmlerdeki görünümüyle bambaşka bir güzellik, bambaşka bir saflık sergilerdi. Bu saf görüntünün en önemli aksesuarlarından biri de, Cumhuriyet Anıtı ile İstiklâl Caddesi arasında yer alan, İş Bankası'nın kumbara şeklindeki saatiydi. Bu saatin altı, uzun yıllar, aynen Taksim Anıtı'nın önü gibi, randevuların verildiği bir nokta olmuştu.

... Aslında, yüzyılın başlarına doğru uzandığımızda, henüz Taksim Meydanı yoktur ortalarda. Cadde-i Kebir'den gelip, Tatavla istikametine doğru giden bir yol vardır ve bu yolun üzerinden atlı tramvaylar geçip gider. Bir de, Çukurcuma ile Dolmabahçe taraflarına doğru inen Sıraselviler, Gümüşsuyu güzergâhları. Taksim'in tam olarak bir kent meydanı kimliğine kavuşması 1928 yılından sonra başlar... Ankara'da alınan bir kararla, büyük kent meydanlarının tören alanlarına dönüştürülmesine, bu paralelde genç, dinamik Türkiye Cumhu-

Taksim Meydanı

riyeti'ni simgesel olarak yansıtacak, figüratif anıt-heykellerin yaptırılmasına karar verilir. Söz konusu anıtların en güzellerinden birinin bir kent meydanına dönüştürülmek istenen Taksim'de yaptırılması öngörülür ve Cumhuriyet Anıtı Taksim'in orta yerinde yükselir.

Ama gelin, biz yine Cumhuriyet Anıtı yapılmadan önceki Taksim'e doğru uzanalım... Yani, geçen yüzyılın sonlarına... Son zamanlarda yıktırılmaması için İstanbulluların direndiği opera binasının olduğu yerdeyiz. Dolmabahçe bayırına kadar uzanıp giden, Levantenlerin "Büyük Mezarlık" olarak adlandırdıkları Rum, Ermeni, Katolik mezarlıkları yer alıyor burada. Onun, hemen berisinde de, Boğaz'a hakim, Türkiye'nin günümüze dek varlığını sürdürmekte olan en eski askeri hastanelerinden Gümüşsuyu Hastanesi ve hemen onun yanı başındaki Taş Kışla yükseliyor. Mezarlığın sol tarafında, yani günümüzde Mete Apartmanı ile başlayan binaların bulunduğu yerde de bostanlar yer alıyor. Çok daha eski dönemlerde, Bostancıbaşının denetiminde olan bostanlar bunlar. Derler ki, bu bostanların yola bakan tarafında, cuma izinlerinde, yeniçerilerin gelip kahvelerini yudumladıkları, nargilelerini fokurdattıkları çok eski bir kahvehane yer alırmış...

1900'lü yılların başlarına geldiğimizde de, Taksim Gezisi'nin olduğu yerde, yani bugünkü otobüs duraklarının arka tarafındaki parkın yerinde, eski fotokartlardan aşina olduğumuz, Hassa Mimarı Krikor Balyan Efendi'nin yapmış olduğu muhteşem mimarisiyle göz kamaştıran Taksim Kışlası yükselirmiş... Tam karşısında da askerlerin talim yaptıkları alan. Yani, bugünkü Talimhane. Ancak, talimhanenin adından başka bir şeyi kalmamış. Yerinde, yüzyılın başlarında inşa edilen apartmanlarla, birbiri ardına bitişik turistik oteller yükseliyor.

Hey gidi günler hey!.. Kazancı Yokuşu'nun köşesine gelmeden önce yakın zamanlara dek varlığını sürdürmüş ünlü Pamuk Eczanesi'yle, onun hemen berisinde, belki de İstanbul'un yerli yabancı en zengin gazete-dergi bayii olan bir ufacık bir dükkân vardı burada..1960'lı yılların Beatles, Adamo, Who, Shadows hayranları bizler buradan o zamanların ünlü gençlik dergileri Salut Les Copains ve Bravo'larımızı alır, ardından Atlantik'te bol hardallı, nefis sosisli bir sandviçle, köpüklü ayran götürmek için Beyoğlu'na doğru yönelir, Atlantik sonrasında, Emek, Yeni Melek ya da Saray gibi sinemalardan birinde, renkli sinemaskop Hollywood yapımı aşk dolu bir film seyrederdik... Tabii ki, film arasında nefis buzlu bir Frigo'yu unutmadan... Kazancı Yokuşu'nun öteki köşesinde, yani günümüzde Garanti Bankası'nın olduğu yerde Ankara Pazarı Taksim ve civarında oturan müşterilerle dolar taşar, çeşit ve kalite satardı. Kirkos Margaritis adında bir Rum'un sahibi olduğu Ankara Pazarı, Türkiye'nin ilk süpermarketiydi ve Türkiye'de ilk alışveriş sepeti uygulaması başlatmış olan yer olarak bilinirdi. Ankara Pazarı'nın biraz ilersinde, bugünkü Mercure Oteli'nin yerinde de, aralarında Cihat Baban, Enver Güreli gibi, dönemin ünlü siyaset adamlarının üyesi olduğu Anadolu Kulübü yer alırdı.

1946 yılında yapımına başlanan; ancak parasızlık, kararsızlık, ilgisizlik gibi nedenlerle uzun yıllar geciktirilen ve maalesef, 12 Nisan 1969 tarihinde açılışı yapıldıktan 585 gün sonra, yani 27 Kasım 1970 tarihinde, elektrik kontağı nedeniyle cayır cayır kül olan; ardından da büyük bir onarımla 1978 yılında yeni baştan kapılarını açan

AKM'nin önündeyiz şimdi... Yıllardan beri, İstanbullu sanatseverlerin birbirinden güzel tiyatro, opera ve bale sunumlarıyla keyif almış oldukları bu kültür tapınağı, yıkımına ramak kalmış durumda, ha gitti ha gidecek derken, şükürler olsun tekrar yenilenmeye başlandı. 1940'lı yıllar öncesinin Taksim fotoğraflarına baktığımızda, burada birbirlerine bitişik, birbirinden güzel üç konak görürüz. Bunlardan biri yüzyılın başlarında İstanbul'un elektriğini üreten fabrikanın başındaki Belçikalı müdürün lojmanıdır... Ne hikmetse, gelişmekte olan ülkelerdeki bu elektrik üretim işleri genelde ya Belçikalıların ya da Fransızların tekelinde olmuştur. Örneğin yüzyılın başlarındaki Kahire'de de durum aynıdır.

Geliyoruz, yeni baştan, Taksim Gezisi'nin olduğu yere. Eski Taksim Topçu Numune Kışlası 1921 yılından sonra, Stadium Taxim (Taksim Stadyumu) adıyla 8.000 kişilik modern bir stada dönüştürülüyor ve 1939 yılına dek burada lig maçları, milli maçlar, spor gösterileri yapılıyor. Bu stadyumda ilk milli karşılaşmamızı 1923 yılında Romanya ile yapıyoruz. Sonradan, İstanbul'u yenileme ve düzenleme projeleri içinde Belediye'nin aldığı bir kararla stad, yani eski kışla binası 1940 yılında yıktırılıyor, ardından yerine Taksim Gezisi adı verilen büyük bir park yaptırılıyor. Geçmişte, kışlanın Elmadağ tarafına bakan ucunda, geniş bir bahçe yer alıyor ki, bu bahçenin adı da Taksim Bahçesi. Güzel, geniş bir restoran, yanıbaşında büyük güzel bir sahne ve onun hemen önünde de geniş bir açıkhava dans pisti. Babikyan adlı bir Ermeni'nin işlettiği Taksim Bahçesi'nin sahnesinde kimi zaman konserler veriliyor, gösteriler yapılıyor, ama bunun ötesinde dans pisti modern çiftlerin fokstrot, vals ve tango yaptıkları bir alana dönüşüyor. 1940'lı yıllarda, Taksim Bahçesi yıktırılıp, yerine 1970'li yılların başlarına dek hizmet verecek olan; muntazaman okul, şirket balolarının, düğünlerin yapıldığı Taksim Gazinosu inşa ediliyor. 1970'li yılların başlarında bu gazino da yıktırılıp yerine Sheraton Oteli yapılıyor. Şimdilerde ise Sheraton'un yerinde Intercontinental Otel yükseliyor. Topçu kışlasının, görkemli kapısının bulunduğu yerde de, ardı ardına hamburgerci, pizzacı dükkânları sıralanıyor, ama Taksim Meydanı'nın son değişimiyle beraber onların bulundukları yerlerin görünümü de değişiyor,

Cumhuriyet Caddesi girişinin sol tarafında yükselen binalar arasında, yakın zamanlara dek Air France'ın bürolarının bulunduğu bina yer alırdı. Ama, daha eskilere, yani 1960'lı yıllara doğru uzandığımızda aynı yerde, bizlere ilk defa hamburgeri tanıtmış ve damaklarımızda unutulmayan nefis, nostaljik bir tat bırakmış olan ünlü Kristal Büfe yer alıyordu. Kristal'in yaptığı hamburger, köfte kültürüne aşina bizlerin damaklarına hitap eden bir hamburgerdi. Sonradan fast food piyasasını abluka altına almaya çalışan, bunda da umduğunu bulamayan kimi Amerikan marka hamburgerlerin yapay, aldatıcı tadından çok ötede müthiş nefis bir tattı. Bu tadın sırrı hazırlanan hamburger köftesinin harcında mıydı, yoksa kullanılan salçada mıydı bilemiyorum? Abartmadan söyleyelim, hafta sonlarının güzel günlerinde, bayram tatillerinde Kristal'in önünde ciddi bir hamburger kuyruğu oluşurdu. 1970'li yılların sonlarına doğru Kristal kapandı ve o meşhur hamburger de tarihe karıştı. Ne var ki, 2000'li yılların başlarında Taksim büfelerinde başlayan ve kısa zamanda İstanbul piyasasına yayılan Turkish "ıslak hamburger", Kristal'in o nefis hamburgerini özlemiş olanlara nostaljik bir damak keyif yaşatmaya başlamıştı.

Dalan döneminde yapılan yol genişletme çalışmalarıyla ortadan kaldırılan eski binalardan biri de; uzun yıllar, İstanbullulara önceleri tiyatro, ardından klasik Türk müziği keyfi yaşatmış olan, birçok ünlü ses sanatçısının sahne almış oldukları dillere destan Kristal Gazinosu... Müzeyyen Senar'dan Zeki Müren'e gelmiş geçmiş ünlü ses sanatçılarının çalışmış oldukları bu gazino da, eski fotoğraflarda kaldı yadigâr.

Taksim Meydanı, eskiden beri, Haliç'in öteki tarafındaki İstanbul'un merkezi olmayı devam ettiriyor. Cumhuriyet Anıtı, bugün hâlâ taşradan gelenlerin, önünde mutlak hatıra fotoğrafı çektirdikleri yerlerden biri. Yıldönümlerinde, bayram günlerinde tören alanı işlevini sürdürdüğü gibi; miting ve protesto yürüyüşlerinde de ön plana çıkmış. Gerçi, bu meydanın geçmişinde karanlık, acılı günler de var; 1977 yılının 1 Mayıs gününde olduğu gibi. O gün işçilerin yaptığı protesto mitinginde, Taksim Meydanı 36 kişinin can verdiği yer olarak tarihe geçmiş.

Bir zamanlar meydanın orta yerinde, 27 Mayıs Devrimi'ni simgeleyen, üzeri defne dallarıyla süslü bir süngü heykeli vardı. Ne zaman ki, 27 Mayıs kutlamaları resmen kaldırıldı, heykel de sökülüp bir yerlere götürüldü. Şimdi artık, tüm meydanın altında İstanbul Metrosu'nun büyük istasyonlarından biri yer alıyor.

Aradan yıllar geçti... İstanbul'un her bir köşesi gibi Taksim Meydanı da değişti. Ne Kristal Gazinosu kaldı, ne de Pamuk Eczanesi. Eski güzel binaların yerlerini çirkin beton yığınları; o şık, kaliteli insanların yerlerini de tinerciler, yankesiciler, serseriler aldı... Ama, Taksim geçmişi, geleceği, yıkıcıları ve direnişçileriyle tüm hareketliliğini yaşamaya devam ediyor.

Uzun beyaz çoraplı, mavi hırkalı;
Sen Benua'lı bir kız sevmiştim,
Taksim Meydanı'nda buluştuğum...
Gözlerine vurulmuştum garibimin
İstanbul gibi mavi, İstanbul gibi coşkun...
El ele dolaştığımız Sıraselviler Caddesi'nde,
sıkılgan, utangaç, kaçamak;
rüzgârda uçuşan sarı saçlarının
yüzümü okşayan yumuşaklığı...
Beyaz çoraplı, mavi hırkalı
Schendy kokulu liseli kız...
Gençliğimin en güzel yıllarında
tüm güzelliği ve mavi gözleri kaldı
anılarımızı bıraktığımız Taksim Meydanı'nda...

CUMHURİYET ANITI

Taksim'de büyük bir tören meydanının oluşturulması fikri, cumhuriyetin kurulmasından hemen sonra ortaya atılmış ve bunun gerçekleştirilmesi için de İstanbul şehremaneti büyük bir titizlik içinde çalışmalarını başlatmıştır. Öncelikle; öngörülen büyük meydanın ortasına bir cumhuriyet anıtının yapılmasına karar verilir ve bu iş için kurulan komitenin başına, CHP müfettişlerinden, İstanbul milletvekili Hakkı Şinasi Paşa getirilir...

Görkemli bir anıtın yaptırılmasına karar verilmiştir, ama yeni kurulmuş, çiçeği burnunda Cumhuriyet Hükümeti'nin bu anıtı yaptıracak yeterli parası yoktur kasasında. Halktan yardım parası toplanması yoluna gidilir. Bunun için de, günümüz efemera[1] koleksiyoncularının, müzayadelerde peşinden koşuşturdukları çok güzel bir bağış makbuzu bastırılır. Vakur, çalışkan, tuttuğunu koparan, cumhuriyet ve laiklik ilkelerini benimsemiş Türk halkının yüreğinden kopan yardımlarla, beklenenin çok üstünde bir para toplanır, anıt heykelin yaptırılması için, o dönemin Avrupa'sındaki ünlü heykeltıraşlar arasında yer alan İtalyan sanatçı Pietro Canonica Türkiye'ye davet edilir. Önce İstanbul, ardından Ankara'da görüşmeler yapılır; hatta, bir iki gün Reisicumhur Mustafa Kemal Paşa'nın yanında bulunur, gözlemler yapar, notlar alır. Ülkesine döndükten sonra da iki buçuk yıl süren titiz bir çalışmayla, Atatürk ve silah arkadaşlarının bronz heykellerini dökmeye; ardından da, bu anıtta kullanılacak olan Trentino bölgesi-

1 Eski kâğıt, fotoğraf.

Bir bayram gününde Cumhuriyet Anıtı.

Cumhuriyet Anıtı'nın, Cumhuriyet Caddesi'ne bakan cephesi.

nin yeşil mermeriyle, Souza bölgesinin pembe mermerini şekillendirmeye başlar. İtalyan sanatçı sonunda muhteşem bir anıt ortaya çıkartıp parçalar halinde İstanbul'a gönderir. Anıtın yerine yerleştirilmesi ve çevre düzenini, İstanbul doğumlu bir başka İtalyan gerçekleştirir. İstanbul'a, Ankara'ya birbirinden güzel binalar kazandırmış ünlü mimar Guglio Mongeri. Öncelikle, Taksim anıtı, iki tarafından şakır şakır suların akıtılacağı bir anıt olarak düşünülür. Bunun için iki büyük yalak anıtın Tarlabaşı ve Gümüşsuyu'na bakan cephelerine yerleştirilir; ama her nedense sonradan bu çeşme düzenlemesi iptal edilir. Ne var ki, yalaklar o günlerden bugünlere anıtın iki yanını süsler dururlar. Her şey hazırlanır, bitirilir ve dönemin gazetelerinin de yazmış olduğu gibi, 8 Ağustos 1928 tarihinde büyük bir törenle yapılan açılışa 30.000 kişi katılır. O dönemin İstanbul'u için olağan üstü bir rakamdır bu. Tekirdağ'dan, İzmit'ten, Bursa'dan ve başka yerlerden gelen binlerce kişi bu muhteşem açılışa katılır. İşte, bundan sonradır ki, geçen yıllar içinde Taksim, yavaş yavaş büyük bir meydan kimliği kazanmaya başlar, bir süre sonra da kentin en önemli trafik noktalarından biri haline dönüşür.

Cumhuriyet Anıtı'nın, İstiklâl Caddesi tarafına bakan cephesi.

Pietro Canonica'nın ellerinden çıkmış Cumhuriyet Anıtı'nın İstiklâl Caddesi'ne bakan yüzünde Mustafa Kemal Atatürk ve arkadaşları dik, uzun bakarlar uzaklarda bir yerlere!.. Tunç yüzünde sanki bir burukluk, bir hüzün vardır yüce önderin. Sağında Başvekil İsmet İnönü, solunda Genelkurmay Başkanı Fevzi Çakmak yer alırlar. Ama, Fevzi Paşa'nın arkasında duran iki kişi vardır ki, bu heykeller grubu içinde yer alan en ilginç, aykırı kişilerdir onlar. İki Sovyet subayı, General Voroşinof ile General Firunze, Atatürk'ün arzusu üzerine bu anıt üzerindeki yerlerini almışlardır. Zira, Kurtuluş Savaşı'nda Ankara Hükümeti'ne silah ve para yardımı yapan Sovyet Rusya'nın iki büyük Türk dostu subayına gösterilen ve unutulmayan bir şükran ifadesidir bu. Taksim Meydanı uzun yıllar mitinglerin, toplu yürüyüşlerin, birbirlerine karşıt görüşlü başkaldırmaların, ölenlerin, yaralananların meydanı olmuş; ancak, anıt üzerindeki iki Sovyet subayına ait heykellerin varlığından hemen hiçkimsenin haberi ve bilgisi olmamıştır.

TAKSİM ABİDESİ

Maarif Vekaleti tarafından şehrimize davet edilen İtalyan heykeltıraşı Sinyor Pietro Canonica dün refakatinde mimar Sinyor Mongeri olduğu halde Beyoğlu Belediye Dairesi'nde içtima eden heykel komisyonuna gitmişlerdir.

İçtima saat 12'de olmuş ve içtimaya İstanbul mebusu Hakkı Şinasi Paşa'nın riyasetinde olarak İstanbul mebuslarından Edip Servet, Muhtar beylerle, Şehremini Muhiddin, Beyoğlu Belediye Dairesi Müdürü Hamid, Bozok mebusu Salih, Beyoğlu mıntıkası Cumhuriyet Halk

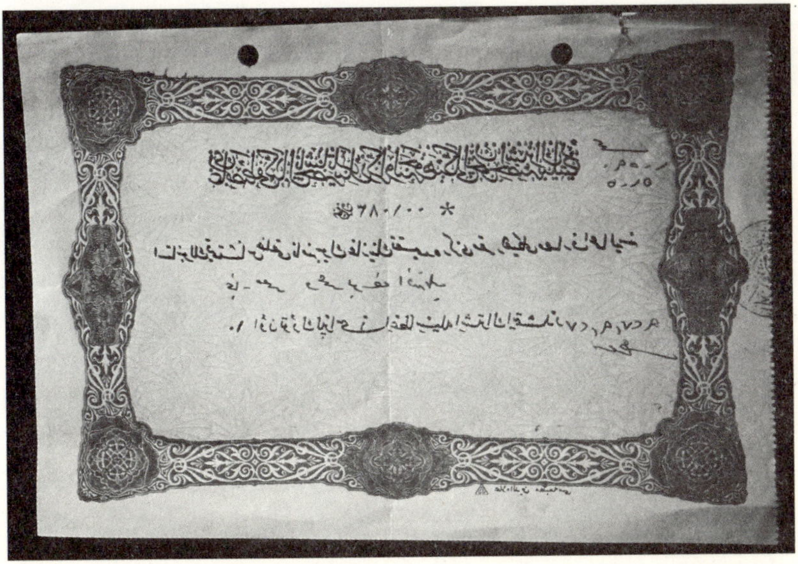

Cumhuriyet Anıtı inşaatı için kullanılmış yardım makbuzu. (Turgay Tuna Koleksiyonu)

Fırkası mutemedi Ziyaeddin, İstanbul Ticaret ve Sanayi Odası Reisi Hüseyin, Osmanlı Bankası direktörlerinden Mösyö Keresteciyan, Union Sigorta Kumpanyası Müdürü Mösyö Kayserliyan, Deutsche Orient Bank Müdürü Mösyö Post, Bomonti Bira Fabrikası Müdürü Mösyö Paul, Beyoğlu Cumhuriyet Halk Fırkası kaza mutemedi Kâmil, muteber tacirlerimizden Namlızade Mithat ve Sanayi-i Nefise Encümeni Reisi İsmail Namık beyler iştirak etmişlerdir. İçtima saat 14.30'a kadar devam etmiştir.

Bu müddet zarfında, Taksim'de dikilecek heykelin abideye tahvili mevzubahis olmuş ve kabul edilmiştir.

(Cumhuriyet Gazetesi / 26 Ekim 1926 > Osman Bahadır / 80 Yıl Önce Cumhuriyet)

KRİSTAL GAZİNOSU

Bir dönem İstanbul'un eğlence hayatında bir yıldız gibi parlamış olan Kristal İstanbul'un gelmiş geçmiş en ünlü gazinolarından biriydi... Gazino derken, günümüz gençleri tarafından bu sözcüğün kumar oynanan bir yer olarak algılamamasının gerektiğini önemle vurgulamak isterim. 1970'li yılların başlarında, Bedrettin Dalan döneminin ünlü yıkımı olarak bilinen, yeni Tarlabaşı Caddesi açılırken Taksim Meydanı'nın Cumhuriyet Caddesi'ne bakan tarafı büyük bir değişiklik görmüş, bu değişiklik ve yol genişletme çalışmalarıyla da iki önemli bina yıkılarak ortadan kaldırılmışlardı. Bunlardan biri. Günümüzün yaşını başını almış eski İstanbullularının unutamadıkları; cephesi meydana bakan ünlü Kristal Gazinosu, öteki de gazinonun sol köşesinde yükselen Birinci Ulusal Mimarlık Akımı'nın güzel binalarından, 6 katlı Ayyıldız Palas apartmanıydı. Şimdilerde yerinde çakma palas bir bina "Simit Sarayı" yükseliyor... Hey güzel İstanbul, yık yık bitmeyen, sil süpür bozulmayan efsunlu kent...

Adını, bir zamanlar Galatasaray'daki Saint Antoine Kilisesi karşısında yükselen tarihi Kristal Gazinosu'ndan alan bu üç katlı bina 1930'lu yılların başlarında açılmış, uzun yıllar İstanbul'un gece hayatının önemli adreslerinden biri olmuştu. Sahnelerimizin "ünlü", "güzide" sıfatlarını kazanmış ses sanatkârlarının çıkıp, okudukları şarkılarla İstanbullu alaturka müzikseverlere keyifli geceler yaşattıkları gazino binanın üst katında yer alan dikdörtgen büyük, geniş bir salondu. Kristal, bilhassa 1940'lı, 50'li yıllarda taşradan İstanbul'a kaçamak yapmaya gelen tüccar taifesinin, para babalarının rağbet ettikleri yerlerden biriydi. Adı İstanbul' la özdeşmiş, yaşamı boyunca büyük çabalarla bu kente birbirinden güzel değerler kazandırmış rahmetli Çelik Gülersoy'un "Taksim" adlı kitabında belirtmiş olduğu gibi:

"Taşradaki kılığı olan çakşırı, poturu çıkarıp; 1940'ların modasıyla kruvaze elbiseleri giymeye; dimdik, uzun etekli siyah paltoları ve yana yatmış 'fötr' şapkaları buna uydurmaya çalışan, yakası beyaz ipek eşarplı, parmakları okka gibi altın yüzüklü, göbekli, bıyıklı, bakışları baygın bir takım adamlar, Beyoğlu sahnelerinde arz-ı endam etmeye başlarken, özellikle geceleri bunların topluca göründüğü yer, Taksim meydanı kenarındaki sazlı-sözlü, hokkabazlı Kristal Gazinosu olurdu..."

Eskilerin anılarında yer etmiş Kristal Gazinosu'nu unutamayanlardan biri de, yıllarını klasik Türk musikisine adamış bir başka İstanbul beyefendisi Selçuk Kurt'tur. Kristal'in unutulmayan o şatafatlı sahnesinden şu görüntüleri yansıtır:

"...Gazinoda fasıl başlamak üzere; kendimize uygun bir masa seçiyoruz. Bu arada sazendeler yerlerini alıyorlar. Sağ başta, darbukayı Türk sahnelerine sokan meşhur Hasan Tahsin Parsadan, yanı başında udi Şevket Bütüner, ondan sonra sırayla klarnet Hamdi Tokay, efsane kanun sanatçısı Ahmet Yatman, şef kemani Necati Tokyay, bestekâr üstat Selahattin Pınar, onun yanında da klarnet Şükrü Tunar, kanuni İsmail Tezelli, kemani Hacı Maksut ve udi Cemal Cümbüş beyler... Arka sırada ise, podyum üzerinde o günün meşhur hanendeleri yer alıyor. Sırayla: İbrahim Tuğberk, Yahya bey ve Küçük Safiye (Tokay) Hanım... Masalara baktığınızda da yalnızca fasıl dinlemeye gelmiş gazinonun istiab haddinin yarısını aşan bir seyirci topluluğu. Sahnede her biri zirveye çıkan bu usta sanatçıların birkaç yıl sonra ben de aralarına karışıyorum ve bu bana Allah'ın bir lûtfu diyorum... Bir buçuk saat süren faslın ardından sahneye ilk solist Neriman Altınay çıkıyor. Arkasından o devrin en güzel erkek seslerinden Lütfü Güneri ve nihayet tek başına büyük bestekâr Tamburi Selahattin Pınar sahne alıyor. Daha sonra Semiha Coşar hanım ve ondan sonra da unutulmayan büyük ses Hamiyet Yüceses hanım sahnede en güzel şarkılarıyla dinleyicileri büyülüyor..."

CINE MAGIQUE - MAJİK SİNEMASI

Taksim'den Cihangir'e uzanan Sıraselviler Caddesi'nin başında, hemen sol tarafta, bu satırlar kaleme alınırken restorasyonuna başlanan, geçmişten beri taşları kararmış, kırık dökük haliyle görkemini korumaya çalışan eklektik bina bir dönemin İstanbul'undaki en önemli eğlence yerlerinden biridir. Saint Antoine Kilisesi'nin, Maçka Palas'ın, Karaköy Palas'ın mimarı Guiglio Mongeri tarafından yapılan bu muhteşem yapı 1914 yılında, işletmesini bir Rum'un üstlendiği Cine Magique adıyla sinema olarak açılmış, ardından Cine Turc, Maksim, Venüs adlarıyla anıldıktan sonra da tiyatroya dönüştürülerek, önce Şehir Tiyatroları'nın işlettiği Venüs Tiyatrosu adını almış, son olarak da İstanbul Devlet Tiyatrosu'nun Taksim Sahnesi olmuştur. Binanın tarihinde şüphesiz büyük iz bırakmış en önemli dönem Maksim Gazinosu olarak kullanıldığı dönemdir. Gazinocular Kralı Fahrettin Aslan'la doruklara çıkan bu gazinoda Zeki Müren'den Behiye Aksoy'a, Emel Sayın'dan Bülent Ersoy'a birçok ünlü ses sanatçısı sahne almış, Türkiye'nin en gözde müzikholü olarak ün yapmıştır. Geçtiğimiz yıllarda tehlike arz ettiği gerekçesiyle köhnemiş, yorgun binanın kapıları kapatılmış, alışveriş merkezine dönüştürülecek söylentileriyle büyük tartışma ve eleştirilere yol açmış; bütün bunlar yaşanırken üstüne üstlük içinde bir de köfteci dükkânı açılmış, daha sonra da bina uzun bir dönem Atatürk Kültür Merkezi gibi kendi haline bırakılıp terk edilmiştir.

Cine Magique binası inşa edilmeden önce burada, Hristo adında bir Rum'un işlettiği özel bir Fransız-Rum okulu yer alıyormuş.

1960'larda, İstiklâl Caddesi, Sıraselviler Caddesi ve Taksim Meydanı'nın kesiştiği nokta. Arka planda Cine Magique binası, sağ tarafta Eptalofos Kahvesi.

EPTALOFOS KAHVESİ

Bir zamanlar Rum Ortodoks kilisesinin Taksim Meydanı'na bakan tarafında, yani Sıraselviler'i İstiklâl Caddesi'ne bağlayan köşede İstanbul'un en ünlü kahvelerinden biri olan Eptalofos yer alıyormuş. Bu kahvehaneden kalan ferforje kapı ve merdivenler bundan on beş, yirmi yıl öncesine kadar yerlerindeydiler.. Eptalofos 1960'lı yıllardan sonra tarihe karışıp gitti. Yerini Karadenizli büfecilerle, Amerikan hamburgercilerden birine bıraktı. Bıraktı, ama, bizim ıslak hamburgerin nefasetine ulaşamadığından, Amerikan hamburgeri hep ikinci planda kaldı. Eptalofos "yedi tepe" anlamına geliyor. Aya Triada Kilisesi Vakfı'na ait olan bu yerde, ilk kahvehane 1870 yılında, Panayot Kalivis adında Rum bir vatandaş tarafından açılıyor... İlk yıllardaki adı Café d'Europe, yani Avrupa Kahvehanesi. O zamanlar Aya Triada Kilisesi'nin yerinde Ayios Yeorgios'a adanmış, yarı ahşap, yarı kâgir çok daha küçük bir başka kilise varmış. Panoyot Kalivis, bir süre sonra kahvehanenin adını pek beğenmemiş olacak ki, Eptalofos adıyla değiştirmiş. Benim de çocukluk yıllarımdan hayal meyal hatırladığım Eptalofos, Taksim Meydanı'nı gören geniş bir terasa sahipti.

1881 yılında, kahvehaneyi Ohannes Halepian adında bir Ermeni devralıyor ve deyim yerinde ise, dört numara şapka giyip çok güzel işler yapıyor... Ohannes Efendi, bakmış işler iyi gidiyor, gün batımından sonra Eptalofos'ta musiki saatlerini başlatıyor. Sazendeler, dönemin az buçuk isim yapmış "muganni"leri[1] başlıyorlar Osmanlı musikisi icra etmeye. Bir dönem, İstanbul Müzisyenler Birliği Başkanı Hristaki

1 Muganni: Şarkıcı.

Eptalofos Kahvesi'nin son zamanlarında çekilmiş bir fotoğraf.

Kiryazeki'nin idaresindeki musiki heyeti burada çok güzel, çok kaliteli konserler veriyorlar. Ünlü "Deniz Kızı Eftalya"[1] bile burada, eşi kemanî Sadi Işılay ve kemençeci-udi Yorgo Bacanos'un eşliğinde şarkılar söylemiş ve tabii ki Taksim Meydanı Eftalya'nın sesiyle inlemiştir...

Bu kadar güzel işler yapmasına rağmen, Ohannes Efendi, Eptalafos'u Mişel Russeloğlu adında bir Rum'a devrediyor. O da bir müddet sonra Yorgo Valiadis adında bir müteşebbise bırakıyor. Cumhuriyet döneminin başlarında da, işletmeyi devralan kişi Ahmet Atalay adında bir müteşebbis. Yarım asırlık kahvehanenin eski adını "Ulus" olarak değiştiriyor. Ancak, bu yeni isim fazla tutmuyor ve Eptalofos adı devam ediyor. Eptalofos, son demlerinin arefesinde Fazıl Hüsnü Dağlarca, Atilla İlhan, Behçet Necatigil, Oktay Erbil, Edip Cansever gibi şairlerin sık sık bir araya gelip sohbet ettikleri, şiirleştikleri yerlerden biri olmuştu. Ne var ki, son demlerinde eski kimliğini, kendine özgü karakterini de yitirmeye başlamış, müşterileri de bir hayli değişmişti. O eski şık hanımların, beylerin yerlerini; tespih çeken, ayakkabılarını terlik gibi kullanan müşteriler almaya başladı.1970'lerde yeni baştan el değiştiren Eptalofos, büyük bir tadilat geçirdi ve varlığı fazla uzun sürmeyecek bir birahaneye dönüştürüldü. Zaten ondan sonra da unutulup gitti. Birkaç yıl öncesine kadar var olan eski ferforje kapısını da yıkıp kaldırdılar ortadan.

1 Eftalya Yeorgiadi

MAKSEM

Yavaş yavaş, sabah mahmurluğunu üzerinden atmaya çalışan İstiklâl Caddesi'ne doğru giriyoruz; yani Beyoğlu'na... Sağda, Taksim'i Taksim yapan, daha doğrusu bu semte adını veren yapı yükseliyor. Sekizgen çatısı ve gövdesiyle adeta bir kümbeti andıran, kefeki taşından inşa edilmiş Osmanlı döneminin, Boğaziçi sırtlarından getirilen suyu şehre taksim eden dağıtım şebekesi. Asıl adı Maksem. Bu sözcük Arapça'da su dağıtım şebekesi anlamına geliyor; geçen zaman içinde Peralıların ağzında, Maksem'den Taksim'e dönüşmüş. Bu noktada, suyun Kasımpaşa ve Kabataş'a taksim edilmesi nedeniyle de Pera'nın bu bölgesine Taksim adı verilmiş. Maksemi yaptıran, 1703-1730 yılları arasında Osmanlı Devleti'nin başında bulunan, yaşamı boyunca suyla haşır neşir olmuş; Topkapı Sarayı önündeki çeşmeden Üsküdar Meydanı'ndaki çeşmeye, hatta Belgrad ormanlarındaki kimi bentlere dek imzası olan Sultan III. Ahmet. Yükselen burcunda mı saklıdır nedir, su ile epey bir ilişkisi olmuş bu padişahın.. İnşası yapılırken, 1730 yılında patlak veren Patrona Halil İsyanı'nın ardından yerine geçen I. Mahmut tamamlattırmış maksemi. Kayıtlara göre, 1731 yılında bitirilip, hizmete girmiş. 1839 yılında geçirdiği esaslı bir onarımdan sonra da, günümüze dek gelen son görünümünü almış. Cephesi kısmen mermerle kaplı maksemin tepesinde, dönemin mimarisine özgü iki adet kuş köşkü yer alıyor ki, üç yüz yıla yakın bir zaman binlerce kuş yavrusu, bu iki küçük kuş evinin içinde gözlerini dünyaya açmış, cik cik sesleriyle ortalığı çınlatmışlar. Maksem'in hafif kemerli kapısı üzerindeki üç beyitlik

Taksim Meydanına adını veren, 1732 tarihli su şebekesi "Maksem".

Maksem üzerindeki kuş evleri.

talik kitabede Kuran'dan alınmış: **"Her şeye su ile hayat verdik"** ibaresi yazılı, ama İstanbul'daki birçok tarihi çeşmenin aynı yazgıyı paylaştığı gibi Maksem çeşmesinin de suyu yıllardır akmıyor.

Kitabenin son iki satırında, maksemin ebced hesabına[1] göre yapılış tarihini gösteren 1732 yazılı. Yine cephedeki, kitabe kısmı boş bırakılmış mermer çeşmenin aynalık kısmında, o döneme özgü barok tarzı istridye kabuğu formu ile onun hemen altında palmet şeklinde bir dizi mukarnaslı süsleme yer alıyor. Yıllardır kapısı kapalı duran maksemin içi de dışı gibi sekizgen olup, tabanı beyaz mermerlerle kaplı. Kubbe ve duvarlar, klasik kalem işleriyle süslü... Kapıdan girildiğinde sağ tarafta; oturup dinlenmek ya da bir şeyler koymak için yapılmış bir sedir görülüyor. Sol tarafta da üç basamakla çıkılan bir mahal yer alıyor. Arkası mermer plâkalarla kaplı bu bölüme debi ölçme sandığı ile çörten yerleştirilmiş. Yine burada, tek satırlık bir kitabe

1 Eskiden kullanılmış, Arap alfabesindeki sayısal değerler üzerinden yapılan hesaplama.

üzerinde 1732 tarihi okunuyor. Çörtenin sağ tarafında Cezayirli Gazi Hasan Paşa'nın arazisine tahsis edilen su hakkında; sol tarafında da Vezir-ül Azam Yusuf Paşa'nın adına yazılmış birer kitabe bulunuyor.

Maksem, eski işlevini yitirmiş gitmiş, meydanın çevresini süsleyen tarihi özelliğinden başka bir yanı kalmamış. Büyükşehir Belediyesi, Maksem'in yanı başında uzanan sarnıç kısmını alıp restore ettikten sonra, büyük bir sergi salonuna dönüştürdü. Birkaç yıldan beri çok güzel sergiler açılıyor burada.

DİNGO'NUN AHIRI

Maksem'le Fransız Konsolosluğu arasında kalan Taksim Caddesi'nin Tarlabaşı tarafına bakan ucunda, Taksim-Tünel arasında gidip gelen nostaljik tramvayın bakım hangarı yer alır. İstanbul'da atlı tramvayların çalıştığı 20. yüzyıl başlarında, yine aynı yerde Şişhane-Tatavla[1] arasında tramvayları çeken katana atlara ait önemli ahırlardan biri bulunuyordu ki, bu ahırlara bakan görevli Rum'un adı Dingo idi. Türkçe'mize yerleşmiş, "Burası Dingo'nun Ahırı mı?" deyimi, işte

Hangara çekilmiş atlı tramvay arabaları. (Sertaç Kayserilioğlu Koleksiyonu)

1 Kurtuluş'un eski adı.

bu sokaktaki Dingo'nun ahırına kadar uzanıp gitmektedir. Bir zamanlar bu caddedeki at ahırlarının yanı sıra, konsolosluk binasının bitişiğinde, saraya da lüks binek arabaları satan araba imalatçısı "Masse et Binder Neveu" kardeşlerin mağazası bulunuyordu. Parisli araba imalatçısı Binder'in arabalarından bir iki örnek, bugün Topkapı Sarayı'nda sergilenen saray arabaları koleksiyonunda görülebilmektedir. Sultan Reşat döneminde, saray için araba yapmış olan bir başka imalatçı da, atölyesi Misk ve Kurabiye sokaklarının kesiştiği köşede yer alan Belçika uyruklu Mösyö Martin'di. Martin, araba yapımcılığının yanı sıra iyi bir eğer imalatçısı, iyi bir at eğitimcisi ve mükemmel bir at cambazıydı.

FRANSIZ HASTANESİ (FRANSA BAŞKONSOLOSLUĞU)

Hastane de nereden çıktı diye şöyle bir şaşırmış olmalısınız. Ama, geçen yüzyılın sonlarında, Cadde-i Kebir'in girişindeki, bugünkü Fransa Başkonsolosluğu binasının yerinde Saint Louis Fransız Hastanesi yer alıyormuş. Aslında, buradaki hastanenin tarihi çok daha eskilere uzanıyor. 17. yüzyılda, büyük bölümü ormanlık alanla kaplı Beyoğlu mıntıkasında, Fransız rahipler tarafından satın alınan arazi üzerinde, padişahın da izniyle 1760 yılında yarı ahşap, yarı kâgir kışlayı andıran bir hastane yaptırılıyor. Bu ilk hastanenin adı Saint Jean Baptiste, yani Vaftizci Yahya'nın adı. Geçmişin olmazsa olmaz illetleri veba, tifo, tifüs, kolera gibi bulaşıcı hastalıklara yakalanan hastaların tedavisi için yaptırılan bir intaniye[1] hastanesi. Kırım Savaşı sırasında da, Ruslara karşı savaşan Fransız, İngiliz, Osmanlı ordularının yaralı askerlerine önemli hizmetler veriyor. Eh!. Ne de olsa, yeşillikler içinde, hastalara iyi gelen oksijeni bol, havadar bir yer... Ancak, geçen yıllar içinde baş gösteren yangınlar, depremler, bunlara ilave olarak binanın yetersizliği, tamamen kâgirden yeni bir hastane binasının yapımını zorunlu kılıyor ve 1898 yılında, Fransa'dan özel olarak gelen iki mimar Bourmance ile Carré, eski hastane binasının ölçülerine sadık kalarak, günümüzde konsolosluk olarak kullanılan yeni binayı inşa ediyorlar. 1919-1922 yılları arasında, İstanbul'daki Fransız işgal ordusu tarafından hastaneye Fransız bilim adamı Henry Giffard'ın adı veriliyor. 1926 yılından sonra da, bina Fransa

1 Bulaşıcı hastalıklar.

1900'lü yılların başlarına ait bir kartpostalda Taksim Fransız Hastanesi. (Turgay Tuna Koleksiyonu)

Cumhuriyeti İstanbul Başkonsolosluğu olarak kullanılmaya başlanıyor. Burası aynı zamanda Fransız Kültür Merkezi'nin yeri. Tiyatro, sergi, konser gibi etkinliklerle Fransız kültürünü İstanbullulara tanıtan, bunun yanı sıra Fransızca öğrenmek isteyenler için kurslar açan bu kurum 1940'lı yıllardan itibaren hizmet vermeye başlamış. Yine aynı yıllarda, bu binanın arka tarafındaki birkaç sınıfta, İstanbul'da yaşayan Fransız ailelerin çocuklarının eğitimini sağlayan "Papillon" Lisesi[1] faaliyet göstermiş. Geçen yıllar içinde başarılı işlere imza atan Kültür Merkezi'ne, 1975 yılında Fransa Kültür Bakanlığı tarafından bir müdür tayin ediliyor... O yıllarda, Fransızca öğrenen 300 kontenjanlı kursiyer sayısı, günümüzde 3000'e çıkmış durumda. Burs ve staj olanakları sağlayan kurumun zengin bir video arşivine sahip kütüphanesinde Fransızca süreli yayınları takip etmek mümkün. Fransız Kültür Merkezi aynı zamanda, Fransız sinemasından

1 "Papillon" Fransızca'da kelebek anlamına geliyor ve Türkçe'de "papiyyon" olarak okunuyor. 1960'lı yılların sonlarından itibaren, Beyoğlu Postacılar Sokağı'ndaki Fransız Sarayı kompleksine taşınmış, adı da "Pierre Loti Koleji" olarak değiştirilmiştir.

Günümüzde Fransa Başkonsolosluğunun idari binası olarak kullanılan, eski poliklinik binası.

filmlerin gösterildiği, Fransa'dan gelen sanatçıların sahne aldıkları bir gösteri salonuna sahip.

Fransa Başkonsolosluğunun hemen karşısında, uzun yıllardan beri kalitesi, modelleri, el yapımı ürünleriyle erkek ayakkabı piyasasındaki ayrıcalıklı yerini koruyan ünlü kunduracı Mahmut'un üç çeyrek asırlık dükkânı yer alıyor. Bir zamanlar rahmetli babamın da kimi ayakkabılarını yaptırmış olduğu dükkân burası. Bana mı öyle geliyor, bilemiyorum, ama Mahmut'un vitrini de çocukluğumdan beri hep aynı görünümünü koruyor galiba. Yıllardır, el yapımı, sağlam kunduralarıyla tanınan bu dükkânın biraz ilersinde, 1952 yılından beri varlığını sürdüren ve bir dönem oldukça ünlenmiş Bursa Kebapçısı'nın önünden geçiyoruz. Eskisi gibi, o nefis kebap kokuları taşmıyor artık dışarıya. Galiba, etlerin tadı, yemeklerin kalitesi değiştiğinden bu yana, o eski nefis Bursa kebabının tadını arıyor olduk...

Yıllara meydan okuyan Kunduracı Mahmut.

HACI BABA LOKANTASI

Meşelik Sokak'ın başına gelmeden önce, 2012 yılına dek Hacı Baba Restoran adıyla hizmet vermiş, ancak şimdilerde Hatay Mutfağı adıyla yerini bir başka lokantanın aldığı Beyoğlu'nun tarihi gastronomik adreslerinden biri önünde duruyoruz. 1900'lü yılların başlarında, burada Selavo adıyla bilinen bir eczane varmış. 1921 yılında da eczanenin yerine meşhur "Hüsnütabiat Lokantası" açılmış.

Eski Hacı Baba Lokantası'nın, Aya Triada Rum Kilisesi'ne bakan tarafı.

Yıllar sonra da, çok iyi işler yapan lokantanın adı, sahipleri tarafından dile daha kolay geldiği için Hacı Baba olarak değiştirilmiş. Geçmişte İstanbul'a gelen kimi Amerikalı turistlerin, Hilton müşterilerinin tercih ettikleri adreslerden biri olmuş Hacı Baba. Tabii ki, yemekler de ona göre fiyatlanmış... Yıllardan beri kendine özgü servis ve niteliklerini korumaya devam eden Hacı Baba'nın 100. yılını kutlamasına on yıla yakın bir zaman kala, sahiplerinin aldığı bir kararla kapatılıp, Hataylı bir başka lokanta işletmecisine devredilmiş. Hacı Baba, 1921 yılından beri varlığını sürdürmüş eski İstanbul lokantalarından bir tanesiydi ve menüsünde yalnızca Osmanlı mutfağı yemekleri vermeyi bir alışkanlık haline getirmişti.

SURP[1] OHAN VOSGEPERAN ERMENİ KATOLİK KİLİSESİ

Evet, Fransa Başkonsolosluğu binasını arkamızda bırakıp, Zambak Sokak'a sapıyor ve biraz ilerde, konsolosluk binasının arka tarafında yükselen, İstanbul'un en eski Ermeni Katolik kiliselerinden Surp Ohan Vosgeperan'a giriyoruz. Burası bir Katolik kilisesi; yani Vatikan'a, Papalığa bağlı bir ibadethane. Surp Ohan Vosgeperan, Bizans'in ünlü din adamlarından hem patriklik, hem de hekimlik yapmış Aziz Hrisostomus'un Ermenilerdeki adı, yani Latin Katoliklerin St. Jean Chrisostome adıyla bilinen ünlü azizleri. Jean'ın Türkçe'deki adı Yuhanna ya da Yahya. Biz azizi tanımlayan sıfatının da tercümesini yaparak Türkçe'deki tam adını belirtelim: "Altın Ağızlı Yahya"!

Verdiği çok güzel vaazlarla, ağzından altın damladığına inanılan azize bu sıfat yakıştırılmış.

Latin mimarisinin çizgilerini taşıyan, kilise, içerden 28 metre yükseklikteki bir kubbe ile örtülü. Duvarların ağırlığını taşıyan pilastr[2] sütunlar Korent tarzı başlıklarla süslenmiş. Kubbede, dört azizin tasviri yer alıyor. Bunlar: Aziz Sylvestre, Aziz Basil, Aziz Gregoire ve Kiril alfabesinin[3] mucidi Aziz Cyrillos.

1830 yılında, Galata'da inşa edilen Surp Hisus Pirgiç[4] Kilisesi'nden sonra, Ermeni Katoliklerin en eski kilisesi oluyor burası. Öncelikle

---

1 Surp: Aziz.

2 Pilastr: Duvara gömme sütun.

3 Kiril alfabesi: Rusya, Moldovya, Ukrayna, Bulgaristan gibi Slav ülkelerinde kullanılan alfabe.

4 "Koruyucu İsa"nın Ermenice'deki tanımlaması.

Surp Ohan Vosgeperan Ermeni Katolik Kilisesi

şunu belirtelim, burası Gregoryen adı verilen Apostolik Ermenilerin değil, Katolik Ermenilerin kilisesi. Ermeni nüfusunun asıl büyük bölümünü oluşturan Apostolik Ermenilerin Patrikhanesi Kumkapı'da ve şimdiki patrikleri Mesrop Mutafyan. Ermeni Katoliklerin İstanbul'daki ruhani liderlerinin bulunduğu bina da, Ağa Camii'nin yanıbaşındaki Sakızağacı Caddesi üzerinde. Dünya tarihinde Ermeni Katolikliğinin başlangıç ve çıkış yeri İstanbul. Bu konuyu, daha iyi anlamak, daha iyi algılamak için biraz daha ayrıntılara girmemiz gerekiyor.

Ermeniler, tarihte Hıristiyanlığı seçen ilk ulus olarak bilinmektedirler. Ermeni kilisesi kendine özgü ritüelleri olan, tek bir ırk, tek bir toplum tarafından benimsenmiş bir kilisedir. Kurucusu "Işıklar Saçan" Aziz Kirkor'dur, yani batı dillerindeki Greguvar... MS 301 yılında Ermeni Kralı Dırdat ile karşılaşmasının ardından, Ermenileri takdis etmiş, Ermenilerin Hıristiyanlığı resmî bir din olarak kabul etmelerinde öncü olmuş, bu dini devlet politikalarının da bir bağlantısı olarak görmüşlerdir. Yüzyıllar gelip geçtikten sonra da, 18. yüzyılın başlarından itibaren, Osmanlılarla ticari bağlantıları olan Fransız, İtalyan tüccarlar, Dersaadet tüccarları arasında önemli bir yeri olan Ermenilerle daha iyi ticari bağlantılar kurabilmek için, misyonerler vasıtasıyla, kimi Ermenileri ikna etmeye çalışmışlar, Katolikliğe çekmek istemişler; bu faaliyetlerinde de oldukça büyük bir başarı sağlamışlardır. Ermeni cemaatinin seçkin aileleri ve saraya yakın bürokratlar arasından Katolikliği seçenler ve onları takip edenler, ister istemez cemaatin ikiye bölünmesine neden olmuşlar, bundan çok rahatsızlık duyan Ermeni patriği de padişaha şikâyet ve baskılarda bulunarak, böyle bir oluşumun önlenmesini istemiştir. Önceleri, padişahın da rahatsızlık duyduğu bu olay yasaklanmak istenmiş, ancak, Katolik Ermeniler arasında saraya yakın çok önemli kişilerin yer alması; ayrıca Fransa ile olan yakın ilişkiler, söz konusu olayın önlenmesini engellemiş, kısa bir zaman sonra da, Sultan II. Mahmut'un, 6 Ocak 1830 tarihinde çıkarttığı bir fermanla Ermeni Katolikliği resmen kabul edilmiş, ardından da kiliselerin yapımına başlanmıştır. II. Mahmut'un fermanında dört esas madde vardır ki, bunlar Ermeni Katolikliğini koruma altına alan unsurlardır:

1-İmparatorluğun başkentinde bir patriklik binasının yapımı.

2-Katolik kiliselerinin inşasına izin verilmesi.

3-Osmanlı sınırları içinde yaşayan öteki cemaatler tarafından Katolik Ermenilerin tanınması.

4-Katolik Ermenilere bir takım imtiyazların tanınması.

İşte, bundan sonradır ki, dünya tarihinde ilk Ermeni Katolik Kilisesi İstanbul Galata'da açılmış, kısa bir süre sonra da, Katoliklik öteki ülkelerdeki Ermeniler arasında yayılmaya başlamıştır. Yine de, dünyadaki Katolik Ermenilerin sayısı Apostolik Ermenilere kıyasla çok daha azdır. Örneğin, yalnızca İstanbul'da 30 kadar Apostolik Ermeni Kilisesi varsa, Türkiye genelindeki Ermeni Katolik kiliselerinin sayısı on ikiyi geçmez.

Gelelim biz yine, Surp Ohan Vosgeperan kilisesinin yapımına... 1830'lu yıllarda; burada, 100 kişiye hizmet verebilecek 52 odalı bir düşkünler evi; ardından da, yine aynı azize adanmış 600-700 kişilik ahşap bir kilise yapılıyor. Çok geçmeden de, tanınmış Ermeni zenginlerden Hagop Guetçiyan,[1] kilisenin yanı başına hayır işi bir okul inşa ettiriyor. Geçen zaman içinde çıkan yangınlar, Katolik Ermeni cemaatindeki nüfusun artışı; yeni, sağlam ve daha büyük bir kilisenin yapımını gerektirdiğinden, 1860 yılında, bugünkü kilisenin yapımına başlanıyor. Kilisenin mimarı, kardeşiyle birlikte Avrupalarda eğitim görmüş Garabet Tülbentçiyan adında bir vatandaş. Ama, ne çare, kilise inşaatı yapılırken, 15 Ekim 1861 tarihinde terk-i hayat ediyor ve kilise kardeşi Andon tarafından 1863 yılında bitiriliyor.

Kapıdan abside doğru 31 metre uzunluğundaki kilisenin duvarlarında görülen kitabeler, öteki aleme göçmüş, yaşamlarında kiliseye büyük yardımlarda bulunmuş kişilerin isimlerini taşıyor. Absid üzerinde görülen büyük tabloda, Aziz Hrisostomus tasvir edilmiş. Absidin sağ tarafındaki nişin içinde yer alan tabloda ise Hazreti İsa'nın çarmıha geriliş sahnesi yer alıyor. Sol tarafta kalan nişin içindeki "Meryem'in Yedi Acısı" adıyla anılan tabloda da, kucağında Hazreti İsa'nın ölü bedenini tutan Meryem Ana'nın kalbine saplanmış yedi adet ok görülüyor. Bu oklar, çarmıha gerilmeden önce, İsa'ya yapılan işkencelerin acılarını simgeliyorlar. Yine duvarda yer alan büyük bir tabloda, Aziz Antuan ve Aziz Sylvestre'nin, Aziz Greguar'la karşılaşmaları tasvir ediliyor.

1 Diğer adıyla Köçeoğlu.

ZAMBAK SOKAK

İstanbul'un fuhuş tarihinde yer almış önemli noktalardan bir tanesidir Zambak Sokak. Nedeni de, 1950'li yılların sonlarında, geçmişin ünlü mamalarından Lüks Nermin takma adıyla bilinen Şaziye Zeren Topçu'nun bu sokakta işletmiş olduğu ünlü randevu evinin varlığıdır. O zamanlar emniyet teşkilatı tarafından kollanan, daha doğrusu göz yumulan, kimi zaman da arka çıkılan şık, kaliteli ve "yüksek standartlarda" bir randevu evidir Lüks Nermin'in ki. Öyle ki, dönemin kimi politikacıları, kalantorları ve ünlü işadamları arasında müşterileri olan bu ev, kimi zaman da perde arkası "resmî gereksinimlerini" de karşılayan özel bir "müessese gibidir". O zamanlar yabancı bir devlet temsilcisinin ziyaretinde, eğer özel bir talep gelmiş ise, perde arkasında bilinen tek güvenilir adres Lüks Nermin'in kidir.

Dönem Demokrat Parti'nin dönemidir. Uzakdoğu'daki dost ülke Endonezya'nın Başkanı Sukharno, resmî bir ziyaret için Ankara'ya gelmiştir. Üç dört gün devam eden görüşmelerden ve iki ülke arasında imzalanan bir dizi antlaşmalardan sonra, Sukharno İstanbul'a geçer. Programda Topkapı Sarayı'nı, Ayasofya'yı, Sultanahmet Camii'ni, Kapalı Çarşı ve İstanbul Boğazı'nı görmek de vardır. Sukharno'nun hassasiyet gösterdiği konular arasında, ziyaret ettiği ülkelerde muhakkak o ülkenin güzel, leziz yemeklerini tatmak ve bunun yanı sıra bir de o ülkeden güzel bir hanımla birlikte olmak vardır. Tabii ki, bu perde arkası talep ilgililere çok daha önceden bildirilir. Böyle durumlarda da bilinen, güvenilen tek adres Lüks Nermin'dir. Kendisinden, Sukharno için güzel, cici, kaliteli, balık eti bir kız istenir. Yeni yetmelerden, çiçeği burnunda; Nil adında (artık gerçek adı mıdır bilinmez?) güzel, endamlı bir kız bulurlar... Ve Sukharno'nun, İstanbul'daki son gecesinde, kalmakta olduğu Hilton Oteli'nin kral dairesine Nil'i allayıp pullayıp gönderirler, kimi paparazzi yazar ve gazetecilerin de anlattıklarına göre. Sukharno, ertesi sabah ağzı kulaklarına varmış bir şekilde çıkar odasından: Mutludur, Türkiye'den, İstanbul'dan çok güzel izlenimlerle ayrılmaktadır. Kahvaltıdan sonra Yeşilköy Havaalanı'nın yolu tutulur. Türkiye-Endonezya dostluğu çok daha iyi pekişmiş bir şekilde; Sukharno ile ona eşlik eden heyet Türkiye'den ayrılırlar. Herkes memnundur. En çok memnun olan da tabii ki Lüks Nermin'dir... İyi bir iş yapmış, adına şanına prestij katmıştır. Ama, bu mutluluk pek fazla sürmez. Birkaç gün sonra, Başkent Jakarta'dan telefonlar, teleksler gelmeye başlar!! Maalesef, hesapta olmayan beklenmedik resmî bir skandal patlak vermiş, Türkiye-Endonezya dostluğunun arasına kara kedi girmiştir. Gelen kötü haberlere göre, Sukharno belsoğukluğu kapmıştır... İşte bu olay, "prestijli mama" Lüks Nermin'in sonunu getirir. Aradan geçen günler içinde, polis Zambak Sokak'taki randevu evini basar.

Ve bu ani baskınla, Nermin'in yatağının altında bir bavul dolusu Amerikan Dolar'ı ele geçirilir. İlginçtir! Lüks Nermin dolar kaçakçılığından hapse mahkûm edilir, randevu evinin kapısına da mühür vurulur. Haber gazetelere manşet olur. Birkaç yıl sonra, Nermin hapisten çıkınca, bir daha dengesini bulamaz, başarılı olamaz. Yeni bir yer açtığında polis gelir hemen basar. Son olarak da Avcılar'da; kısa bir süre daha vazgeçemediği mesleğini icra ettikten sonra da tarihe karışır gider.

Zambak Sokak girişinde yer alan bir başka ünlü adres de, bir zamanlar adıyla oldukça popülerleşmiş, babadan eczacı Nerses Limoner tarafından işletilen Limoner Eczanesi'ydi. 1955 yılında sahibinin İsviçre'ye gidip, Cenevre'ye yerleşmesiyle birlikte burası da kapısını kapattı.

OSMANLI METEOROLOJİ İSTASYONU VE RASATHANESİ

Fitaş ve Dünya sinemalarının bulunduğu pasajın yerinde yükselen İstanbul Meteoroloji İstasyonu ve Rasathanesi uzun yıllar burada hizmet verdi. İstanbul'un yağmuru, rutubeti, karı, sıcağı burada ölçülür, basın yoluyla buradan kamuya açıklanırdı. Kurumun ilk müdürü, başarılı hizmetlerde bulunmuş Aristidi Kumbari Efendi idi. Kumbari Efendi'den sonra yerine Ali Bey getirilmiş; Ali Bey'den sonra da meteoroloji konusunda yaptığı yenilik ve çalışmalarla, adını altın harflerle yazdırmış olan Fatin (Gökmen) Hoca gelmişti. Ancak 1909 yılında patlak veren "31 Mart Vakası" olayları sırasında rasathane gericiler tarafından kırılıp dökülmüş, içindeki aletler de kullanılamaz bir hal almıştı. Bu olaydan sonra, Fatin Hoca'nın girişimleriyle, rasathane Kandilli Tepesi'nde yeni yaptırılan modern binasına taşınmıştır.

Modern Türk meteoroloji biliminin kurucusu Fatih Gökmen

LALE SİNEMASI

Fitaş Pasajı'nın karşısında, bir zamanlar çok sevilen sinemalardan biri olan Lale Sineması yer alırdı. Aynı adla anılan pasajın içinde1939 yılında Cemal Filmer tarafından açılan bu sinemanın kendine özel çok güzel bir iç mimarisi vardı. 1960'lı yılların sonlarında Lale Pasajı'nın girişinde bir kuruyemişçi dükkânı açıldı ve kısa zamanda da ilgi odağı haline geldi. Nedeni de, bu kuruyemişçi, müşteri çekmek için, kapısının önündeki tezgâh üzerine, Cacatoes türü, beyaz renkli bir Avustralya papağanı koymuştu. Tabii ki, papağan bildiği sözcükleri çok güzel bir şekilde tekrarlıyor, gelip geçen de pür dikkat, kuruyemişçinin papağanını görmek için dükkân önünde toplanıyordu. Aradan yıllar geçti, dükkân kapandı gitti ama kuruyemişçi kapanmadı. Bugün "Papağan" adıyla, yurt dışına ihracat yapan ünlü bir marka olarak ticari yaşamına devam ediyor. Pasaj, günümüzde daha çok elektronik ev aygıtlarının satıldığı bir alışveriş pazarına dönüştü. Geçmişte, Lale Sineması'nın hemen yanı başındaki binada da bir dönem Türkiye Turing ve Otomobil Kurumu hizmet vermiştir.

FİTAŞ VE DÜNYA SİNEMALARI

Eski Osmanlı Meteoroloji İstasyonu ve Rasathanesi'nin yerinde yükselen, Fitaş Pasajı içindeki bu iki sinema, Beyoğlu'nda inşa edilmiş son sinemalar arasında yer alırlar. Çok daha önce burada Kozmograf, daha sonra da Nuvo isimlerini almış bir başka sinema yer alıyordu. 1930'lu yıllarda da, adı Paris'teki ünlü gazinodan esinlenerek koyulmuş, kırmızı neon lambalı değirmen panosuyla maruf, İstanbul'un sayılı gece kulüplerinden Moulin Rouge (Kırmızı Değirmen) bulunuyordu. Moulin Rouge, İstanbul'a gelen taşralı tüccarların, para babalarının uğrak yerlerinden biriydi. Biraz kalite sergileyen, cilveli konsomatrisleriyle de ünlenmişti. 1939'da Moulin Rouge da kapandı; yerini, içinde zaman zaman operetlerin de sahnelendiği Halk Sinema Salonu'na bıraktı. Fitaş Pasajı 1960'lı yılların ortalarında açıldı. İçindeki dönemin modasına uygun ithal Amerikan Levi's Jean's'ler, mes şeklinde topuklu Beatles tipi botlar, çizmeler ve plak satışı yapan dükkânlar kısa zamanda burasını Beyoğlu'nun en hareketli, en yoğun pasajlarından biri haline dönüştürdü. Dönem; esintisi bizlere de kadar gelmiş, Avrupa'yı kasıp kavuran "underground" müzik akımının dönemiydi. Çok güzel, kaliteli süper vizyon filmler getiren Fitaş sineması da bu akımı fırsat bilerek, müthiş konser organizasyonlarına başlamıştı. Cem Karaca, Erkin Koray derken, yurt dışından "Her Yerde Kar Var" şarkısı ile gönüllerde taht kuran Adamo, "İstanbul İstanbul" şarkısıyla bu kente olan özlem ve hayranlığını dile getiren kalın, kara gözlüklü Marc Aryan, "Black is Black" şarkısıyla bir süre dünya listelerinde başı çeken Los Bravos grubu gibi ünlüler Fitaş'ın sahnesinde boy göstermeye başlamışlardı.

MİS SOKAK

Günümüzde, barların, pavyonların yer aldığı, İstiklâl Caddesi ile Tarlabaşı arasında kalan Mis Sokak'ın adı geçmişte Misk Sokak'mış; her nedense cumhuriyet sonrası yapılan yabancı sokak adlarının değiştirilmesi sırasında, bu sokak da nasibini almış. Geçmişte kalburüstü ailelerin oturmuş olduğu Beyoğlu sokaklarından biri burası. Öncelikle sokağın girişinde, Dolmabahçe Sarayı'nı, Ortaköy Camii'ni ve daha başka birçok eser yapıp bırakmış sarayın hassa mimarları Balyanların oturdukları ev yer alıyormuş. Sokak içinde bilhassa Levantenlerin ağırlıkta olduğu öteki kalburüstü ailelerin evleri de sıralanıyor. Bunlardan biri, İran'dan değerli halılar getirten, Türkiye'den Avrupa'ya halı ihracatı yapan ve Cadde-i Kebir'de, Tepebaşı'nda başka mülklerin de sahibi olan İtalyan kökenli d'Andria'ların evi ile, yine bu ailenin işlettiği D'Andria Müzik Aletleri Mağazası. Ailenin, 1970'li yılların başlarında vefat eden İstanbul'daki son fertlerinden Madam d'Andria, ünlü oryantalist ressam Kont Amedeo Preziosi'nin torunu oluyor. Misk Sokak'tan geçmiş iki de ünlü hekim var. Bunlardan biri Surp Agop Hastanesi'nin başcerrahı Doktor Zartanyan. Öteki de Doktor Taptas. Balyanlar'ın oturdukları binanın giriş katında da, 1908 yılında açılıp bir dönem hizmet vermiş Beyoğlu'nun şık pastanelerinden, mis gibi kurvasan ve pötifurlarıyla isim yapmış Angiopulos yer alıyormuş. Angiopulos, kaldırıma masa-sandalye çıkartan pastanelerinden biri olmuş. Onun hemen bitişiğinde de, Dersaadet'in sayılı eczacılarından, II. Abdülhamid'in de eczacılığını yapmış, Mösyö Vincent Zanni'nin ünlü

Eczacı Mösyö Zanni (Turgay Tuna Koleksiyonu)

apothéque'i[1] bulunuyormuş. Son olarak Mis Sokak'a yerleşen ünlü isimlerden biri de Cercle d'Orient binasındaki yenileme nedeniyle 2012 yılında kapatılan İnci Pastanesi.

1 Fransızca eczane demektir. Yüzyılın başlarında, Mösyö Zanni'nin eczanesine "Apothéque de Zanni" adı da veriliyor.

BEYOĞLU YANGINLARI

Beyoğlu, geçmişteki eski İstanbul'un birçok semtinde olduğu gibi, tarihi boyunca küçüklü büyüklü birçok yangın geçirmiştir. Ama, Beyoğlu tarihinde semti kasıp kavuran ve birçok yapıyı yok eden 1831-1870 yangınları, İstanbul'un da gelmiş geçmiş sayılı büyük yangınları arasında yer almıştır. 24 Temmuz 1831 tarihinde çıkan ve on beş saat süren, 104 kişinin öldüğü Büyük Pera Yangını'nda çoğunlunu ahşap yapıların oluşturduğu birçok bina yanıp kül olur; ancak 5 Haziran 1870 tarihinde, Taksim tarafındaki Feridiye Sokağı'nda çıkan ikinci büyük yangında, bilhassa Taksim-Galatasaray arasında çok daha büyük bir zarar ve yıkım meydana gelmiş, yüzlerce insan ölmüştür. Öyle ki, birbirinden güzel muhteşem yapıların yanıp kül olduğu bu yangında 3.000 kadar bina yok olmuş, yaralar uzun bir süre kolay kolay sarılamadığı gibi, kent ve ülke ekonomisinde de büyük sıkıntılar yaşanmıştır. Bu büyük yangında Zoğrafyon Rum Lisesi'nin eski binası, Naum Tiyatrosu, Galatasaray Karakolu, Surp Asdvadzadzin Ermeni Katolİk Kilisesi gibi birçok önemli bina yanmış, bu kötü yıkımdan sonra, yeniden başlanan yapılanmayla ahşap evlerin inşası yasaklanmış, kimileri günümüze kadar gelebilmiş birbirinden güzel eklektik binaların yapımına başlanmıştır.

BEYOĞLU YANGINI'NIN FRANSIZ YAZAR LAMARTINE'DE BIRAKMIŞ OLDUĞU İZLENİMLER

"... Bu Beyoğlu denilen yer, bizim eyalatlerin küçük ve gösterişsiz olanlarına benziyor. Bir zamanlar Galata'nın yokuşlu setleri üzerinde güzel birkaç elçilik konağı varmış. Şimdi yerlerde yatan sütunlardan, kararmış duvar artıklarından, yıkılmış bahçelerinden başka bir şey gözükmüyor. Yangın bu güzelim yapıları silip süpürmüş. Bana kalırsa Beyoğlu'nun ne kendine özel bir kişiliği var, ne özelliği, ne de güzelliği... Sokaklarında İstanbul'un ne denizi gözüküyor, ne tepeleri, ne de güzelim bahçeleri..."

(İstanbul'a İlk Geliş / Lamartine)

1870 Beyoğlu Yangını'nı gösteren bir gravür.

AYA TRİADA RUM ORTODOKS KİLİSESİ

Cephesi Meşelik Sokak'a bakan, İstanbul'un en büyük Rum Ortodoks Kilisesi Aya Triada'dayız. 14 Eylül 1880 tarihinden bu yana kapıları ibadete açık olan; Tanrı Baba, Hazreti İsa ve Kutsal Ruh üçlemesine adanmış bu kilise Beyoğlu'nda inşa edilmiş en eski üçüncü Rum Ortodoks kilisesi oluyor. Klasik Bizans bazilikası mimarisinin modern çizgilerle bütünleştiği bu ibadethane, Islahat Fermanı sonrası İstanbul'da yapılan kubbeli kiliselerin en büyüğü. Pazar ayinlerinde, Taksim çevresinde oturan birkaç Rum aile ile, İstanbul'da yaşayan Yunan uyruklular ve Slav kökenliler dolduruyor kiliseyi. Dolduruyor derken, cemaat sayısı 30-40 kişiyi geçmiyor. Kilise, yıllardan beri, kendi vakfına ait, Taksim Meydanı ile Sıraselviler tarafına bakan ve çoğu büfe olarak kullanılmakta olan dükkânlardan sağlıyor gelirini. 18. yüzyılda, bu kilisenin yerinde Pera Rum Hastanesi yer alıyormuş, hastanenin yanı başında da Rum mezarlığı. Bu nedenle de Meşelik Sokak'ın geçmişteki adı, Rum Kabristanı Sokağı olarak anılıyormuş. Bu eski mezarlıktan kalmış bir iki kabir taşı, bugün hâlâ Aya Triada Kilisesi'nin avlusunda görülebiliyor; aslında avlu kazılsa, yığınla eski mezar çıkar ortaya. Burada ilk kilise, 1862 yılında Zapyon Rum Kız Lisesi'nin yerinde inşa ediliyor ve kısmen ahşap olan bu ibadethane Ayios Yeorgios'a, halk arasındaki adıyla Aya Yorgi'ye adanıyor, ancak sonradan kiliseye Kutsal Üçlü'nün adı veriliyor. Sıraselviler Caddesi'ne bakan, eskiden halkın kestirme yol olarak kullandığı kapı yıllardan beri kapalı tutuluyor.

Aya Triada Rum Ortodoks Kilisesi

Camekânlı cephesiyle oldukça görkemli bir görüntü sergileyen Aya Triada'yı, Yıldız Camii'nin de mimarı olan Vasilakis İoannidis Efendi yapmış. Aslında, kilisenin planlarını mimar Potesaros çizmiş ama, kiliseyi yapan, tamamlayan saray mimarı Vasilakis İoannidis olmuş. Üzerinde, iki büyük çan kulesinin yükseldiği giriş bölümünün sol duvarı üzerindeki Rumca kitabede, mimarın adı ve cemaatin maddi yardımlarıyla yapılmış olan kilisenin ibadete açılış tarihi 14 Eylül 1880 okunuyor. Beş bin kadar insanın katıldığı, kilisenin açılış ayini ve takdis töreni Patrik III. Yuhakim tarafından yapılmış.

Narteks bölümünde yer alan ikonalar arasında en önemlisi, kiliseye adını veren kutsal üçlüye ait olanı. Gümüş bir çerçeve içinde yer alan bu ikonada, kuş şeklinde tasvir edilen kutsal ruh ile Tanrı Baba ve oğul İsa görülüyorlar. Kilisenin girişindeki mum tekneleri gece gündüz ışıl ışıl aydınlık kalıyor.. Ziyarete ya da ibadete gelen Ortodokslar mum yakıp dilek adamadan gitmiyorlar kiliseden. Giriş mahallinin sağ tarafında, duvarda asılı, Pataralı[1] hemşerimiz Aziz Nikolaos'un, nam'ı diğer Noel Baba'nın, büyükçe bir ikonası yer alıyor. Fakirlerin, denizcilerin, çocukların, evlenip yuva kuracak gençlerin sevgili azizleri Nikolaos... Onun hemen yanındaki duvarda da, mucizeleriyle güçsüzlere güç veren, muhtaçlara yardım eden, aç kalanları doyuran Aya Paraskevi'nin ikonası asılı duruyor.

Kutsal bölümü ayıran ikonostas gibi tabanı da mermer döşemelerden oluşan kilisenin ibadet kısmına geçiyoruz. Dört taşıyıcı sütun ve birbirlerine bağlı kemerler üzerinde yükselen on iki pencereli kubbenin ortasındaki resmin içinde, sol elinde kutsal İncil'i tutan, sağ eliyle de takdis eden, "Pantokrator"[2] İsa yer alıyor. Tüm Ortodoks kiliselerinde olduğu gibi, ikonostas[3] adı verilen, Aya Triada'nın kutsal bölümünü cemaat yerinden ayıran, perde şeklinde yapılmış mermer duvar üzerindeki ikonaların zenginlik ifade eden parıltılı görüntüsü, aslında eski Bizans'tan günümüze gelen geleneksel kilise zenginliğinin bir yansıması. Sütunlardan biri üzerinde yer alan "ambon"[4] da tamamen mermerden yapılmış bir sanat eseri. Absid bölümünün ön tarafında, bütün öteki Ortodoks kiliselerinde olduğu gibi, din adamlarına, cemaat ileri gelenlerine ayrılmış ahşap koltuklar ve bunların arasında despot[5] koltuğu olarak adlandırılan, başpapaz ya da Metropolit'e[6] ayrılmış büyük koltuk yer alıyor. Kilisenin üst katında yer alan galeri, yine Bizans kilisesinden devam ede gelen bir başka gelenek. Camilerdeki kadınlar için kullanılan Harem mahfilinin bir benzerini oluşturan bu üst kat bir zamanlar kadınların ibadetine ayrılmış olan bölüm. Ancak, günümüzde, kadınlar artık yukarı kata çıkıp ibadet

1 Patara: Antalya ile Fenike arasında kalan antik yerleşim

2 Pantokrator: Hazreti İsa'nın, Ortodokslardaki en önemli sıfatlarından biri. "Evrenin Hakimi" anlamına geliyor.

3 İkonostas: Ortodoks kiliselerinde, kutsal mekân olarak adlandırılan absid bölümünü, cemaat bölümünden ayıran duvar ya da perde. Bu perde kiliselerin boyutlarına ve tarihi konumlarına göre mermer, ahşap, kumaş gibi değişik malzemelerden olabilmektedir. İkonostaslar, birbirinden değişik değerli ikona, zengin işleme ve heykellerle süslenirler.

4 Ambon: Bilhassa Bizans kilise geleneğinden günümüze gelen, kiliselerde dinadamlarının vaaz vermek için kullandıkları kürsü.

5 Despot: Ortodoks Rumlarda bölge başpapazına verilen isim.

6 Metropolit: Despot, başpiskopos anlamında kullanılan sözcük.

Aya Triada Kilisesi'nin mermerden yapılmış ikonostas bölümü.

etmiyorlar. Bu bölümün korkulukları üzerinde, "Son Yemek", "Lazarus'un Diriliş Mucizesi", "Çarmıha Geriliş" gibi İsa'nın yaşamından sahnelerin sergilendiği ikonografik tablolar yer alıyor.

Paskalya yortularında, Aya Triada Kilisesi bambaşka bir atmosferin içine girer. Biraz mistik, biraz buruk, biraz da gizemli bir havadır bu.

Bir zamanlar, kilisenin sol tarafında, 1800'lü yılların sonlarında açılmış Aya Triada İlkokulu yer alırdı. Rum nüfusun azalmasıyla birlikte, birçok Rum okulu gibi bu okul da 1979 yılında kapılarını kapattı. Günümüzde Hatay Lokantası ya da eski adıyla Hacı Baba Lokantası'nın yerinde de Aya Triada İlkokulu'nun yemekhanesi bulunuyordu.1904 yılında, yoksul çocuklara yardım amacıyla kurulmuş olan Ayios Minas Yardım Cemiyeti de kilise müştemilatınn içinde yer alan kuruluşlardan biriydi.

Her birinde dileklerin ışıldadığı mum teknelerinin önünden geçerek, Aya Triada Kilisesi'ni terk ediyor ve avlunun Meşelik Sokak'a açılan ikinci kapısından çıkıp, İstanbul'un iki eski okulunun önüne geliyoruz.

Bayramlar içinde en çok Paskalya'yı ve ondan öncesiyle, sonrasını seviyordum. Bayramdan önceki "Büyük Hafta" dediğimiz hafta boyunca et ve hayvansal besinlerden uzak durur, perşembe günü Hazreti Meryem'in acısıyla gözyaşlarını simgeleyen, yağsız pişirilerek sirkeyle servis edilen mercimek çorbası içerdik. Kırmızıya boyanmış yumurta hazırlar, şekilleri Diyarbakır'ın örgü peynirini andıran Paskalya çörekleri yoğururduk. Evler, çöreklerde kullanılan mahlep ve sakız kokularına bürünürdü. Cuma günü farklı bölgelerdeki yedi kiliseyi ziyaret eder, Hazreti İsa'nın naşını simgeleyen Epitafios'un altından geçerdik. Perhiz cuma gününe kadar sürdüğünden yumurta ve çöreklere dokunmazdık. Cumartesi sabahı en güzel elbiselerimizi ve özellikle yeni ayakkabılarımızı giyerek takdis olmaya giderdik. O gün sanırım sadece İstanbul kiliselerinde ve özellikle Aya Triada'da yıl boyunca uğur getireceğine inanılan defne yaprakları dağıtılır.

Bütün çocuklar piskoposun önüne dizilir, hasır sepetinden dağıtacağı defne yapraklarını toplamak için birbirimizle yarışırdık.

(Çok Kültürlü Pera / İo Çokona / Heyamola Yayınları / 2010)

ZAPYON RUM KIZ LİSESİ

İstanbul'daki Rum okulları arasında Zapyon'un ayrıcalıklı bir yeri vardır. Öncelikle Pera bölgesinde yer alan en eski eğitim yuvalarından biri olup, kaliteli eğitim veren okullar arasındaki yerini korumuş; ayrıca güzel ve görkemli mimarisiyle, Pera'nın güzel yapıları arasında yer almıştır. 40 metre uzunluğunda, 25 metre yüksekliğindeki bu muhteşem okulun başlangıcı sayılan ilk eğitim yuvası, 1870 Beyoğlu Yangını'ndan sonra, ünlü Rum işadamı Konstantin Zappas'ın maddi yardımlarıyla 25 Eylül 1875 tarihinde Meşrutiyet Caddesi'ndeki 47 numaralı binada açılmıştır. Okula, maddi katkılar sağlayan bir başka hayırsever de ünlü banker Yeorgios Zafiri'dir. Ancak, büyük talep karşısında okul binası kifayetsiz kaldığından yeni bir binanın yapılmasına karar verilir. 1882 yılında, mimar İkomos İoannidis tarafından Meşelik Sokak'ta inşası başlatılan bu yeni okul yapılır ve Zapyon Kız Okulu adıyla 1885 yılında açılır. Uzun yıllar Rum öğrenciler dışında Müslüman kız çocuklarının da eğitim aldıkları, anaokulu, ilk ve orta okuldan oluşan bir eğitim yuvası olur. 19. yüzyıl sonlarında, İstanbul'da Müslüman kız çocuklarının eğitimi için rüştiye[1] ve idadi[2] derecelerde okullar olmadığı için, kimi modern Müslüman aileler kızlarını iyi eğitim veren ekalliyet okullarına göndermişler, burada eğitim almalarını sağlamışlardır. Bu okuldan mezun olmuş ünlü Müslüman kız çocuklarından biri, aynı zamanda burada muallimelik yapmış ve henüz 23 yaşında iken, Türkiye'de ilk pedagoji kitabı "Usul-i Talim ve

1 Ortaokul

2 Lise

Zapyon Rum Okulu'nun cephesi.

Meşelik Sokak'ta yer alan Zapyon ve Esayan Liseleri.

Terbiye Dersleri"ni yazmış, Ayşe Sıdıka Hanım'dır. Tıp doktoru, felsefe profesörü, şair Rıza Tevfik Bölükbaşı'nın da zevcesi olan Ayşe Sıdıka Hanım, maalesef 31 yaşında iken vefat eder. Zapyon'dan 1921 yılında mezun olmuş bir başka ünlü de, okul yıllarında tiyatro kolunda büyük başarılar göstermiş, mezun olduktan sonra Bakırköy Rum Kültür Derneği tiyatrosunda başarılarını devam ettirmiş, ardından Paris'e gidip Sorbonne'da tiyatro üzerine eğitim almış, Paris yıllarından sonra Yunanistan'a gelip Atina'da tiyatroya devam etmiş ve kendi yazıp oynadığı ünlü eseri "Sevgili İstanbul'um" u uzun yıllar büyük başarıyla sahnelemiş, ardından da Yunanistan devlet sanatçısı ödülüne layık görülmüş olan Helena Halkusi'dir. Zapyon Rum Kız Lisesi, uzun yıllar eğitim ve kültür programları içinde özellikle tiyatroya önem vermiş okullarımızdan biridir. Bu gelenek, bir dönem okul öğrencilerini Tepebaşı Belediye Tiyatrosu'nda temsiller vermeye kadar alıp götürmüştür. Zapyon'dan mezun olmuş yine bir başka ünlü isim, Helena Halkusi gibi bir Bakırköylü olan, kadın sosyalist hareketinin aktif isimlerinden, bir dönem Makriköy Rum Kız Okulu'nun da müdürlüğünü yapmış, eğitimci-yayımcı-yazar Atina Yaitanu Yianniu'dur.[1] Zapyon'dan mezun olan ünlülerden bir başkası da, kuruluşundan itibaren uzun yıllar Hacettepe Üniversitesi, Felsefe Bölümü'nün başkanlığını sürdürmüş olan Profesör Doktor İoanna Kuçuradi'dir. Aydın yazar ve düşünürlerimizden Emre Kongar'ın annesi Mesude Hanım da, bir dönem Zapyon Lisesi'nde felsefe öğretmenliği yapmıştır.

Günümüzde karma bir okul olarak anaokulu, ilk ve lise öğretimleri veren Zapyon'da, Türkçe ve Rumca dışında; İngilizce, Fransızca dersleri de verilmekte, İstanbul'un köklü okulları arasındaki geleneksel yerini korumaktadır. Günümüzde, 60 kadar öğrenci Zapyon'da eğitim görmektedir.

Okul binası, Birinci Dünya Savaşı yıllarında, başka okul binalarında da uygulanmış olduğu gibi, üç yıla yakın bir zaman, cephelerde yaralanan askerlerin tedavilerinin yapıldığı bir hastaneye dönüştürülmüştür.

Bu satırların kaleme alındığı günlerde emekli olan, okulun çok başarılı eğitmenlerinden Despina Filipos'un yıllardır ikinci müdürlüğünü yaptığı Zapyon Rum Okulu, fen laboratuvarından kütüphanesine, müdür odasından konferans salonuna içindeki değerli antika eşyaları ve iç tezyinatı ile bir müze-okul olarak tarihi değerlerini en güzel şekilde korumaya devam eden örnek okullardan biridir.

1 Athena Yaitanu Yianniu bir dönem Neo Pnevma (Yeni Fikirler) kültür dergisinin müdürlüğünü yapmış, birçok dergide yazmış ve birkaç kitap yayımlamıştır. Bunlar arasında en güzeli, eski Bakırköy'de yaşayan Rum aileleri anlattığı "Bakırköy Anıları" adlı kitabıdır.

PERA'NIN RUMLARI

...17. ve 18. yüzyılda Avrupa ülkeleri ile ticari ilişkileri olan Rum tüccarlar aileleri ile eski İstanbul'dan Pera'ya gelip yerleşirler. Giderek diğer Rum aileler onları izler ve Pera süreç içinde varlıklı Rumların, Levanten ve Ermenilerin yaşadığı, Batı'ya özenen, Avrupai bir semte dönüşür. Osmanlı döneminde, Rumların İstanbul'daki yerleşim birimlerinden olan ve asırlar boyu Patrikhane'nin içinde yer aldığı en ünlü yerleşim bölgesi sayılan Fener semtinden sonra, kentsoylu Rumların yaşadığı ilk çağdaş, kozmopolit yerleşim birimi Pera'dır.

(İstanbullu Rumlar / Sula Bozis /
İstanbul Bilgi Üniversite Yayınları / 2011)

ESAYAN ERMENİ LİSESİ

Zapyon'un tam karşısında yükselen, ikinci heybetli bina da, İstanbul'un ünlü Ermeni okullarından Esayan'ı barındırır. Aynen, Zapyon gibi, 1895 yılında inşa edilmiş ve o günlerden bu yana sapasağlam, dimdik ayakta kalmış bir irfan yuvasıdır. Okulu yaptıran hayır sahipleri Kayseri asıllı, Mıgırdiç ve Ohannes Esayan adlarında iki tüccar-işadamı kardeş. Bina inşa edilirken, okul avlusu içine küçük bir kilise yaptırmayı da unutmamışlar. Kilise Surp Harutyun'un adını taşıyor. Okul sınırları içinde yer aldığından bu küçük, şirin kiliseden bugüne dek tek bir cenaze kaldırılmamış. Yalnızca, vaftiz, evlilik ve ibadet günlerinde dualar okunup, ayinler yapılmış.

Esayan; Zapyon gibi, yüzyılın başlarındaki Beyoğlu'na egemen batı kültürünün etkisinde eğitim uygulamış bir kız okulu. İlk mezunlarını 1901 yılında vermiş. Açıldığı yıllarda ilkokul olarak kullanılmış; ama, çok geçmeden de 1899 yılında 3 yıllık rüştiye kısmı eklenmiş. Bunun ötesinde, ortaokuldaki başarılı, yetenekli öğrenciler için biçki-dikiş, yemek, el becerileri gibi kurslar açılmış. Ardından ilkokul şubesine erkek çocukların da alınmasına başlanmış, ama, burayı bitirdiklerinde, ortaokulda erkek öğrenci olmadığı için Galata'daki Getronakan Mektebi'ne gönderilmişler.

Yıllar sonra, karma eğitime başlayan Esayan, cumhuriyetin ilanından sonra çok verimli bir döneme girmiş, 1930 yılından itibaren de lise eğitimine geçmiştir. Okulun yetiştirmiş olduğu ünlü isimlerden bir tanesi, bu okulda okumuş, bu okulda uzun yıllar öğretmenlik, müdürlük yapmış, öğrencileri tarafından da çok sevilmiş Hermine Kalutsyan'dır.

Esayan Ermeni Lisesi

Notre Dame De Sion ve Galatasaray Liselerinde de uzun yıllar yapan olan Kalutsyan, bir dönem siyasete atılmış ve 1961 yılının kurucu meclis üyeleri arasında yer almıştır.

Aynen, Zapyon gibi Birinci Dünya Savaşı yıllarında, Esayan geçici olarak kapatılmış, binanın bir bölümü Askeri Harita ve Kadastro öğrencilerine verilmiş; öteki bölümü de, Dar-ül Eytam'a[1] bağlı 130 kadar muhtaç çocuğun bakımına tahsis edilmiştir.

1 Dar-ül Eytam: Savaş yıllarında, babaları şehit olan, yetim çocukların eğitim ve bakımları için oluşturulan kurum.

NAUM PAŞA APARTMANI

Said Naum Paşa

Esayan Lisesi'nden çıkıyor ve biraz ilerdeki İpek Sokak'tan geçerek Kuyu Sokak'a doğru ilerliyoruz. Kuyu Sokak'taki eski binaların arasında sıkışıp kalmış heybetli bir yapının önündeyiz. Burası, bir zamanlar Beyoğlu'ndan gelip geçmiş, başta diplomat olmak üzere birçok elit insan yetiştirmiş ünlü Duhani ailesinin oturduğu bina. Bina, ailenin en tanınan şahsiyetlerinden, bir dönem Osmanlı'nın Paris sefirliğini yapmış Said Naum Paşa'nın adını taşıyor. Duhaniler, oldukça zengin bir aileymiş. 19. yüzyıl sonlarında Çiçek Pasajı'nın yerinde yükselen muhteşem güzellikteki Naum tiyatrosunun da sahipleriymişler. Bu ailenin bir başka ünlü ismi de oğul Said Naum Duhani. 1907 yılında babasıyla Paris'e giden ve eğitimini Sorbonne'de yapan Said Naum, 1930'lu yıllarda Türkiye Otomobil Kurumu'nun başında bulunmuş müdürlerden biri. Ama, asıl tanınmışlığı birbirinden güzel iki Beyoğlu kitabının yazarı olmasından kaynaklanıyor. Beyoğlu üzerine esaslı kaynakça oluşturan bu kitaplardan biri "Eski İnsanlar, Eski Evler", öteki de "Beyoğlu'nun Adı Pera İken" isimlerini taşıyor.

SAINTE PULCHERIE FRANSIZ LİSESİ

Meşelik Sokak'tan, Abdullah Sokak'a giriyor, oradan da Taksim Kulübü Sokağı'ndan geçip Çukurluçeşme Sokağı'na geliyoruz. Bir zamanlar Yeşilçam'dan sonra Beyoğlu'nun beyaz perde emekçilerini barındıran ikinci sokak burası. Geçmişte; Necdet Tosun, Ayhan Işık gibi kimi ünlüler de bu sokakta oturmuşlar. İstanbul'da doğup büyümüş, yıllarını İstanbul'da geçirmiş çok kişinin adını duyduğu, bununla beraber belki de hiç görmemiş olduğu bir okulun önündeyiz. 1846 yılından beri varlığını sürdürmeye devam eden bir eğitim kurumu burası.

Bir zamanların Sainte Pulcherie Fransız Kız Ortaokulu, hemen bütün öteki okullarda olduğu gibi, artık karma eğitime geçmiş, liseye dönüştürülmüş bir kurum. İlk defa, Fransız Hastanesi'nin[1] bir köşesinde, Les Filles de la Charité[2] adıyla anılan Fransız rahibeleri tarafından kız çocukların eğitimi için açılan okul, 1919 yılında, bugün gördüğümüz görkemli binasına taşınmış. Aslında, bugünkü okul binası 1891 yılında, Kadıköy'de Saint Joseph Fransız Okulu'nun yönetiminden sorumlu Cizvit rahipleri tarafından yaptırılmış. Bir dönem de Lazarist papazlara devredilmiş ve bundan böyle Saint Benoit'nın şubesi olarak eğitim hizmeti vermeye devam etmiş. Ta ki, 1919 yılında, Pangaltı'daki Notre Dame De Sion Fransız Kız Okulu'nun yönetiminden sorumlu, "Les Filles De La Charité" rahibeleri tarafından satın alınana dek. Uzun yıllar, yalnızca kızlar için ortaokul derecesinde eğitim veren Sainte Pulcherie'den mezun olanlar, lise eğitimini Notre

---

1 Fransa Başkonsolosluğunun bulunduğu yerdeki hastane (bkz. Sayfa 39)

2 Şefkat Rahibeleri.

Sainte Pulcherie Fransız Lisesi

Dame De Sion'da tamamlamışlardır..

Adını; 5. yüzyılda yaşamış, kiliseler, manastırlar inşa ettirmiş, koyu bir Hıristiyan olan, ölümünden sonra da azizlik mertebesine yükseltilen Bizans kraliçesi Pulcheria'dan alan okul, Türkiye'deki bütün öteki okullarda olduğu gibi, yakın bir zamanda karma bir eğitim kurumuna dönüştürülmüş, 2000 yılından sonra da lise eğitimi vermeye başlamıştır.

TEL SOKAK

Geçmişte Telgraf olarak bilinen bu sokağın adındaki "graf" sonradan kaldırılmış ve kısaca Tel Sokak olup çıkmıştır. Günümüzde tantuni, lahmacun ve kebapçıların istilasına uğramış olan Tel Sokak, geçmişteki Beyoğlu'nun en güzide sokaklarından bir tanesidir. Bu sokakta oturanların küçük bir listesini Said Naum Duhani'nin de yazdıklarından alarak aktaralım: "Yunan Sigorta Şirketi Müdürü Tsikaliotis, İspanyol Camposagrado, Rus-Yunan Bankacı Mavrocordato, Düyun'u Umumiye Meclisi'nden De Janko, Banker Zarifi'nin üst düzey memurlarından Sgutas, Beyoğlu sosyetesinin çocuklarına piyano dersleri veren piyanist Centolla, bir dönemin Lübnan Valisi Ohannes Kuyumcuyan Paşa, Turing Otomobil Kurumu'nun bir dönem başkanlığını yapmış olan Willy Sperco.

BEYOĞLU SPOR KULÜBÜ

Tel Sokak'ta bir başka tarihi yapı olan 9 numaralı binanın önünde duruyoruz... Tarih dediğimiz, bir zamanlar içinde barındırmış olduğu, Türk sporunun geçmişte büyük başarılara imza atmış bir spor kulübü... Kıyısından köşesinden sıvaları dökülmüş; yılların toz ve kirinden adeta kararmış, 1909 tarihli bu binanın üzerindeki tabelada da okunduğu gibi, bir zamanların efsanevi kulübü Beyoğlu Spor'un önündeyiz. Hey gidi Beyoğlu Spor! Sarı-siyah renkleriyle geçmişin birinci lig takımları arasında oynayan, Galatasaray ve Fenerbahçe gibi takımlara kök söktüren, kadrosunda Boduri Nikola, Nikos Vafiadis, Tanasis Çayis, Kadri Aytaç, Şeref Has, Şükrü Gülesin, Lefter Küçükandonyadis, Süleyman Tekil, Lui Şalabi gibi futbolcuların yer aldığı, bir zamanların yıldız takımı. Yalnız futbol mu? Basketbol, voleybol, masa tenisi, halter dallarında da vitrinlerini şampiyonluk kupalarıyla doldurmuş bir spor kulübü... Ama, altını çizerek belirtelim, Beyoğlu Spor Kulübü'nün birinci katında yer aldığı bu binanın asıl sahibi, cumhuriyet öncesi ve sonrası uzun yıllar etkinliğini sürdürecek olan Peralı Yardımsever Rum Bayanlar Derneği, binanın mimarı da Viktor Adamandidis.

Geçmişinde olağanüstü büyük değişiklikler yaşamış Beyoğlu Spor Kulübü' nün kuruluş tarihi 1914. Kulübü kuranlar da Peralı Rumlardan Kosta Vasiliadis, Konstantin Spanudis ve arkadaşları... Zaten, ilk kurulduğunda adı Pera Kulübü imiş. Kulüp önce futbol ile başlıyor faaliyetlerine. İstanbul'un işgal altındaki yıllarında da hızlı bir büyüme gösteriyor, ama, maalesef Osmanlı'nın can çekişmeye başladığı o dönemde,

Yunan milliyetçiliğine soyunan kimi kulüp üyeleri, Yunan bayrakları asıyorlar kulüp binasına. Ne var ki, Anadolu'da Mustafa Kemal'in önderliğinde kazanılan bağımsızlık savaşının yankıları ve de kurtuluş ordusunun İstanbul'a doğru yol alması, 1922 yılında, Pera Kulüp üyelerini büyük turne bahanesiyle Fransa'ya gitmeye zorluyor... Tabii, gidiş o gidiş, bir daha geri dönülemiyor. Kimileri, Avrupa'da bir yerlere yerleşiyor, kimileri de Yunanistan'a göç ediyor. Atina'ya yerleşenlerden bir grup, 1924 yılında, bir zamanlar Pera Spor'da top koşturmuş efsanevi futbolcu Kostas Negropontis ile Kostantin Spanoudis'in önderliğinde, İstanbul ve Pera Spor Kulübü özlemi hasretiyle, Yunan futbol tarihinin en köklü, en güçlü kulüplerinden birini yaratıyorlar; hem de sarı-siyah renklere sadık kalarak. Bu kulübün adı: A.E.K. Yani: Athletikhi Enosis Konstantinopolis. Kulübün logosunu, çift başlı Bizans kartalı oluşturuyor. Bu arada, Pera Spor'dan ikinci bir grup da, Selanik'in ünlü spor kulübü PAOK'u kuruyor.

Cumhuriyetin ilânından sonra, vatanına ve İstanbul'una sadık kalmış eski Pera Spor Kulübü üyelerinden David Yafe, kulübü yeni baştan Beyoğlu Spor adıyla açıyor. Kısa zamanda basketbol, voleybol bölümleri faaliyete geçiyor ve bu bölümler bir dönem Türkiye şampiyonluğunu elinde tutuyor. Eski siyah-sarı renklerine sadık kalan kulüp kısa zamanda, futbol, basketbol, voleybol ve atletizm branşlarında kazandığı şampiyonluklarla ünleniyor. Fenerbahçe'ye, Beşiktaş'a, Galatasaray'a verdiği sporcular gibi Türk milli takımlarında da Beyoğlu Spor'da yetişmiş birçok oyuncu yer alıyor. Uzun yıllar basketbol ve voleybolda en güçlü takımlardan biri olan Beyoğlu Spor formasını giymiş ünlüler arasında Sinan Erdem, Ayhan Demir, Dodo Şalabi gibi isimler var. Bunların yanı sıra, Akdeniz Oyunları pinpon şampiyonu Vasilis Aleksandris, halterde isim yapmış Hristos İakovu da Beyoğlu Spor'da yetişmiş olan iki ünlü sporcu.

Beyoğlu Spor Kulübü'nün köhnemiş, virane binasının önünden ayrılırken, onun hemen iki üç yapı ilersindeki binaya şöyle bir göz atıyoruz. Bu binanın ikinci katı, rahmetli Çelik Gülersoy'un ablası ve eniştesinin ikâmet etmiş olduğu, bu nedenle de Gülersoy'un delikanlılık yıllarında sık sık gelip kalmış olduğu evdir.

AFRİKA HAN

II. Abdülhamit'in, mabeyin başkâtibi Eğribozlu Sarıca Ragıp Paşa, 1900'lü yılların başlarındaki İstanbul'un en zengin şahsiyetlerinden biri. Aileden gelen servet, Anadolu'da işletilen birkaç maden; bunların yanı sıra dönemin ünlü rakılarından Umurca'nın sahibi. Aslında, ailenin asıl ünü, Osmanlı ordusunda başkumandanlık yapmış, Kosova'da savaşmış, 1811 yılında da Kosova'da ölmüş Sarıca Paşa'ya dayanıyor. Eskilerin de yazmış oldukları gibi: "Uzun boylu, mütenasip vücutlu, yakışıklı, kültürlü bir adammış" Ragıp Paşa.

İşte bu zengin ve işini bilen Ragıp Paşa, büyük paralar harcayarak, Beyoğlu'nda üç büyük pasaj yaptırıyor yüzyılın başlarında. Bunlardan, ikisi cadde üzerindeki Rumeli ve Anadolu pasajları. Üçüncüsü de, 1905 yılında yapılan Büyükparmakkapı Sokak'taki Afrika Pasajı. Ragıp Paşa, sembolik olarak Osmanlı Devleti topraklarının yer aldığı üç anakaranın adını vermiş yaptırdığı pasajlara. Afrika, Avrupa (Rumeli) ve Anadolu (Asya). Yalın, sade bir cepheye sahip olan yedi katlı, 60 daireli Afrika Pasajı, aslında iki sokak arasında kalan bir han. Bir tarafında Büyükparmakkapı, öteki tarafında da Küçükparmakkapı sokakları yer alıyor. Afrika Han'ın birinci katında yer alan yuvarlak kemerli pencerelere karşılık, öteki katlardaki bütün pencereler dikdörtgen çerçevelidir. Maalesef, bir an önce kurtarıcısını bekleyen bir yapı bu han. Küçükparmakkapı Sokak tarafındaki, duvarları çatlak patlak metruk apartman dairelerinin birçoğu yakın zamanlara dek depo olarak kullanılıyordu. Buna rağmen, pasajın Büyükparmakkapı tarafında da yaşam vardı. Bu yaşamın içinde yer alan renkli yerler-

Sarıca Ragıp Paşa tarafından yaptırılmış olan Afrika Han.

den biri de şiir dinletilerinin yapıldığı, küçük konserlerin verildiği, kimi kurumlar tarafından yemekli toplantıların düzenlendiği, pasajın birinci katındaki Pen Kafe idi. Afrika Han'da yer alan bir başka önemli adres de, sinemaya gönül vermiş Burçak Evren ve arkadaşlarının kurmuş oldukları Sinematek Derneği idi. Geçmişte birçok etkinliğe imza atmış bu dernek, uzun soluklu çok güzel bir dergi de çıkartmışlardı; ama, Sinematek her nasıl olduysa adını sanını kaybetti gitti.

Yüzyılın başlarındaki hanın giriş katında iki ünlü Ermeni kunduracı var. Bunlardan biri Garbis, öteki de Onnik Papazyan. Pasajda faaliyet gösteren ünlü esnaflardan biri de, "madamaların", matmazellerin saçlarını yapan Kuaför Dimitri Efendi. Bir de Matbaacı Karyan var. Yine 1920'li yıllarda, pasajda ikâmet eden ailelerin cemaatlere göre dağılımı şöyle: 34 Rum, 11 Levanten,7 Ermeni, 3 Yahudi, 2 Müslüman. Bu küçük liste, yüzyılın başlarındaki Beyoğlu'nda yaşayan Müslüman sayısının ne kadar az olduğunu kanıtlıyor bizlere.

Ne zaman Afrika Han'ın önünden geçsem, şöyle bir başımı kaldırır, gözlerimi üst katlardaki pencerelerin üzerinde gezdiririm. Bu pencereler bana, Yiğit Okur'un yazmış olduğu, Afrika Han'ın apartman dairelerinden birinde ikâmet etmiş, 6-7 Eylül Olayları'nda tank paletlerinin altında can veren Hulki Bey ile ardından karalar bağlayan büyük aşkı güzel Katya'yı hatırlatır.[1]

1 Hulki Bey ve Arkadaşları / Yiğit Okur / Can Yayınları / 1999

FERİT İBRAHİM FOTOĞRAFHANESİ

İlk adı Parma Kapı olan ve bu adı geçmişte Beyoğlu'nda yaşamış, İtalyan kökenli ünlü Levanten aile Parma'lardan alan Parmakkapı Sokak, 1920'li yılların sonlarında; Servet-i Fünun, Şehbal, Malumat gibi dergilerde çalışmış, Türkiye'nin ilk profesyonel Müslüman foto muhabiri Ferit İbrahim'in stüdyosuna ev sahipliği yapmıştır. Bu stüdyo 1939 yılına kadar burada hizmet vermiş ardından da Kadıköy'de Süreyya Sineması'nın karşı sırasındaki bir adrese taşınmıştır.

HASNUN GALİP SOKAK

Afrika Han, Hulki Bey, Katya, Kuaför Dimitri... Bütün bunları Büyükparmakkapı Sokak'ta bırakıp, hemen bitişiğindeki Hasnun Galip Sokak'a giriyoruz. Bu sokak aslında Türkiye'nin en eski ve en köklü spor kulüplerinden Galatasaray ile özdeşmiş. Çünkü, 1925 yılından beri, Galatasaray Spor Kulübü'nün yönetim binası bu sokakta yer alıyor. Eski adıyla Galatasaray Terbiye-i Bedeniye Kulübü. Zaten sokağa girdiğinizde, ortasında yer alan yapılar arasındaki kulüp binasının sarı kırmızı bayrakları gözünüze çarpan ilk görüntülerden biri. Biraz daha ilerlediğinizde de, binanın üst katlarından birindeki kapalı basket sahasının zeminine çarpıp yankılanan basket topunun ritmik sesleri kulaklarınıza kadar geliyor. Yukardaki jimnastik salonu, geçmişte çok ciddi boks maçları ve güreş müsabakalarının da yapılmış olduğu bir yer.

Ali Özdamar dostumuzun, ünlü fotoğrafçı Selahattin Giz'in fotoğraflarından yola çıkarak hazırlamış olduğu eşsiz eser "Beyoğlu 1930" kitabının sayfaları arasına giriyor ve bir an için zaman tüneli içinde kaybolarak, kendimizi 1930 yılının şubat ayında, Galatasaray Spor Kulübü'nün jimnastik salonunda yapılan çok heyecanlı bir boks maçında buluyoruz.

"... Maçın 6. 'devre'sindeyiz. Sağ köşedeki Küçük Kemal, sol köşedeki Karpen'i nakavt etmek üzere. Bedavacı veletler duvar kenarına tünemiş, maçı heyecanla izliyorlar. Çoğu ayakta duran fötrlü, kasketli seyirciler arasında beş de bayan var. Ringin sağ kö-

Hasnun Galip Sokak'ta yükselen Galatasaray Spor Kulübü binası.

şesi dibinde diz çökmüş oturan beyaz ceketli kişi, Küçük Kemal'in yetiştiricisi, geleceğin ünlü maç sunucusu Eşref Şefik (Atabey)... Kemal Rumanyalıyı köşeye sıkıştırdı. Kuvvetli bir kontre yumruk Rumanyalının sağ böğrünü buldu. Rumanya şampiyonu müthiş bir iztırap içinde yere yuvarlandı. Orta hakemi ona kadar saydı. Rumanyalı yerden kalkamıyordu. Nakavt olmuştu. Bir alkış tufanı koptu. Salonu dolduran yüzlerce seyirci Türk şampiyonunun bu şerefli galebesini alkışladı. Kemal, Türkler'e has civanmertlikle hasmını yerden kaldırıp kolları arasına aldı ve yanaklarından öptü. Sonra kendini tebrik edenlerin omuzları üstünde ringten ayrılırken Rumanya şampiyonu da hâlâ baygın bir halde banyo dairesine götürülüyordu.."

Sokağa adını vermiş olan Hasnun Galip, Galatasaray futbol takımının ilk ünlü oyuncularından. Kramponlu ayakkabıları çıkartıp postalları giyen Çanakkale'de şehit düşmüş Mekteb-i Sultani'lilerden[1] biri. Gönüllü olarak giden talebelerden.

Hasnun Galip Sokak, Galatasaray kadar "Jazz" kokan bir sokaktır. 20 numaradaki Jazz Cafe, İstanbul'daki caz severlerin en önemli adreslerinden biri olup, çok kaliteli programlar sunmaktadır.

1 Galatasaray Lisesi'nin eski adı.

MABEYİNCİ RAGIP PAŞA APARTMANI

Hasnun Galip'ten Sadri Alışık Sokağı'na, oradan da İstiklâl caddesine geçiyoruz. Beyoğlu'nun ara sokaklarında öyle bir tarih gizli ki, bu sayfalara sığmaz. Günümüze kalmış eski binaların; eski fotokart ve resimlerde görebildiğimiz bir o kadarı da yerle bir edilmiş, yerlerine de estetikten yoksun, çirkin, beton binalar yapılmış. Eski Beyoğlu kartpostallarında birbirinden güzel o eklektik yapılar tüm görkemleri ve güzellikleriyle kendilerini gösteriyorlar.

Sadri Alışık Sokağı'ndan çıktıktan sonra tekrardan Taksim istikametine doğru 50 metre kadar ilerliyor ve Beyoğlu'nun en ar-nuvo yapılarından biri olan, İstiklâl Caddesi üzerindeki en güzel yapılardan biri de, caddeden geçen yabancıların durup hayranlıkla baktıkları, Beyoğlu'nda pasaj-han tarzında üç görkemli bina yaptırmış, II. Abdülhamid'in başmabeycisi Sarıca Ragıp Paşa'nın konak tipindeki apartmanı. Paşa'nın 1900 yılında, Mimar Aram Karakaş'a yaptırdığı bu beş katlı bina, İstanbul'un en güzel ar-nuvo yapıları arasında yer alır. Her bir katın pencereleri üzerindeki farklı geometrik ve bitkisel süslemeler, binanın görünümüne büyük bir hareketlilik ve renklilik katar.

Sarıca Ragıp Paşa'nın apartmanı.

RUMELİ PASAJI

1890'lı yılların sonlarında Cadde-i Kebir'in ilk yüksek binası olarak inşa edilmiş Rumeli Pasajı'nın önündeyiz. Kaynaklar, bu muhteşem yapınının mimari çizimlerinin Sirkeci Tren Garı'nı inşa eden Alman mimar Jachmund'a ait olduğunu gösteriyor.

Öyle bir pasaj ki, girişi, pencereleri, her bir şeyi özenilerek yapılmış. Mabeyin başkâtibi Eğriboz'lu Ragıp Paşa'nın Cadde-i Kebir üzerinde yaptırmış olduğu üç pasajın en görkemlisi ve en güzeli. Üç ayrı binadan oluşan, 3 ayrı kapısı olan bir pasaj. İstiklâl caddesine bakan ana girişinden başka, pasaj arkasındaki Nane Sokak'la, Ağa Camii'nin arka tarafındaki Maliyeci Sokağı'na açılan iki kapı daha var. 9 katlı, 58 daireli, 30 dükkânlı binanın, İstiklâl Caddesi tarafındaki ana girişi üzerinde barok, neoklasik, ampir süslemeler göze çarpıyor.

Bu süslemelerin tam ortasında da bir Meduza[1] başı var. Girişin iki yanında Osmanlıca ve Fransızca olarak pasajın adı yazılmış. İlk üç katı yatay kesme taş bloklarla yapılmış altı katlı binanın cephesini çıkma şeklinde üç aks taşıyor. İkinci ve dördüncü katlarda balkonlar var. Binanın ilginç taraflarından biri de, her bir katın pencerelerinin farklı olması. Örneğin birinci katın kemerli pencerelerine karşılık, ikinci katın pencereleri üçgen alınlıklı.

Rumeli Han'ın, İstiklâl Caddesi tarafındakı giriş koridorunu oluşturan çapraz tonozlu kemerler, ayrıcalıklı bir güzellik sergileyen karyatit[2]

1 Meduza: Yunan mitolojisinde, saçları yılanlardan oluşan, gövdesi kuş, başı kadın, şeklinde, kendisine bakanları taşa dönüştürdüğüne inanılan canavar yaratık.

2 Karyatit: Antik mimaride kadın heykeli biçiminde sütunlara verilen isim.

Rumeli Pasajı'nın muhteşem girişi.

başlıklı pilastr'larla taşınıyor. Ama bunun dışında, binanın cephesine göre iç kısım daha sade, daha yalın. 1900'lü yılların başlarında Rumeli Pasajı'ndaki iş yerleri arasında Mösyö Makridis'in pastanesi, Perukâr İliadis'in berber salonu, Rus asıllı kuyumcu Meleviç'in mağazası, terzi Teodoridis'in dükkânı, Doktor Manailoğlu'nun muayenehanesi var. 1940'lı, 60'lı yıllar arasında da, bu dükkânların yerlerini koleksiyon pulları satan dükkânlar alıyor. Bunların en büyüğü ve en şık olanı, o yıllarda, oldukça tanınmış olan Pulcan idi. Pul koleksiyoncusu turistler bu adresi iyi bilirlerdi. Sahibi, pulculuktan köşeyi dönmüş esnaflar arasında yer alırdı. 1960'lı yılların sonlarında kapanan dükkân vitrinlerine kadar hâlâ duruyor. Ama, bir farkla! Şimdilerde, çifte bahis, ganyan oynanan bir at yarışları bayii olarak sürdürüyor işlevini. Rumeli pasajı benim de çocukluğumda cep harçlıklarımı biriktirip okul çıkışlarında gittiğim, tedavüle çıkan bir iki yeni pul serisini koleksiyonuma katmanın heyecanını duyduğum bir yerdi.1960'lı yıllarda, Pulcan gibi öteki

Giriş üzerindeki Barok karakterli bezemeler.

pul dükkânları da kapanmaya başlamış, yerlerini o zamanın modası, evlerinde projeksiyonu olanlara Zorro, Mickey Mouse, King Kong türünden 8 mm'lik film kiralayan dükkânlar almıştı. Ancak, onların ömrü de fazla uzun sürmedi. Televizyon yayınlarının başlamasıyla beraber, ne projeksiyon kaldı, ne de film.

Yakın zamana kadar, Rumeli Han'ın teras katında, çok kişinin bilmediği, Beyoğlu ve İstanbul panoramasının çok keyifli şekilde seyredildiği bir restoran-kafe vardı. Mısır Apartmanı'nın teras katındaki 360İstanbul gibi olmasa da, güzel bir manzara veriyordu. Ancak, nasıl ve ne olduysa o da kapandı. Umarız, yakın bir gelecekte bu teras yeniden güzel bir restoran ya da kafeye kavuşur. Yüzyılın başlarında, Abdullah Efendi'nin, Beyoğlu'ndaki ilk lokantası da Rumeli Pasajı'nın içinde yer alıyormuş.

REBUL ECZANESİ

Rumeli Pasajı'nın alt katında, Ağa Camii'ne bakan köşesinde, bir yüzyıldan fazla varlığını sürdüren İstanbul'un en eski eczanelerinden biri yer alıyor. Kendine has, kaliteli lavanta ve limon kolonyalarıyla ünlenmiş Rebul Eczanesi... Bir başka tarih yatıyor burada. Bu tarihin başlangıcı da 1895 yılına uzanıyor. Eczaneyi açan kişi, "Devleti Osmaniye Eczacıları Cemiyeti"nin kurucularından ve ilk yönetim kurulu başkanlarından Fransız asıllı Jean Césare Reboul. İlginç bir hayat hikâyesi var bu zat-ı muhtereminin. Bir yol mühendisi olan baba

Jean Césare Reboul (Rebul Eczanesi Koleksiyonu)

Rumeli Pasajı'nın altında yer alan Rebul Eczanesi.

Reboul, Erzurum-Trabzon yolunun yapımı için Türkiye'ye geliyor. Geliyor ama, o sıralarda Osmanlı-Rus Savaşı patlak veriyor ve doğal olarak zor günler geçiriyor. 1870 yılında dünyaya gelen oğlu Jean Césare, çok iyi eğitim görmüş bir çocuk. Paris'te Yüksek Eczacılık Mektebi'ni oldukça iyi bir dereceyle bitirip mezun olmuş, Fransız Akademi Madalyası kazanmış ve 1895 yılında, Osmanlı Devleti'nin hizmetinde çalışan babasını ziyaret etmek için Türkiye'ye gelmiş. Geliş o geliş. O da İstanbul büyüsünün etkisinde kalanlardan. Burada yaşamaya karar vermiş, ardından Rumeli Pasajı altında, No: 116'daki eczanesini açmış. O zamanlar eczanenin adı "Grande Pharmacie Parisienne."[1] Mösyö Reboul çok güzel işler yapmış, Merkez Şark Ecza Deposu'nun yönetim kurulunda da uzun yıllar aktif görevlerde bulunmuş. 1923 yılında, yanına aldığı eczacılık mektebi talebelerinden Kemal Müderrisoğlu ile çalışan, emekli olduğu 1936 yılında da eczaneyi tamamı ile Kemal Müderrisoğlu'na devreden Jean Césare Reboul, 1944 yılında vefat etmiş, Feriköy Latin Katolik mezarlığına defnetmişler. Mösyö Reboul' den sonra, Kemal Müderrisoğlu, bir kadirşinaslık örneği, eski

1 Paris Büyük Eczanesi.

patronunun anısına olan saygısından dolayı eczanenin adını değiştirmemiş, ölümünden sonra da eczane aynı şekilde eczacı oğulları tarafından işletilmiş. Bugün, Kemal Bey'in küçük oğlu Mehmet Müderrisoğlu'nun yönetiminde olan Rebul Eczanesi, eski geleneklerine sadık kalarak o kaliteli lavanta kolonyasını üretmeye devam ediyor. Mehmet Bey'in Paros dergisine vermiş olduğu bir röportajda dile getirmiş olduğu gibi, Rebul lavanta kolonyasının üstün kalitesindeki gizeme bir açıklık getirelim:

"1930'lu yıllarda babam, Jean Césare Reboul'ün Pendik'teki bahçesinde yetişen lavantaları ekstre ederek işe başlıyor... Mösyö Reboul de babamı Fransa'daki parfüm üretiminin başkenti sayılan Grasse'a götürüyor, oradaki lavanta tarlalarını gezdiriyor. Bir bahçeyle anlaşıyorlar ve bahçenin bütün hasılatını almaya başlıyorlar. Lavantamızı bugün hala aynı yerden almaya devam ediyoruz. Onun için, bizim lavantamız kolonya piyasasında iddialıdır. Lavanta oradan, sabah gün doğana dek, gün ışığı görmeden toplanıyor ve aynı firmada ekstre ediliyor. Yüzde yüz doğaldır. Hasadı yıllık alıyoruz, fakat mevsimler itibarı ile zaman zaman değiştiği oluyor. Mesela, yağmurun yağmadığı kurak bir kış olursa sert bir lavanta kokusu olur. Buna "bitter lavender" deriz. Çok olduğunda da "swett lavender" deriz; dolayısı ile istediğimizi elde etmek için bir miktar geçen yıldan, bir miktar da bu yılın hasadından bir karışım yaparız..."

Reboul kolonyasının müdavimleri arasında Rahmetli Bülent Ecevit, Rahmi Koç, Süleyman Demirel, Hıncal Uluç gibi ünlüler var.

BAHÇELİ HAMAM

Turnacıbaşı Sokak'ta yer alan Beyoğlu'nun en eski hamamı Galatasaray Hamamı'ndan sonra, Rumeli Pasajı'nın karşı sırasında yer alan Bahçeli Hamam gelir. Öteki gibi, arka sokaklara sıkışıp kalmamış, ana cadde üzerinde yer alan bir esnaf ya da çarşı hamamıdır. Özellikle de, Ağa Camii'nin karşısında gusül abdesti alacak müminler için, 17. yüzyılın başlarında yaptırılmış bir hamam. Mimarı Davud Ağa. Rumeli Pasajı inşa edilirken Mabeyinci Ragıp Paşa burayı da satın almış ve hamam 1951 yılına dek faal şekilde çalışmış. Daha sonra kapatılıp, elverişli iç mekânı, İstanbul Akademisi adıyla güzel sanatlar dalında eğitim vermeye başlamış, çok da değerli öğrenciler yetişmiş buradan.

HÜSEYİN AĞA CAMİİ

Rumeli Pasajı'nın, Ağa Camii'nin arka tarafındaki Maliyeci Sokağı'na açılan kapısından çıkıyor ve camiye doğru yürüyoruz. Atlı arabaların kullanıldığı 20. yüzyıl başlarında bu sokakta bir nalbant dükkânı var ki, ordudan emekli Baytar Yarbay Hayrettin Bey'in haftanın belirli günlerinde beygirleri tedavi etmeye geldiği yer. Hüseyin Ağa Camii Taksim'den Tünel'e uzanan Cadde-i Kebir'deki tek cami. Yine, bir zamanların Pera'sında ne kadar az Müslüman'ın yaşadığını gösteren bir başka kanıt bu. Camiyi yaptıran kişi, saray hareminden emekli, Galatasaray-ı Enderunu'nda da görevde bulunmuş Şeyh-ül Harem Hüseyin Ağa. Göründüğü gibi öyle yeni filan değil bu cami. 1594 yılında inşa edilmiş. Ama, depremdi, yangınlardı, eski özgün görünümünden pek bir şey kalmamış. Cami, bahçesindeki büyük kitabede de yazılı olduğu gibi; 1834 tarihinde, II. Mahmut döneminde çok kapsamlı bir onarım görmüş. Bu onarımdan sonra da büyük değişikliklere uğramış. Meselâ, duvarlardaki eski İznik'lerin yerini yakın dönemde döşenen Kütahya çinileri almış. Tamamı kesme kefeki taşından yapılmış caminin avlusundaki sivri kemerli çokgen şadırvan Mimar Sinan eseri olup, bir zamanlar Kasımpaşa'daki Sinan Paşa Camii'nin avlusunu süsleyen şadırvandan başkası değil. Kasımpaşa'daki yol yapımları sırasında, yerinden sökülüp buraya taşınmış. Şadırvanın içindeki fıskiye de Oluklu Bayır Tekkesi'nden getirilmiş. Caminin, basık payeler üzerinde yükselen harem mahfilinin seviyesinden başlayan, siyah üzerine altın yaldızlı hatla bezenmiş ayet yazısı kuşağı, iki koldan mihrabın tepeliğine kadar ulaşıyor. Ağa Camii'nin yapıl-

Taksim'den Tünel'e uzanan İstiklâl Caddesi'nin tek camisi Hüseyin Ağa Camii.

masındaki en büyük etken; şüphesiz, Galatasaray-ı Enderunu'nda okuyan talebelerin ve de onlara eğitim veren müderrislerin ibadet gereksinimlerini yerine getirmeleri düşüncesi olmuş. II. Abdülhamid döneminde tamir ve değişim gören cami, 1934 yılında yeni baştan elden geçirilip restore edilmiş. Caminin içindeki hat yazıları ünlü hattat İbrahim Hakkı Altunbezer'in eseri.

Ağa Camii avlusunda yer alan, Kasımpaşa Sinan Paşa camisinden getirilmiş Mimar Sinan eseri şadırvan.

ABDULLAH EFENDİ LOKANTASI

Ağa Camii'nden çıktık, Maliyeci Sokağı'ndan Sakızağacı Caddesi'ne geçtik. Bu defa, İstanbul'un en eski, en ünlü lokantalarından birinin adını yaşatmaya devam eden Abdullah Efendi'nin önündeyiz.

1888 yılında İnebolulu aşçı Ahmet Usta'nın oğlu Abdullah Efendi tarafından ilk defa Karaköy'de, Viktorya Lokantası adıyla açılan bu müessese, hizmete girmesinden iki yıl sonra, Sultan II. Abdülhamit'in izniyle sahibinin adını alır. Dönem, cumhuriyet öncesi dönemi. Yani, hemen her yerde olduğu gibi, lokantalar haremlik selamlık diye iki bölümden oluşuyorlar. Hoş, şimdilerde böyle olmasını isteyenlerin sayısı da yavaş yavaş artmaya başladı ya...

Abdullah Efendi'nin Lokantası, lezzetli yemekleriyle kısa zamanda ünlenir, 1920 yılında, Karaköy'deki yerinden çıkıp, Beyoğlu'nda Rumeli Han'a taşınır. Dededen toruna geleneklerine bağlı bir lokantadır. Kalite ve lezzetinden ödün vermez. Bir zaman sonra Peva Han'ın alt köşesindeki yeni yerinde hizmete devam eder. Bu çizgide, Abdullah Efendi'nin oğlu Hikmet Bey, 1960'lı yılların başlarında Emirgân sırtlarından büyük bir arazi satın alır ve burada büyük bir bostan oluşturur. Lokantanın salatalığı, domatesi, marulu, bilumum sebzesi özel olarak burada ekilip yetiştirilir. Bir zaman sonra aile lokantayı elden çıkartır ve Abdullah Efendi Lokantası ekolünden yetişen aşçılardan Hacı Salih Efendi, bu tarihi lokantanın bir devamı olarak Sakız Ağacı Sokak'taki Hacı Salih Lokantası'nı açar. Hacı Salih Efendi'den sonra da, lokanta yine aynı yerde, aynı ekolden yetişen

Abdullah Efendi Lokantası

Abdullah Bey tarafından, Hacı Abdullah Efendi adıyla yeni baştan açılır... Taze, katışıksız, hormonsuz, organik üretim. Abdullah Efendi Lokantası, kapısındaki Turizm Bakanlığı'na ait plakette de görüldüğü gibi, iki yıldızlı "mütevazi" bir lokantadır. İki yıldızıyla da övünür. Oysa, İstanbul'daki birçok dört yıldızlı lokantadan, çok daha özel ve kaliteli yemekler yapan, aynı çizgide ona göre servis veren bir lokantadır. Yıllardan beri, birbirinden değişik ot yemekleriyle, artık lokantaların menülerinde pek yer almayan komposto ve turşu çeşitleriyle, kendine özel bir yeri vardır. Bütün bunların yanında, verdiği kaliteli hizmete karşılık, fiyatlarını abartmayan Abdullah Efendi Lokantası, yıllardan beri kendine özel müşteri portföyü ve geleneksel menüsüyle prestijli konumunu devam ettirmektedir. Lokantanın gelmiş geçmiş ünlü müdavimleri arasında Adnan Menderes, Fatin Rüştü Zorlu, Fuat Köprülü, Yahya Kemal Beyatlı, Behçet Kemal Çağlar, Gönül Yazar, Lütfi Kırdar, Ahmet Hamdi Tanpınar gibi ünlü isimler vardır.

RUS ARKEOLOJİ ENSTİTÜSÜ

Abdullah Efendi Lokantası'nın hemen yanı başındaki binanın üst katı, 1894-1914 yılları arasında İstanbul'da bilimsel çalışmalar yapmış Rus Arkeoloji Enstitüsü'nün, 1905 yılında açılmış son yeriydi ve enstitünün İstanbul'daki varlığı Ortodoks Çarlık Rusya'sının prestijlerinden biriydi. Geçmişte Katolik dünyasının yaptığı Bizans araştırmaları, 19. yüzyıl sonlarında, politik yönden güçlü bir duruma gelen Ortodoks Rusya'yı da harekete geçirmiş ve bu bağlamda; Çar'ın emri üzerine Bizans araştırmalarında önemli bir yer teşkil edecek Rus Arkeoloji Enstitüsü, Beyoğlu Sakızağacı Sokağı'nda açılmıştı. Çok iyi bir kitaplığa sahip olan enstitü Ayasofya'dan İmrahor Camii'ne önemli araştırmalar yaptı. Ancak, 20. yüzyıl başlarında değişen dünya politikasıyla Çarlık döneminin sona ermesinin ardından kapılarını kapatıp Odessa'ya taşındı.

ERMENİ KATOLİK PATRİKHANESİ VE SURP ASDVADZADZİN KİLİSESİ

İstiklâl Caddesi'ni Tarlabaşı ile birleştiren Sakızağacı Caddesi, bir zamanlar Türkiye Katolik Ermenileri patrikhanesine ev sahipliği yapmış olan caddedir. Önceden de sözünü ettiğimiz gibi, dünyadaki Ermeni Katolikliği'nin başlangıç noktası İstanbul'dur[1]. Ermeni Katolikler, patrikhane kilisesi olarak, kısa bir dönem için ilk defa Surp Ohan Vosgeperan'ı kullanmışlar, kısa bir süre sonra da patrikhane kilisesi Sakızağacı Caddesi üzerindeki yeni yapılan Surp Asdvadzadzin[2] Kilisesi'ne taşınmıştır. Kilise ve patriklik binasının banisi, 19. yüzyıl sonlarındaki İstanbul'un tanınmış Ermeni aileleri arasında yer alan Mısırlı'lardır. Soyadlarından da anlaşıldığı gibi, Mısır kökenli bir aile. Ailenin, gelmiş geçmiş popüler şahsiyetlerinden Bedros Mısırlı yaptırıyor kiliseyi. Mimarlar da, Surp Vosgeperan'ı inşa eden Garabet Tülbençiyan ile kardeşi Andon Efendi. İnşaatta çalışan tüm işçiler, kalifiye elemanlar arasından seçilip, sınavla alınmışlar. Hayırsever Bedros Mısırlı, kesenin ağzını açıyor, ama, kilise henüz yapım aşamasındayken, 1862 yılında, kalbine yenik düşüp vefat ediyor. Bıraktığı yerden, aynı şekilde, kız kardeşleri Lüsi ve Sofi kilisenin inşasını bir an önce tamamlattırıyorlar. 6 Kasım 1866 tarihinde de, kilise Başepiskopos Monsenyör Andon Hasun'un yönettiği ayinle takdis edilip, 350 kişilik kız-erkek çocuk korosunun yer aldığı büyük bir merasimle resmen ibadete açılıyor. Açılışın ilk duası da Türkçe olarak okunuyor.

---

1 bkz. Sayfa 45, Surp Ohan Vosgeperan Kilisesi

2 Meryem Ana'nın Ermenice'deki adı.

Sakızağacı Sokak'taki Surp Asdvadzadzin Katolik Ermeni Kilisesi.

Kilisenin, Mısırlı ailesi tarafından yazdırılmış üç şartlı bir kitâbesi var. Bu şartlar:

1- Yılın beş büyük ayininde aile büyüklerinin ruhları için de dua okunması.

2- Vaftizhane bölümü üzerinde yer alan locanın, bütün ayinlerde Mısırlı ailesi bireylerine ayrılması.

3- Öldüklerinde buraya gömülmeleri.

Nitekim, Bedros Mısırlı gibi, vasiyetleri gereğince Lüsi ve Sofi kızkardeşler öldüklerinde kilisenin avlusuna gömülüyorlar. Kilise cephesi önündeki iki lahit mezar onlara ait. Lahitlerin üzerinde yer alan yontulardaki Mısır piramitleriyle, hurma palmiyesi süslemeleri, ailenin Mısırlılığını gösteriyor. Kilisenin iç mimarisi Latin kilisesi mimarisinin özelliklerini sergiliyor. Kutsal bölümü oluşturan, dört sütunlu absidin üzerinde; Meryem'in, kuzeni Elizabet'i ziyaretinde söylediği: ***"Bütün insanlar, benim için ne mutlu ona diyeceklerdir"*** sözleri yazılı. Absidin solundaki kutsal bölüm Aziz Petrus'la Aziz Paulus'a, sağdaki kutsal bölüm ise Azize Varvara (Barbara) ile Azize Ağavni'ye (Kolomb) adanmış. Ayrıca, kilise içinde Ermeni azizlerinden Mardiros ile, iki kız kardeşin koruyucu azizeleri olan Luçiya ile Sofia'ya adanmış bölümler var. Duvarda asılı "Aziz Mardiros'un Şehit Edilişi" tablosu önündeki rölik kutusunda, 1869 yılında Napoli'den gönderilmiş, Ermeni kilisesinin kurucularından Aziz Greguar'a ait bir kemik parçası bulunuyor. Kilisenin duvarlarını da Roma'dan getirilmiş İtalyan ekolüne ait tablolar süslüyor. Bunlar arasında dönemin ünlü ressamlarından Trinelli ve Manno'ya ait olanlar var. Absid'deki Meryem Ana resmi, yine bir başka ünlü ressam Sugiero'ya ait. Kilisenin yortu günü 25 Ağustos; yani, Meryem Ana'nın göğe yükseliş günü olarak bilinen kutsal gün.

Kilisenin en kıymetli eşyalarından biri de, sol taraftaki duvarda asılı, Hazreti İsa ve Aziz Rafael'in göğe yükselişlerini gösteren çerçeve içindeki ipek duvar halısı. Bu halıyı kiliseye bizzat buraya kadar gelip hediye eden kişi de, Fransa İmparatoriçesi Eugénie... Gelin, satırlarımız arasında o günlere doğru şöyle bir uzanıp gidelim isterseniz:

Tarih: 29 Ağustos 1869...

Beyoğlu'nun Pera, İstiklâl Caddesi'nin de Cadde-i Kebir olduğu dönemlerin en önemli günlerinden biri... Öğleden sonra, Beyoğlu'nda alışagelmedik bir hareketlilik görülmeye başlanıyor. Cadde-i Kebir Rum, Ermeni, Levanten papyonlu, şapkalı beylerle; ipek şemsiyeli, tüllü hanımların zarafet ve şıklıklarını sergiledikleri büyük bir podyuma dönüşmüş. İkindiye yakın çoluklu çocuklu küçük insan kalabalıklarının arasına zabitler de karışmaya başlıyorlar... Çok geçmeden Taksim tarafından gelmekte olan saray bandosu Müzikay-ı Humayun'a ait boru-trampet takımının ahenkli sesleri caddenin başlarında yükselen binalar arasında yankılanmaya başlıyor. Kalabalık, daha çok Naum Tiyatrosu önlerinden Ağa Camii tarafına doğru yoğunlaşıyor ki, cami sokağının girişi hınca hınç dolmuş. Hazır durumda bekleyen kırmızı fesli, tüfekli askerlerin, belirli aralıklarla dizilmiş oldukları yolun ortasına, Ermeni Katolik Patrikhanesi'ne dek uzanan kırmızı uzun yol halıları serilmiş... Müzikay-ı Humayun ve hemen arkasından gelen Muhafız Alayı'na ait bölüğün askerleri de, sokağın girişindeki yerlerini alıyorlar... Türkçe, Ermenice, Fransızca, İtalyanca, Rumca... diller birbirlerine karışmış kalabalık arasında bir fısıldamacadır gidiyor.

Anlaşılanlara göre birazdan Fransa İmparatoriçesi Hazretleri bu sokaktaki Patrikhane Kilisesi'ne teşrif edeceklermiş.

... Ve çok geçmeden beklenen büyük misafir çıka geliyor. Muhafız Kıtası atlılarının ardından gelen saray ve sefaret arabaları Ağa Camii Sokağı'nın başına gelip durduklarında, zabitler koşuşturmaya başlıyorlar... Güzel, haşmetli kadın Fransız elçisinin yardımlarıyla saray arabasından inip, arkasından gelen nedimeleriyle yoğun alkış ve "Yaşasın Kraliçe" sesleri arasında, selam duruşundaki askerlerin arasından geçerek Patrikhaneye doğru ilerliyor. Yoğun bir konfeti yağmuru altında patrikhane kapısının önüne gelen Kraliçe Eugénie'yi, Ermeni Katoliklerinin Patriği Monsenyör Azaryan karşılıyor. Reveransların ardından Patrikhane avlusuna, oradan da, aralarında Mısırlı, Dadyan, Köçeoğlu gibi ünlü aile bireylerinin ve de birbirinden şık 400 seçkin davetlinin doldurmuş olduğu Surp Asdvadzadzin Meryem Ana Kilisesi'ne geçiliyor. Çocuk korosunun seslendirdiği ilahiler eşliğinde küçük, zarif adımlarla ilerleyen kraliçe absid önünde kendisine gösterilen yere geçtikten sonra; tek tek dualar, ilahiler okunuyor, tütsüler yakılıyor. 45 dakika süren ayinin ardından, Eugénie, Patrik Azaryan'a bir nişan takıyor ve Fransa'dan beraberinde getirmiş olduğu, üzerinde Aziz Rafael'in göğe yükseliş tasviri bulunan büyük bir ipek Gobelin duvar halısını Meryem Ana Kilisesi'ne hediye ediyor. Ardından da, yine coşkun bir tezahürat eşliğinde kiliseden ayrılıp, kendisini bekleyen arabasına biniyor ve saraya doğru yol alıyor. İşte bugün, yani 29 Ağustos 1869 tarihinde Beyoğlu, eski adıyla Pera, tarihinin unutulmayan en önemli, en şık günlerinden birini yaşamış oluyor.

Meryem Ana Kilisesi'nin tarihinde yaşamış olduğu bir başka önemli gün de, 26 Temmuz 1967'dir... Türkiye ziyareti programında, İstanbul'a gelen Papa Jean Paul II. programının yoğunluğu nedeniyle, kiliseyi sabah saat 07.00'de ziyaret eder. Bu ziyaret nedeniyle de, İstiklâl Caddesi, sabahın saat 05.00'inden itibaren insan kalabalıklarıyla doluşmaya başlamıştır.

Fransa imparatoriçesi Eugénie'nin, Surp Asdvadzadzin Ermeni Katolik Kilisesi'ne hediye ettiği Gobelin ipek duvar halısı.

1870 yılının 24 Mayıs-5 Haziran tarihleri arasında meydana gelen, büyük Pera yangınında, patrikhane binası büyük hasar görmüş, ancak Meryem Ana Kilisesi yangından hasar almadan kurtulmuş; bu da Meryem Ana'nın bir mucizesi olarak kabul edilmiştir. Patrikhane binası 1880-1881 yıllarında büyük onarım görerek yeniden kapılarını açar. Bu on yıllık süre içinde; patrikhane, Tomtom Sokak'taki Saint Trinité[1] kilisesine taşınır. Çan kulesinde, değişik boyutlarda üç ayrı çanın yer aldığı kilisenin batı tarafında yükselen üç katlı bina Episkopal Patriklik binasıdır. Şimdiki Katolik Ermenileri ruhani lideri ise, şahsen tanımış olmaktan büyük gurur duyduğum, din adamlığının yanı sıra mükemmel bir tarihçi ve pek iyi bir felsefeci olan Monsenyör Hovhannes Çolakyan'dır. Yazdığı iki büyük kitap, Ermeni kiliseleri ve tıp tarihi üzerine araştırmalar yapan tarihçiler için iki büyük kaynak oluşturur. Bu kitaplardan biri: "İstanbul'daki Ermeni Katolik Kiliseleri", öteki de: "Tarihi Surp Agop Hastanemizin Dünü ve Bugünü"dür.

Altı katlı patriklik binasının giriş katında, bürolar ve yemekhane bölümü yer alır. Birinci kat, patriklik ofisinin, sekretaryanın ve resepsiyon salonunun bulunduğu kattır. Yedi odalı, üçüncü kat ise patriğin lojman olarak kullandığı özel katıdır. Binanın üçüncü, yani son katında da toplantı salonuyla, dört oda yer almaktadır. Avlunun öteki tarafındaki bina da, bugün artık pek kullanılmayan, matbaa ve mutfak bölümlerini oluşturur. Patrikhane kompleksi içinde kalan bir başka bölüm, bir zamanlar okul olarak kullanılmıştır.

1 Kutsal Üçlü anlamına geliyor.

SAHİBİNİN SESİ MAĞAZASI

"Sahibinin Sesi", uzun yıllar Türk plak sanayinin en büyük ismi olarak yerini korudu. Ta ki, "teyp" adı verilen ses kaydeder ve çalar bantlı cihazların, ardından da kasetlerin ortaya çıkmasına dek. Sahipleri, bir dönem İstanbul'un sayılı zengin aileleri arasında yer alan Gesaryan'lardı. Yeşilköy'deki plak fabrikası onlarındı ve bu "plak endüstrisi imparatorluğunun" başında; çevresinde "senyör" olarak adlandırılan Vahram Gesaryan yer alıyordu. Beyoğlu'nda oturan aile, sonradan Yeşilköy sahilinde yaptırdığı villa tipi çok güzel lebiderya bir eve yerleşti. Yıllar sonra da bu ev, yine Türk Sanayi'nin dev isimlerinden Borusan Holding'in sahibi Asım Kocabıyık tarafından satın alındı. Gesaryan'ların Beyoğlu'ndaki mağazaları, Ağa Camii'nin karşı köşesinde, Sakızağacı Sokağı'nın girişinde yer alıyordu.

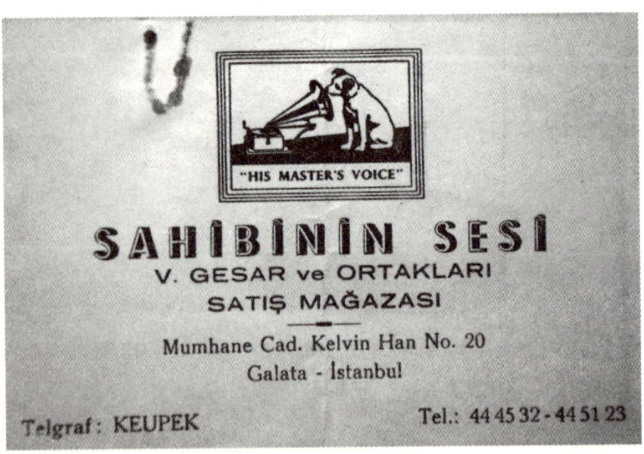

Sahibinin Sesi (Turgay Tuna Koleksiyonu)

Üzerinde, gramofona kulağını dayamış köpek resminin yer aldığı "Sahibinin Sesi" – "His Master's Voice" tabelası uzun yıllar, mağazanın kapılarını kapatmasına dek kaldı. "Varlık Vergisi" kanununun yürürlüğe girmesi, ardından "teyp" adı verilen cihazların ve müzik kasetlerinin çıkmasıyla Gesaryan'ların plakçılık işi de bozuldu. Fabrikayı sattıkları gibi, mağazalarını da kapattılar. Aile fertlerinden kimileri Atina'ya, Amerika'ya göç etti. Ailenin İstanbul'daki son temsilcilerinden benim de çok değerli dostlarım arasında yer almış; dedesi gibi aynı adı taşıyan Bebekli Vahram Gesar'ı geçtiğimiz yıl kaybettik.

Sahibinin Sesi'nin Türkiye temsilcisi Vahram Gesar. (Gesar ailesi albümü)

ALKAZAR SİNEMASI

Beyoğlu'nda, açıldığı günden, kapılarını kapattığı 2010 yılına dek hizmet vermiş; güzel, şık sinemalardan biri de Alkazar Sineması'ydı. Gerçi, geçmişten günümüze o düzensiz, başı bozuk, üç maymunu oynayan belediyecilik politikaları içinde, sağını solunu yitirmiş, yerine garip binalar yapılmıştır, ama yine de, oldukça görkemli bir görüntü sergileyen Alkazar'ın cephesi, İstiklâl Caddesi'nin eklektik binaları arasında önemli bir yere sahiptir. İki yanını mitolojik Karyatit heykellerinin süslediği kemerli giriş; yine içerde, büyük bir ayna ile derinlik kazandırılmış, tavanı altın yaldızlı kasetlerle bezeli kemerli koridor, bina cephesinin üst kısımlarındaki iyonik, barok tarzı neoklasik süslemeler Alkazar Sineması'nı elit, seçkin bir yapıya dönüştürmüştür. Keza, sinema salonunun tavan ve duvarlarındaki yaldızlı kartonpiyer süslemeler de bu sinemanın mimarisine ayrıcalıklı bir zenginlik katmaktadır.

1919-1920 yılları arasında inşa edilmiş, 1920'li yılların başlarında da, iki müteşebbis kardeş Saffet ve Şinasi İpekçi'nin gayretleriyle sinema olarak işletilmeye başlanmıştır. İlk yıllarda, Cine Salon Elektra adıyla anılan işletme kısa süre sonra 1925 yılında Alkazar Sineması adını almış, sonuna dek aynı isimle anılmıştır. 1930'lu, 40'lı yıllarda kovboy ve macera filmleriyle isim yapan sinema, Boris Karlof'un efsanevi filmi Frankestein gibi filmleri kapalı gişe oynatmış, 1960'lı yılların başlarında da, Ayfer Feray ve arkadaşlarının sahne aldığı bir tiyatroya dönüşmüştür. 1960'lı yılların sonlarında televizyon yayınlarının başlamasıyla birlikte, sinemaların uğradığı beklenmedik darbe,

Sinema tarihimizin gelmiş geçmiş en ünlü salonlarından biri de Alkazar'dı. Maalesef o da 2010 yılında kapılarını kapattı.

Alkazar sinemasının girişini süsleyen iki karyatit mermer heykelden biri.

birçok salonun kapanmasına neden olmuş, kendini ayakta tutabilmek için direnen birkaç sinema gibi, Alkazar'da gelenek ve prensiplerini sümen altı ederek, 1970'li yıllarda adeta moda haline gelen yarı seks Türk filmlerinin gösterimine yönelmiş, "Beş Atış Yirmi Beş", "Parçala Behçet", "Civciv Çıkacak Kuş Çıkacak", "Otobüs Neriman", "Tak Fişi Bitir İşi", "Vur Davula Tokmağı", "Hababam Git, Hababam Gel" gibi filmler göstermeye başlamış, alt katını da bir birahane ve bilardo salonuna dönüştürmüştür. Alkazar, aynı zamanda ünlü aktrist Cahide Sonku'nun da vefat ettiği yerdir.

Aradan geçen yıllar içinde, vazgeçilemeyen tutku sinemaya yeniden artan ilgiyle, Alkazar yeni baştan eski çizgisine dönmüş, uzun yıllar birinci vizyon kaliteli filmler gösteren sinemalar arasındaki yerini korumuştur. Ne var ki, en eski sinema salonlarımızdan biri olan Alkazar, 2010 yılında, belki bir alışveriş merkezine dönüştürülmek için kapılarını tamamen kapatmış 90 yıllık tarihine perde çekmiştir.

Alkazar Sineması'na girişin 30 kuruş olduğu döneme ait bir bilet. (Turgay Tuna Koleksiyonu)

ODEON TİYATROSU'NDAN SARAY SİNEMASI'NA

Sırtımızı Alkazar'a verip, caddenin öteki tarafına, yani yıllarca kapalı kalıp, ardından yıktırılarak devasa yeni bir bina yapımının gerçekleştirildiği eski Saray ve onun bitişiğindeki Lüks Sinemaları'nın tarafına dönüyoruz. Hey gidi Saray Sineması, çocukluk yıllarımızın Masist, Herkül filmlerini getiren; 10 Kasım günlerinde, izci kıyafetlerimizle sahnedeki Atatürk büstünün iki yanında nöbet tuttuğumuz sinema... Hiç unutamadıklarımdan biri de, ilkokul yıllarında bütün bir sınıf gelip gördüğümüz ve o günlerden beri belleğimden silinmeyen, karlı Alp Dağları'nda filleriyle, Romalılara kök söktüren Kartacalı Komutan Anibal'in filmi. Saray, şimdilerde 60'lı yıllarını yaşayan bizim kuşak İstanbulluların vazgeçilmez sinemalarından biriydi. Aynı zamanda da bugünkü Cemal Reşit Rey Konser Salonu'nun yerini tutan bir konser salonuydu. 1970'li yılların başlarına dek Safiye Ayla'nın, Münir Nurettin Selçuk'un konserler verdiği bu sinema, geçmişte Maurice Chevalier, Josephine Baker, Louis Amstrong gibi dünya starlarının da sahne almış oldukları bir yerdi. Ancak, Saray'dan çok daha önceki yıllarda; Pera'nın Pera olduğu dönemlerde, burada, aynı mekânda; başka yapılar yükseliyordu. Gelin şimdi, zaman tünelimizin içinde kaybolup 1870'li yıllara doğru şöyle bir uzanalım. Lüks Sineması'nın yerinde, Cirque Olimpique adıyla bilinen içinde at cambazlarının gösteri yaptığı bir Fransız Sirki yer alıyor. Bu sirk 1873 yılında çıkan bir yangınla kül olmuş. Ardından da 1875 yılında, mimar Giovanni Barborini tarafından, iç duvarları muhteşem altın yal-

İstanbul'dan geçmiş bir sanat ilâhesi: Sarah Bernhardt

20. yüzyıl başlarının İstanbul'daki revü artistlerinden Rum Matmazel Marigula.

dız kalem işleriyle bezeli, iki balkonlu Varyete Tiyatrosu inşa edilmiş. Aman efendim, ne varyete, ne ihtişam!.. Mimar Barborini'nin ellerinden çıkmış bu iki katlı bina, o dönemin en şık ve de ışıl ışıl lambalarla aydınlatılan en gözde salonu. Salon 60 büyük havagazı lambasıyla aydınlatılıyor; sahne ışıklandırılması da 280 adet küçük havagazı lambasıyla halledilmiş. Açılış, Güllü Agop ve Osmanlı Tiyatrosu'nun oynadığı "Girofle, Girofla" operetiyle yapılıyor. Bu müthiş salonun adı 1877 yılında El Dorado, 1884 yılında da Verdi oluyor, ama bu isimler pek tutmuyor. Sonunda da, işletmesini Petros Raptopulos adında bir Rum'un üstlendiği salon Odeon adını alıyor. İlginçtir, ama Brüksel'deki Alcasar sinemasıyla tıpa tıp benzerliği olan bir bina. Kimler gelip geçmemiş ki bu Odeon'dan?.. Darülbedayi oyuncularının uzun yıllar sahne aldıkları yer burası. Yerli sanatçıların yanı sıra ünlü yabancılar da gelip sahne almışlar Odeon'da. Bunların en ünlüsü Sarah Bernhardt. Burada Tosca'yı oynadığı gece yer yerinden oynamış. Öyle ki, salon alabilirliğinden fazlasına kapılarını açtığı için, büyük bir izdiham ve tehlike yaşanmış. Ertesi günü de, 6. Belediye Dairesi, yani bir zamanların Beyoğlu Belediyesi bir süre için Odeon Tiyatrosu'nun kapılarını kapattırmış. Burada sahneye çıkan yabancı ünlülerden bir başkası da meşhur Fransız aktörü André Antoine. Aslında, Paris'teki Odeon Tiyatrosu'ndan gelen bir sanatçı; anılarında da dile getirmiş olduğu gibi: ***"Yıllardır Paris'te Odeon Tiyatrosu'nda oynayan ben, İstanbul'a geldiğimde, kendimi yine bir başka Odeon'da buldum"*** diye yazmış.

Yıllar sonra, içinde tiyatro salonunun yer aldığı bina Luksemburg Apartmanları adıyla anılmaya başlanmış ve Odeon Tiyatrosu bir sinemaya dönüştürülüp, 1913 yılında Gaumont, 1914 yılında da Lüksemburg adlarını almış. Daha sonra da, 1930 yılında, eski fotoğraflarda da gördüğümüz gibi girişinden fuayesine, salonundan sahnesine çok şık bir sinema olan Glorya hizmete girmiş ve aynı salon biraz değişiklik geçirip eski şık görüntüsünü kısmen yitirerek,1930'lu yılların ortalalarından itibaren, işletmesini Niko Çangopulos'un üstlendiği Saray Sineması adıyla yeni baştan kapılarını sinemaseverlere açmış. Yine aynı bina içinde, eski Lüksemburg Bilardo Salonu'nun yerinde kapılarını açan Saray Muhallebicisi de, muhteşem muhallebisiyle kısa zamanda ünlenerek isim yapmış.

Saray Sineması, 1986 yılında kapılarını kapattıktan sonra, uzun bir zaman ne idüğü belirsiz haliyle kaldı. Ve sonunda büyük bir inşaat firması tarafından bina yıktırılarak, basında verilen haberlerle Beyoğlu'na yakışır, görkemli bir binanın yapılacağı söylentileri gönüllere ferahlık verdi. Beyoğlu'ndan gelip geçen İstanbullular, birkaç yıl inşaatın cephesinde yer alan perdelerin arkasında ne olup bittiğini heyecanla beklediler, ama inşaat sona erip perde aşağıya indirildiğinde gördükleri yeni bina karşısında hüsrana uğradılar.. "Civciv çıkacak kuş çıkacak" misali, perdenin arkasından Beyoğlu'nun tarihi dokusunu ezip geçen, sözde biraz Amerikan, biraz da Suudi esintileri veren bir alışveriş merkezi çıktı. Üstelik Beyoğlu normlarını delip geçen büyüklükte bir bina. Sağı solu yaldızlı lambalarla, süslü püslü duvarlarla bezenmiş de olsa, Beyoğlu'na yakışmayan, Beyoğlu'nun canına okuyan bir bina oldu bu "sonradan görme" yapı.

SARAY MUHALLEBİCİSİ

1935 yılından beri var olan Saray Muhallebicisi, kapılarını Saray sinemasıyla birlikte açmış, lezzetli sütlü tatlılarıyla kısa zamanda ünlenmiş. Saray, Beyoğlu'na çıkanların "olmazsa olmaz" adreslerinden biriydi. Saray'da hemen bütün tatlılar kaliteli bir şekilde hazırlanıyordu, ama bütün hepsi bir yana varsa yoksa Saray'ın kendine özel, üzeri gül suyu ve pudra şekerli muhallebisi, en çok sipariş edilen tatlı olarak başı çekiyordu. Tabii ki, üzerindeki çikolata sosuyla bambaşka bir nefaset olduğunu bilhassa vurgulamak gerek. Yıllar sonra, Saray Muhallebicisi el değiştirdi ama lezzet çizgisinden hiçbir zaman dışarıya çıkmadı. İçinde bulunduğu bina büyük bir alışveriş merkezine dönüştürülmek üzere yıktırıldığı zaman, Saray da karşı sırada yer alan bir başka binaya geçti.

ATLANTİK BİRAHANESİ VE PASTANESİ

Alkazar Sineması'nı geçince Atlantik'in önüne gelirdik. Damaklarımızda o acı sert hardallı, halis domates salça soslu, füme sosisli sandöviçi ve bol köpüklü ayranıyla unutulmayan nefis bir tat bırakmış; gençlik yıllarımızın, yani 1950'li, 60'lı yılların ünlü isimlerinden Atlantik. Zannediyorum, Rus salatasına bastıra bastıra Amerikan salatası adını taktığımız yıllar!! (Ne o! Salatanın adı Rus olursa komünistleşirmişmişiz!..) Atlantik, bildiğim kadarı ile, bizlere ilk goralı sandöviçi tattırıp tanıtmış olan yerdi. Yani, içine Rus salatası eklenerek hazırlanan sosisli sandöviç. Tabii ki, sosis derken günümüzdeki içeriği karmakarışık, bol kimyasal karışımlı ne idüğü belirsiz"dandik" sosislerden söz etmiyorum. Sözünü ettiğim, füme edilerek hazırlanmış, içinde kanatlı ya da nallı et bulunmayan gerçek et sosis.

Halis hardal otundan yapılmış hardalının nefaseti, Atlantik için ayrı bir kalite ve artıyı oluştururdu. Tanrım! Öyle bir hardal ki, sandöviçten iyi bir lokma alındığında çok geçmeden geniz yanmaya başlar, insanın burnundan adeta alevler saçılır gibi olur, gözlerden yaş gelirdi. Ne de olsa, çok kaliteli mezeler ve a la minüt tabaklar hazırlayan Atlantik'in sahibi bir Rum'du. Niko Kleovulos Hürmüzoğlu,1950 yılında Atlantik Birahane ve Lokantasını açmadan önce, burası Ankara adıyla bilinen bir pastaneydi. Niko Bey, esaslı bir değişiklikten sonra, üst katı lokanta olarak; giriş katını da, bir tarafında şarküteri ve mezelerin satıldığı, öteki yarısında da yüksek sandalyelerde oturularak ya da ayakta sandöviç yiyip bira içilerek servis verilen bir yer olarak açtı. Türkiye'nin ilk modern fast-food'u olarak tanımlayabileceğimiz

Atlantik'in müdavimleri arasında, Beyoğlu'ndaki Rum okulları olmak üzere, Galatarasaray Lisesi, Atatürk Lisesi, Tarhan Koleji öğrencileri önemli bir yer oluşturuyorlardı.

DELLA SUDA ECZANESİ

Fransız Olimpique Sirki'nin karşı sırasında, şimdiki Ayhan Işık Sokağı'na gelmeden önce İstanbul'un ilk eczanelerinden biri olan, kapısını 1847 yılında açmış Della Suda Eczanesi yer alıyordu. Bu eczane, sonradan Faik adını alacak ve 1859 yılında saraydan paşalık ünvanı kapacak İtalyan-Fransız kökenli doktor François Della Suda'ya aitti. Kendisinden sonra, paşanın çocukları da baba mesleğini devam ettirdiler ve İstiklâl Caddesi üzerinde Della Suda adıyla başka eczaneler açtılar. Beyoğlu'nda yüzyıla yakın bir zaman varlığını sürdürmüş olan Della Suda, eczacılık tarihimize adını altın harflerle yazdırmış bir eczane olarak geçmiştir.

Faik Della Suda Pasa'nin Elmadağ'da Saint Esprit Kilisesi'nin kriptasında yer alan mezarı.

NİSUAZ PASTANESİ

Della Suda Eczanesi'nden hemen sonra, adı Beyoğlu tarihine "edebiyatçıların" pastanesi olarak geçmiş, adını Fransa'nın Nice kentinden alan Nisuaz Pastanesi gelirdi. Levantenlerin dilindeki Fransızca adıyla Niçoise. 1920'li yılların başlarında açılan ve güzel pastalar yapan şık bir pastaneydi. İçki servisinin de yapıldığı pastanenin gözde müşterileri arasında yazarlar, şairler ve sanatçılar başı çekiyorlardı. Ahmet Hamdi Tanpınar, Orhan Veli, Sait Faik, Salah Birsel, Bedri Rahmi Eyüpoğlu, İsmail Hakkı Köseoğlu, İbrahim Çallı, Fikret Adil, Hilmi Ziya Ülken ve daha birçokları bu pastanenin müdavimleriydiler. Sık sık burada bir araya gelir, içkilerini yudumlar, eskilerin yazdığı gibi, sohbet ederlerdi. Bu pastanenin unutulmayan ayrıntılarından biri de, salonun köşelerinden birini süsleyen, heykeltıraş Kenan Yontunç tarafından yapılmış Atatürk büstüydü. Kimi kaynaklarda da belirtildiği gibi, Atatürk 1931 yılında Nisuaz'a gelip kahve içmiş, büstü bizzat yakından görmüş, heykeltıraşa da iltifatlarını göndermişti.

CERCLE D'ORIENT (ŞARK KULÜBÜ)

Beyoğlu'nun, neo-rönesans mimari özellikleriyle yüklü; en gösterişli, en büyük binalarından birinin önüne gelmiş bulunuyoruz. Bir Alexandre Vallaury eseri. İstanbul Arkeoloji Müzeleri'nin, Voyvoda Caddesi üzerindeki heybetli Osmanlı Bankası'nın, Tepebaşı'daki Alliance Française binalarının mimarı. Binayı yaptıran kişi de, 19. yüzyıl sonlarıyla 20. yüzyıl başları İstanbul'unun seçkin kişiliklerinden Avraham Karakâhya Paşa. Hani, Beykoz'daki Avraham Paşa Korusu var ya, bir zamanlar bütün o arazinin sahibi olan kişi. Bitmedi... Boğaziçi'nde, Büyükdere tepelerinde, Pera'da malikâneler, mülkler; iki adet de çok lüks yat. Bütün bu zenginlik nereden mi geliyor? Avraham Paşa, saraya çok yakın bir adam. Öncelikle, saray efradı tarafından çok sevilen Nubar Paşa'nın yeğeni.. Ayan Meclisi üyeliğinin yanı sıra Abdülaziz'in danışmanı ve aynı zamanda tavla arkadaşı; fakat asıl zenginlik Mısır'a uzanıyor. Çünkü, Avraham Paşa bir dönem son Mısır Hıdivi'nin kişisel danışmanlığını, protokol işlerini yapmış bir adam. Eh, böyle bir konumda para nasıl akmasın! Avraham Paşa'nın iki büyük tutkusu varmış: Balık tutmak ve avcılık. Istrancalar'a yaban domuzu avına gidiyorlar o zamanlar. Ama, asıl ilginç olanı, kimi yazarların da kaleme almış olduğu gibi, Paşa'nın iki yatından birinin balık tutmak için özel olarak yaptırılmış olması. Yatın ortasında bir delik; paşa şezlonguna oturup, oltasını eline alır, bu delikten Boğaz'ın bereketli sularına sallarmış. Dedik ya Avraham Paşa tam bir keyif adamı.. Beyoğlu'nun orta yerinde yükselen bu binayı da sırf zevk için yaptırmış. Amaç, kendi aralarında sık sık toplanan seçkin dostların bir ara-

Avraham Paşa'nın ünlü mimar Alexandre Vallaury'ye yaptırmış olduğu Cercle d'Orient binası.

ya gelebilecekleri bir kulüp ve bu kulüp için bir mekân oluşturmak. İşte, Cercle d'Orient binası ya da öteki adıyla Şark Kulübü binası bu amaçla 1870 yılı yangınından sonra inşa edilmiş. Çoğunluğunu diplomatların oluşturduğu kulübün seçkin üyeleri arasında kimler yok kimler... Enver ve Talat Paşa'lar, Damat Ferit, Gazi Ahmet Muhtar Paşa, Cemal Paşa, bir zamanların Meclisi Mebusan Reisi Sait Paşa, Prens Aziz, Abdülhakhamit Tarhan; Fransız, İngiliz, İtalyan sefirleri... Kulüp açıldığı zaman ilk başkanlığını, dönemin İran büyükelçisi Mohsin Han üstleniyor. 1912 yılına kadar da sırayla Rusya, Fransa, İtalya, Avusturya-Macaristan büyükelçileri başkanlık görevini sürdürüyorlar. Ancak, Birinci Dünya Savaşı'nın arifesinde, üyeler arasında çıkan antlaşmazlıklarla ipler kopuyor ve kulübün etkinliklerinde duraklamalar yaşanıyor. Maalesef, İstanbul'un işgali döneminde de,

Cercle d'Orient binası, İşgal Kuvvetleri üst düzey subaylarının, onlara yardaklık eden kimi vatan hainlerinin lokali haline dönüşüyor.

Cumhuriyetin ilanından sonra, her ne kadar eski şatafatlı dönemini yitirmiş de olsa, Cercle d'Orient, "Büyük Kulüp" adıyla yeni bir etkinlik dönemine giriyor. Enlemesine 45 metre uzunluğundaki bu 5 katlı binanın ikinci ve üçüncü katları, ortalarından boydan boya uzanan bir koridor ve bu koridorların iki yanında yer alan, birbirlerine geçişli salonlardan oluşuyor. Tavanları Bağdadi tekniği ile sıvalı bu salonlar geçmişte çok büyük törenlere, düğünlere mekân oluşturmuşlar. Bir Alexandre Vallaury klasiği diyebileceğimiz cephenin birinci, ikinci ve üçüncü katlarındaki pilastr tarzı gömme yivli sütunlarla, rozet süslemeleri binaya büyük bir hareketlilik kazandırıyor. Cephesi boydan boya kaplama taşlarla yapılmış Cercle d'Orient binası, bir zamanlar çok görkemli bir kapıya sahipmiş, ama gelip geçen yıllar içinde bina gibi kapının da canına okunabilmesi için her bir şey yapılmış. Bir dönem, alt katında İpek adıyla çalıştırılan sinema, sonradan Yeni Tiyatro'ya dönüştürülmüş.. Ancak, çıkan bir yangın sonunda ne tiyatro kalmış ne de o güzelim salonların alımlı görüntüsü. Hasardan ötürü, üst katlar da oturulamayacak hale gelmiş. 19. yüzyıl sonlarında; binanın giriş katında, saray gömlekçisi Tataryan, ünlü Fransız terzi Cottereau, Fransız modacı Chavin, Rum perukâr Stavraki Efendi'nin dükkânları yer alıyormuş. 1958 yılından beri Emniyet Sandığı'nın malı olan binanın cephesi, 1990 yılında abuk sabuk bir şekilde temizlenmişse de; kiri pasıyla, Beyoğlu'nun en güzel, ama en şanssız binaları arasındaki yerini korumaya devam etmiş. Şimdilerde yenileme çalışmaları yapılan binanın nasıl bir görüntü sergileyeceği merakla bekleniyor.

Kimi kaynaklar, Avraham Paşa'nın babasının, Kavala'da bir tütün ambarı sahibi olduğunu; ambarın bekçisinin de, Mehmet Ali adında biri olduğunu ve bu Mehmet Ali'nin, Napoleon Bonaparte'ın Mısır'a girmesiyle ilan edilen seferberlikte orduda görev aldığını, Mısır'da düşmana karşı büyük başarılar kazandıktan sonra da rütbesinin yükseltildiğini yazarlar. İşte bu Mehmet Ali, sonradan Osmanlı Devleti'nin Mısır valisi olacak, hatta gün geldiğinde Osmanlı'ya kafa tutacak Kavalalı Mehmet Ali Paşa'dır.

ALEXANDRE VALLAURY

19. yüzyılın ikinci yarısı ve 20. yüzyıl başlarında yaptığı birbirinden güzel "taç" yapılarla İstanbul'a damgasını vurmuş olan Alexandre Vallaury, bir Fransız pastacının oğlu olarak İstanbul'da dünyaya gelmiş, Paris'te mimarlık eğitimi almış, İstanbul'a döndükten sonra da birbirinden güzel binalar yapmaya başlamıştır. Sanayi-i Nefise Mektebi'nin (Güzel Sanatlar Akademisi) kurucularından ve aynı zamanda okul binasının mimarı olan Alexandre Vallaury'nin İstanbul'a kazandırdığı muhteşem yapılar arasında Arkeoloji Müzeleri binası, Voyvoda Caddesi üzerindeki Osmanlı ve Merkez Bankaları, Beyoğlu Meşrutiyet Caddesi üzerindeki Alliance Française, İstanbul Erkek Lisesi (eski Duyun-ı Umumiye Binası) gibi eklektik binalar yer almaktadır. 1883 yılından itibaren, Sanayi-i Nefise Mektebi'ndeki 25 yıl sürecek hocalığı döneminde çok değerli mimarlar yetiştiren Alexandre Vallaury İstanbul'da ölmüş ve Feriköy'deki Latin Katolik Mezarlığı'na defnedilmiştir.

RÜYA SİNEMASI

Cercle d'Orient binası arkasında, girişi yine Cercle d'Orient binasından yapılan Rüya, uzun yıllar İstanbulluların ayak alışkanlığı olan Beyoğlu sinemalarından bir tanesiydi. Burada ilk sinema 1930 yılında Artistik Sineması adıyla açılmış, ardından 1934 yılında Sümer adını almış, 1950 yılında da Cercle d'Orient ve Emek sineması binalarının Emekli Sandığı tarafından satın alınmasıyla birlikte işletmesi Emekli Sandığı'na geçmiş, Rüya adını almıştı. Rüya, yakın zamanlara dek kapılarını açık tutmuş son kalan Beyoğlu sinemalarından bir tanesiydi. Ancak, o da kapandı. Aslında, bir zamanların sinemalar caddesi Beyoğlu'nda artık tiyatrolar gibi pek sinema da kalmadı, yerlerini çok daha büyük rantlar getiren, insanların hafta sonlarında müze gezer gibi gezdikleri alışveriş merkezleri, pasajlar aldı.

EMEK SİNEMASI

Cercle d'Orient binasıyla, eski Lüks Sineması arasında kalan, Beyoğlu'nun en renkli ve en ünlü sokaklarından Yeşilçam'a doğru gidiyoruz. Bu sokakta çoğumuzun yakından bildiği Emek Sineması yer alıyor. Emek de, eski Cercle d'Orient binası gibi, Emekli Sandığı'nın malı. Yoksa, sinemanın asıl eski adı Melek. İnşa tarihi de 1924. Aslında, burada çok daha önce, oldukça ilginç bir başka bina yer alıyormuş. Söz konusu bina, yüzyılın başlarında İstanbul'un tek buz pateni salonu olan Skating Palace. Böyle bir şey o zamanların Avrupa'sında bile oldukça nadir. Ama, dedik ya burası Beyoğlu. Bu buz pateni salonu, 20. yüzyıl başlarındaki İstanbul sosyetesinin, bilhassa sosyetik Levantenlerin müdavimi oldukları bir yer. Paten sahasının buzu havagazı enerjisiyle oluşturuluyormuş. Kimi zamalarda da baloların yapıldığı bir yer. Salon yıktırılıp, 1924 yılında yeni baştan inşa edildiğinde, güzel kaliteli filmler oynatan Melek Sineması hizmete girmiş. Sinemanın adı, salondaki perdenin iki yanında, büyük nişleri süsleyen oldukça büyük, sarı ve turuncu renklerdeki ar-nuvo tarzı iki melek tablosundan kaynaklanıyormuş. 1930'lu yıllarda bu tablolar kayıplara karışmış; o günlerden bugünlere de hiçbir iz yok. Sinemanın ilk sahipleri Saltiel ve Arditi adlarında iki ortak. Sonradan işletmeyi İpekçi Kardeşler devralmışlar. 1960'lı yıllardan itibaren Cercle d'Orient binası gibi, mülkiyeti Emekli Sandığı'na geçen sinema, bundan böyle Emek Sineması adıyla anılmaya başlanmış. Eski Melek, Emek Sineması adını aldıktan sonra da, burada gösterilen ilk film: Gina Lolobrigida'nın başrolünü oynadığı, "Dünyanın En Güzel Kadın"ı ol-

Beyoğlu'nun gelmiş geçmiş en ünlü sinemaları arasında yer alan Emek, kapılarını kapatana dek, bir sinema ekolü gibiydi.

muş. İstanbul'un en seçkin sinemaları arasında yer alan Emek, uzun yıllar sinematek tarzı film gösterimleri yapan bir sinema oldu. Zaman zaman, değişik ülke sinemalarının filmlerini getirip, İstanbullu sinemaseverlere tanıttı. Bir İsveç sineması klasiği olan Knut Hamsun'un "Sult", Türkçe'deki adıyla "Açlık" günlerce gösterimde kaldı; ama, Emek Sineması'nın, gelmiş geçmiş en büyük gösterimi "Batı Yakası'nın Hikâyesi" West Side Story oldu. Bir yıldan fazla bir zaman afişte kalan bu film, benim de yedi kez gidip gördüğüm, o zamanlardan beri de müziğini büyük bir keyif ve özlemle dinlemeye devam ettiğim bir film olmuştu. Emek Sineması binasının köşesini döndüğünüzde, Türk sinemasının vazgeçilmeyen sokağı Yeşilçam'a girer, burada, Kenan Pars'tan Tecavüzcü Coşkun'a, Sırrı Gültekin'den İzzet Günay'a, Bülent Oran'dan Ülkü Erakalın'a Türk sinemasının birçok ünlü yüzüyle karşı karşıyla gelirdiniz. Hoş, şimdi de Yeşilçam Sokağı ama, artık ne o eski yüzler, ne de o eski sinema kokan hava kaldı bu tarihi sokakta. Hemen her şey ve her yer gibi burası da dijitalleşti.

Emek Sineması, sahneyi boydan boya kapatan altın sarısı simli perdesiyle ünlüydü. Film başlamadan önce gong vurur, salondaki ışıklar yavaş yavaş kısılır, süslü püslü kalın perde büzüle büzüle yukarıya doğru kalkmaya başlar, ardından da film öncesi, reklamlar ve gelecek programlarda gösterilecek filmlerin fragmanları devreye girerdi. Birçok sinemada olduğu gibi, pazar sabahları, "Mickey Mouse'lu çocuk matineleri yapılırdı. Bu satırların kaleme alındığı günlerde, Beyoğlu'nda varlığını sürdürmeye çalışan son iki üç sinemadan biri olan Emek de kapılarını kapatıp tarihe karıştı. Şimdilik akibeti meçhul!

SİNE POP

Emek Sineması'nın karşı sırasında, küçük bir sinema salonu olarak hizmet vermiş olan Sine Pop'un yerinde 1940'lı yıllarda Ar Sineması bulunuyordu. Ar Sineması'ndan çok daha sonra, burada güzel bir pub ve büfe açıldı. 1960'lı, 70'li yılların Beyoğlu'nda bilhassa gençlerin gelip gittiği, ayak üstü karın doyurulan en popüler köşelerden biriydi. Atlantik'inki kadar olmasa da, burada da çok güzel sosisli sandviç, tost yenir; sinema öncesi ya da çıkışında aç karınlar doyurulmaya çalışılırdı.

İPEK SİNEMASI

1924 yılında, Emek Sineması'nın arka tarafında Opera adıyla bir sinema açılmıştı. Bu sinemanın girişi Cercle d'Orient binasından yapılıyordu. 1929 yılında, ilk sesli filmin gösterildiği salon olarak sinema tarihimize geçen Opera'nın işletmesi 1932 yılında İpekçi Kardeşlere geçince, adı İpek oldu. İpek Sineması, duvarlarını süsleyen, ressam Kalmukoğlu'nun birbirinden güzel büyük tablolarıyla ünlenmişti. Atatürk, 1932 yılında bu sinemada gösterime giren Çanakkale filmini görmeye geldi. İpek, aynı zamanda, Saray Sineması gibi kimi ünlü sanatçıların konser verdikleri yerlerden biri olmuştur.

İNCİ PASTANESİ

Cercle d'Orient binasının giriş katında yer alan ve bu satırların kaleme alındığı günlerde, Cercle d'Orient binasında başlayan inşaat çalışmaları nedeniyle kapılarını kapatan "Profiterol"ün eski adresi İnci'ye geliyoruz. Her nedense, çok kimse, profiterolün ilk defa İnci Pastanesi'nden çıktığını söyler ya da öyle zanneder. Oysa, adı gibi bir Fransız tatlısı olan profiterol için, kimi gastronomik kaynaklar İstanbullu Levantenler tarafından ortaya çıkartılmış bir tatlı olduğundan söz ederler. Hangisi doğru ya da hangisi yanlıştır bilemiyoruz, ama bilinen bir gerçek varsa o da, Fransız mutfağının vazgeçilmeyen tatlılarından olan profiterol hamurunun içine bizdeki gibi, pastacı kreması değil de, vanilyalı dondurma koyulduğu, bunun üzerine de sıcak çikolata sosu dökülüp, krem şantiyi ile servis edildiğidir. Ancak, bir başka gerçek, hemen hepimizin büyük bir keyifle yediği profiterol, bizde İnci Pastanesi ile özdeşmiş bir tatlı olup çıkmıştır.

Yıllar öncesine gidecek olursak, İnci'nin yerinde, İstanbul'un en ünlü gömlekçilerinden Tataryan'ın dükkânını görürüz. Atatürk'ün de bir dönem gömleklerini diktirmiş olduğu adrestir burası. Tataryan'ın bitişiğinde de, Beyoğlu'nun en eski pastanelerinden Rekor yer almaktadır. 1944 yılında, Tataryan'ın dükkânını satın alan iki ortak Lefter İliadis ile Arnavut asıllı Luka Zigoris, sonradan adı Kervan olarak değişecek Rekor Pastanesi'ne rakip olup, güzel pastalar yapmaya başlarlar; kısa zamanda da büyük başarılara imza atarlar. O dönemlerde, her iki pastanede de profiterolün fiyatı 15 kuruştur. Kısa bir zaman sonra; İnci, Kervan'ı sollayıp bir adım öne geçer. Luka Zigoridis,

Bir Beyoğlu efsanesi İnci Pastanesi.

aslında çocuk yaşlarda başlamıştır bu mesleğe. Pastacılığa ilk adım attığı yer de Glorya Pastanesi'dir. Profiterolden başka güzel pasta ve kurabiyeler de yapılır bu pastanede. Ama, İnci'nin gerçekten de kendi buluşu, kendine özgü bir tatlısı vardır. Deyim yerinde ise "Viagra" gibi bir şeydir bu. Pandispanya, kırık ceviz, fıstık, fındık, konfi meyve gibi malzemelerin karıştırılmasıyla yapılan, yine üzeri çikolata soslu, krem şantili Uludağ tatlısı. Şu anda bile, bu satırları kaleme alırken, iştahımı kabartan, ağzımı sulandıran bir tatlı. Bir süre sonra, Kervan pes eder ve kepengini kapatır. Bundan böyle, İnci "tek tabanca" kalmıştır. Kimi tatil günlerinde İnci'nin önünde kuyruklar oluşur, yine deyim yerindeyse "profiterolü gelenler", İnci'de alırlar soluğu. Sinema, tiyatro müdavimlerinin olmazsa olmaz adreslerinden birine dönüşür. Ancak, İnci, hepimizin bildiği gibi, yalnızca profiterol ve Uludağ yenilen bir pastane değildir. İnci'nin üç şeyi daha meşhurdur. Bunlardan biri Paskalya çöreği, ikincisi gevrek milföy pastası, üçüncüsü de yıllardır bir tabak içinde vitrininde sergilediği kıtır kıtır palmiye kurabiyesidir. Luka pastaneyi yönetir, Lefter de imalat kısmı ile ilgilenirdi. Bir ara, Luka Yunanistan'a gitmiş, ama oralarda yapamayıp İstanbul'a geri dönmüştü. Önce Luka vefat etti; Lefter biraz daha uzun dayandı. Geçen yıllar içinde o da ebediyete intikal etti. Her iki ortak da, arkalarında İnci adıyla özdeşleşen nefis bir tat bıraktılar; uzun yıllar Beyoğlu'na çıkanların "tatlı kaçamak" yaptıkları bir yerdi İnci; ama, bu tat, bu satırların kaleme alındığı günlerde kapılarını kapatma hazırlıkları içindeydi. Emek Sineması binası gibi, Emekli Sandığı'na ait Cercle d'Orient binası da devletin malıydı. Binanın mahkeme kararıyla kapatılma yoluna gidildi, dükkânlar, ofisler boşaltıldı. "Son Mohikan" örneği kala kala, sonuna dek direnen İnci kalmıştı. Ancak, onun da gücü yetmedi. Şimdilerde, binanın yeni baştan restorasyonu, yapılacak rötuşlar ve yeni yüzüyle açılması söz konusu. Kim bilir, İnci'nin yerini ne tür bir dükkân alacak? Ama, İnci'nin yöneticileri çok akıllıca bir şey yaptılar, dükkânı Mis Sokak'ta çok daha şık ve büyük bir yere taşıdılar. Profiterol kuyrukları eskiye nazaran daha da arttı.

ŞİŞMANOĞLU KONAĞI

İnci Pastanesi'ni geçtikten sonra, bir zamanların ünlü zengin Rumlarından Konstantinos ve Anastasios Şismanoğlu kardeşlere ait, günümüzde Yunanistan Başkonsolosluğu rezidans binası olarak kullanılan görkemli binanın önüne geliyoruz. Şişmanoğlu Kardeşler, İstanbul'dan Fransa'ya göç etmiş, yaşamlarının son demlerinde Korfu'ya geçmiş ve orada ölmüşler. Şişmanoğlu ailesi tarafından Yunan devletine hibe edilen ve bundan on beş yıl kadar önce, Yunanistan Başkonsolosluğu rezidansı olarak kullanılmaya başlanan bina, cephesine astığı devasa bir Yunan bayrağı ile halk nezdinde ve medyada büyük ilgi odağı olmuş; ancak, gelen tepkiler üzerine bayrağın ölçüleri küçültülmüştür.

Son yıllarda, birbirinden güzel kültür olaylarına ev sahipliği yapan binanın giriş katı, Beyoğlu'nun kozmopolit yaşantısındaki kültür zenginliğine katkı sağlayan bir adres oldu. Yunan konsolosluğunun, Mis Sokak ile Bekâr Sokak arasında yer alan ilk binası, sonradan Galatasaray Lisesi'nin arka tarafında kalan Turnacıbaşı Sokak'a taşınmış ve burada hizmet vermeye başlamıştır.

Beyoğlu'nun en güzel binalarından biri olan bu konakta adları yaşayan Şişmanoğlu'ları, 19. yüzyılın sonlarında Ankara'da ikamet etmiş Karamanlı Rum bir aile. Ailenin büyük oğlu Konstantinos, hayata atıldıktan sonra İstanbul'a gelmiş, çok yakın bir arkadaşı olan İngiliz uyruklu Reginal Fry'ın sahibi olduğu bu binada 1909 yılından itibaren ikamet etmeye başlamış; gün gelmiş Fry ülkesine dönmeye karar verdiğinde İstanbul'dan ayrılırken, bu güzelim binayı tapusuyla birlikte çok sevdiği arkadaşı Konstantinos'a bırakmış. 1922 yılında, Konstantinos

İstiklâl Caddesi'nin gösterişli binalarından Şişmanoğlu Konağı.

da işleri nedeniyle, yeni vatan olarak benimsediği Yunanistan'a göç edince, bina kardeşi Anastasios'a kalmış. Anastasios, bu konakta 19 yıl daha oturmuş, ardından da 1939 yılında İstanbul'u terk edip gitmiş. Ancak, giderken, konsolosluk olarak kullanılması şartıyla konağı Yunanistan devletine hibe etmiş. Etmiş ama, İkinci Dünya Savaşı'nın dünyayı kasıp kavurduğu günlerde Nazi Almanya'sının egemenliği altına giren Yunanistan, yararlanmak bir yana; binayı kendi haline bırakmış. Savaş bittikten sonra da, ekonomik sıkıntıların içinde kalan Yunanlar, 1947 yılında Şişmanoğlu konağını Amerikalılara kiralamışlar..

1952 yılına dek kalmış burada Amerikalılar, onların gidişinden sonra da yine uzun bir dönem bina boş ve bakımsız kalmış. Ta ki, 2003 yılına kadar. Bundan sonra da, Avrupa Birliği'ne giren Yunanistan'ın kesenin ağzını açmasıyla birlikte konak mükemmel şekilde elden geçirilip restore edilmiş, ardından da Yunanistan Başkonsolosluğu rezidansı olarak açılmış. Böylece, Konstantinos Şişmanoğlu'nun vasiyeti yerine getirilmiş.

Dışı gibi; duvarlarından tavanlarına, mobilyalardan heykellere içi de oldukça zengin bir görüntü sergileyen konak, kapılarını açtıktan kısa bir süre sonra, birbirinden güzel sergilere, kültürel etkinliklere ev sahipliği yaptı, bu etkinliklerle Türkiye ile Yunanistan arasında bir dostluk köprüsü oluşturan bina iki ülkenin insanlarını yakınlaştırmakta büyük bir rol oynadı.. Ama, bu satırların kaleme alındığı günlerde, Yunanistan'ı kasıp kavuran ekonomik kriz, söz konusu etkinliklerin yavaşlamasına neden oldu.

ANADOLU PASAJI

İnci Pastanesi'nin karşı sırasında, biraz ilerde, Beyoğlu'nun ünlü pasajlarından bir başkasının önüne geliriz. Ama, bu pasaj ötekiler gibi gösterişli olmadığı için, adeta binalar arasında kaybolup gitmiş bir görüntü içerir. Cephesindeki friz, sütunçe ve pilastrlara rağmen, varlığını pek az fark ettiren, ötekiler gibi kendini gösteren bir pasaj değildir. Ne zaman ki, kapısından içeri girersiniz, işte o zaman bir pasaj içinde olduğunuzu fark edersiniz. Oldukça yalın, sade bir Beyoğlu pasajı.

II. Abdülhamit'in başmabeyincisi Sarıca Ragıp Paşa'nın Beyoğlu'nda yaptırmış olduğu pasajların üçüncüsü. Ne demiştik: Afrika, Rumeli ve Anadolu pasajları. Yani, Osmanlı Devleti'nin, üzerinde sınırlarının bulunduğu üç kıta: Afrika, Avrupa ve Asya. Bu pasaj yaptırılmadan önce, yerinde Beyoğlu'nun ünlü mağazalarından Madam Latour'un elbise mağazası ile ünlü Hayden Mağazaları yer alıyormuş. Beş katlı Anadolu Pasajı'nın girişi eskiden çok daha kolay fark edilebilen bir kapıya sahipti. Öncelikle, girişin sağ tarafındaki Lazzaro Franco Mefruşat Mağazası ile sol tarafındaki Mihal Kukis'in Manifatura Mağazası, sizlere Anadolu Pasajı'nın önüne geldiğinizi işaret ederdi. Şimdiki gibi girişini kapatan büyük bir mağaza yoktu. Pasaja, İstiklâl Caddesi tarafından girdiniz mi, arka tarafta eski Alleon Sokağı'na çıkardınız; şimdiki adıyla Erol Dernek Sokak. Günümüzde, pasajın arka demir kapısını her nedense kapalı tutuyorlar. Alleon dedik; geçen yüzyılın sonlarında İstanbul'un sayılı zenginleri arasında, "kontluk" payesi olan, bankerlikle uğraşmış Fransız kökenli soylu bir

Anadolu Pasajı'nın 1999 yılındaki görüntüsü.

aile. Kış aylarında Beyoğlu'nda, yaz aylarında da Boğaziçi ve Makriköy'de[1] oturuyorlar. Aile bireylerinin mezarları da, Notre Dame De Sion Fransız Lisesi'nin hemen bitişiğindeki Saint-Esprit Katolik Latin Kilisesi'nin kriptasında.[2] Bir zamanlar burada mülkleri olduğu için, belediye tarafından sokağa Alleon adı verilmiş. Reşat Ekrem Koçu'nun İstanbul Ansiklopedisi'ndeki Alleon maddesine bakarsanız, yüzyılın başlarındaki İstanbul'da "Alleon gibi zengin" deyiminin kullanılmış olduğunu görürsünüz. Bu soylu ailenin zenginliği, İstanbulluların dilinde bir deyim olup çıkmış.

Alleon Sokağı, yalnızca Alleon'ların değil, birçok başka varlıklı ailenin de ikâmet ettiği Beyoğlu sokaklarından biriydi. Bu seçkin aileler arasında Vuccino'lar, Kolaro'lar, Giustiniani'ler ve de Yeşilköy'de yazlıkları bulunan Perpignani'ler gibi bilhassa İtalyan kökenliler başı çekiyorlardı. Sokağın, Cadde-i Kebir girişindeki binada da, Mekteb-i Tıbbiyeyi Şahane'nin efsanevi hocalarından "deli doktoru" Mongeri oturuyordu.[3]

Anadolu Pasajı, bu satırların kaleme alındığı günlerde gerçekleştirilen büyük bir tadilatla yıllardan beri devam ede gelen virane görüntüsünden kurtarıldı. On beş yıl kadar önce, pasaj içinde yer alan Hacı Salih Lokantası'nın kapanmasıyla, bina daha da sessizleşmişti. Ünlü lokanta bir zamanlar, eski yeri olan Ağa Camii'nin yanındaki Sakızağacı Sokağı'ndan taşınıp buralara gelmişti, ama, geldikten sonra da bir daha hayır etmedi. İsmi, cismi, müşterisi kaybolduktan sonra da, kapılarını kapatıp, kepenk indirdi. Aslında, bu pasajın geçmişine baktığımızda, Hacı Salih'in yerinde çok tanınmış bir meyhanenin var olduğunu görüyoruz. Kimi röportajlarda, kimi kitaplarda bahsi geçen ünlü Şark Birahanesi ya da Levantenlerin dilindeki Fransızca adıyla Brasserie de l'Orient. Birahanenin ilk sahibi, bir zamanlar Galata Kara Mustafa Paşa Sokak'ta meyhanecilik yapmış olan Niko Valvonidis, nam-ı diğer "Balabani". Galata'daki eski salaş birahanesini terk edip, eskiden beri gerçekleştirmek istediği rüyasını Anadolu Pasajı'nda gerçekleştirmiş. Bu rüya, lüks bir meyhaneyi Beyoğlu'nda

1 Bakırköy'ün eski adı.

2 Kimi kiliselerin altında yer alan mahzen bölümüne verilen isim.

3 Mimar Guiglio Mongeri'nin babası.

hizmete sokmak. İçi en güzel şekilde dekore edilmiş, her biri işinin erbabı olan garsonlar özellikle seçilmiş. Eskilerin de yazıp anlatmış oldukları gibi, müşteriler tercih ve kategorilerine göre birbirlerinden ayrılırlarmış. Bir tarafta birasını içenler, öteki tarafta rakı veya votkasını yudumlayanlar, bir başka köşede de şarap ya da viskiyle demlenenler. Şark Meyhanesi'ni ayrıcalıklı kılan özelliklerinden biri, yıllardır Valvanidis'in Arnavutköy'den özel olarak getirttiği istridyeler olur. Niko'nun ölümünden sonra da, oğlu Apostol bir dönem meyhaneyi işletmeye devam eder (Tam bir meyhaneci ismi, değil mi, "Apostol"!..). Şark Birahanesi'nde, sahibinin hayvanlara merakından dolayı, içlerinde kırmızı balıkların oynaştığı bir iki akvaryum ve duvarlarda asılı bir iki kafes yer alır. Bu kafeslerde de öyle saka, flurya, kanarya filan değil, bülbüller vardır. İşlerin iyi gitmesine rağmen, her nedense Apostol, meyhaneyi Madam Maria Fundulis adında Rum bir kadına devredip Glavani Sokağı'na[1] taşınmış; Fundulis'te bir zaman sonra, işlerin yoğunluğundan ve de yorgunluktan meyhaneyi Yani Meletyatis adında bir başka Rum'a bırakmıştır. Bundan sonradır ki, birahanenin adı Anadolu Birahanesi olur. Müdavimleri arasında iki ünlü ressam İbrahim Çallı ve Elif Naci, kırmızı balıkların akvaryumdaki oynaşmalarından mıdır, yoksa kafeslerdeki bülbülerin namelerinden midir, buraya sık sık gelip demlenmişlerdir. Geçen yıllar içinde; Çiçek Pasajı, Nevizade, Asmalımescit meyhanelerinin rağbet görmeye başlamalarıyla, Anadolu Birahanesi yavaş yavaş müşterilerini kaybeder, ardından da kapanıp gider.

1 Günümüzdeki Kallavi Sokak

HALEP PASAJI

Anadolu Pasajı'ndan çıkıyor, karşı sırasında yer alan Halep Pasajı'na doğru yöneliyoruz. Yapım tarihi 1885. Cadde-i Kebir'e yakışan eklektik güzel bir cephe, ama bina içinin tamamına yakın kısmı yeni bir konstrüksiyon. Yani, ambalajı özgün, içi yapay Beyoğlu binalarından biri. Başımızı kaldırıp binanın en üst katlarına doğru baktığımızda, cephenin tam ortasını süsleyen, üzerinde şatoya benzer bir kale tasvirinin bulunduğu bir arma görürüz. Derler ki, Halep Kalesi'nin tasviridir bu. Çünkü, binayı yaptıran, Haciyar ya da Naccar adıyla anılan Halepli bir tüccardır. Yıllar sonra, burayı Serasker Rıza Paşa'nın oğlu, Osmanlı Hava Kuvvetleri'nin kurucularından Süreyya İlmen Paşa satın alır. Kadıköy'deki Süreyya Sineması ile, Süreyya Plajı'nın sahibi. Sonradan, çocuklarına onlardan da torunlarına geçmiştir. Eskiden olduğu gibi, günümüzde de Beyoğlu'nun en hareketli pasajları arasında yer alan Halep Pasajı'nın geçmişinde bıraktığı tarih oldukça önemli, bu pasaj, Türk Tiyatro tarihinin önemli noktalarından birini oluşturmuş. Ancak, bunu daha iyi algılayabilmemiz için, geçen yüzyılın sonlarına doğru gitmemiz gerekiyor. O zamanlar, pasajın caddeye bakan cephesinde, Beyoğlu'nun ünlü birahanelerinden biri yer alıyor. Sahibi, Onnik Puşadjiyan. Pasajın en önemli, en saygın dükkânlarından biri, Avrupa'dan çok kaliteli piyanolar ithal eden Balati'nin müzik mağazası. Yine yüzyılın başlarında Halep Pasajı'nın içinde yer alan ünlü mağazalardan biri de meşhur "Velespit Dükkânı"!.. Bilmeyenler, bu da nedir diye şaşırmasın!.. Velespit, bisikletin o zamanki popüler adı. O dönemlerde, İstanbul'da kaç kişinin bisiklet kullanabildiği ve de kaç tane mağazanın bisiklet sattığı göz önüne alınırsa, bu dükkânın kendi konusunda ne kadar önemli bir yer olduğu ortaya çıkar. Halep Pasajı'nda yer almış öteki ünlü adresler arasında Bravakis'in pastanesini, Rosis iç çamaşırları mağazasını, tuhafiyeci Hristidis'i ve bir dönem stüdyosu burada yer alan ünlü fotoğrafçı Andriomenos'u saymadan geçmeyelim. Pasajın üst katlarında da banker, avukat, tüccar bürolarıyla, İtalyan sefaretinin mahkeme salonu var. O zamanlar, verilen imtiyazlarla, sonradan bizi ortadan kaldırmaya çalışacak kimi ülkelerin mahkemeleri, postaneleri var İstanbul'da. Kendi suçlularını, kendi mahkemelerinde yargılayabildikleri bir dönem.

Ancak, Halep Pasajı'na gerçek ününü sağlayan, bir zamanlar arka tarafındaki Cirque de Pera adıyla anılan, yabancı grupların, kumpanyaların gösteriler yaptığı cambazhane imiş. İspanyol uyruklu Luis Rocca Ramirez'in çalıştırdığı sirkte at cambazları, ip cambazları, sihirbazlar, akrobatlar, hayvan terbiyecileri birbirinden ilginç gösteriler yaparlarmış. Bu sirkte sahne almış ünlüler arasında Fransız trapez yıldızı Charles Le Follet, akıllı köpekleriyle yaptığı gösterilerle Avrupa'nın büyük kentlerinde de tanınan Leonidas Amiotis, Fransız illüzyonist Door Leblanc, sırtlan ve kurt terbiyecisi Alman Mortemart, İtalyan vantrilok Moccia, Avusturyalı ses sanatçısı Schiller, Fransız palyaço ailesi Tournier'ler ve daha başka birçok ünlü isim. Eski Beyoğlu'nun tanınmış siması Said Duhani'nin, kaleme almış olduğu hatıralarında, köpek terbiyecisi Leonidas Amotis'in, Beyoğlu'na arabayı sokan ilk adam olduğu vurgulanır. Birkaç kez Yıldız Tiyatrosu'nda da sahneye çıkan Leonidas, Abdülhamit'in büyük hayranlığını kazanmış, başarısından ötürü Güzel Sanatlar Madalyası'yla ödüllendirilmiş bir sanatçıdır. Sirki işleten Ramirez, çarşamba geceleri İstanbul sosyetesi için özel olarak diplomatik galalar yaparmış. Kimi kaynaklarda yazılı olduğu gibi, Ramirez burada biyograf sinema da oynatmış, "Eiffel Kulesi'ne Çıkış", "Prinkipo[1] Yat Yarışları", "Külkedisi", "Bir Cuma Günü Kağıthane" gibi filmler göstermiştir.

1899 yılında, tiyatro ve operet oynatmak için, sirk binasında büyük değişikliklere gidilir. Ancak, esas büyük değişiklik 1904 yılında binada çıkan yangından sonra yapılır. Binaya yeni şeklini veren ünlü

1 Büyükada'nın Rumca'dan gelen eski adı.

Halep Pasajı

mimar Campanaki'dir. 4 Ekim 1906 tarihinde; 500 kişilik, 17 localı Varyete Tiyatrosu perdelerini açar. Cumhuriyetin ilanından sonra da, Varyete; Fransız Tiyatrosu olarak anılmaya başlanır. Eskiden olduğu gibi, Avrupa'dan turneye gelen kimi yabancı kumpanyalar bir süre daha burada temsillerini sunmaya devam ederler. 19 Kasım 1925 tarihli Cumhuriyet Gazetesi'nde yer alan bir habere göz atalım:

"Şehrimize yeni bir Fransız operet heyeti geldi. Madmazel Marie Ferar'ın riyaseti altında bulunan temsil heyeti dün akşam ilk oyununu Beyoğlu'nda Fransız tiyatrosunda verdi ve çok büyük bir muvaffakiyet kazandı. Halk artistleri pek çok alkışladıkları gibi, oynanan operetin bazı parçalarını sanatkârlarla beraber taganni ettiler."

Halep Pasajı'ndaki Fransız Tiyatrosu'nu şenlendiren ve büyük sükse yapan asıl olay, 1924 yılından itibaren Darülbedayi'nin burada sahne alması olmuştur. Aynı yılın aralık ayında Paris'ten gelen ünlü Fransız aktristi Cecile Sorelle, Darülbedayi'de sahneye konan "Taş Parçası" ve "Kamelyalı Kadın" adlı oyunlardaki rolleriyle büyük takdir toplar. Geçen yıllar içinde, taassubun ortadan kalkmasıyla birlikte çağdaşlığı yakalamaya başlayan Türkiye'de salonlar, oyunlar, tiyatrodaki yenilenmeler birbirini takip eder. Bu arada, eski Fransız Tiyatrosu "Ses" adını alır.

1984 yılında pasajın sahipleri olan Süreyya Paşa'nın torunları, bir inşaat firmasına verdikleri pasajın iç kısmını tamamen yıktırarak, binaya son şeklini kazandırırlar. Eski Ses Tiyatrosu Salonu,1989 yılında Ferhan Şensoy tarafından alınıp, güzel bir şekilde onarılarak, 550 koltuklu "Ortaoyuncular Tiyatrosu" adıyla yeni baştan perdelerini açar. Yıldız Sarayı tiyatrosunu saymazsak; büyük değişikliklere uğramış olmasına rağmen bu salon Osmanlı döneminden kalmış tek tiyatro salonu olarak işlevini sürdürmeye devam etmektedir. Pasajın alt katında ayrıca bir sinema salonu bulunmaktadır.

Günümüzde, eski Halep Pasajı'ndan kalmış tek özgün yer cephesidir.

Pasajın arka kapısı Yeşilçam Sokağı'na açılır.

14/07/1903 Tarihli İkdam Gazetesi'nde yayımlanmış bir ilan:

"Beyoğlu'nda Halep Çarşısı'nda Numara 12
Velespit Mağazası

Bilcümle alat ve levazımı ile yeni velespitler, tekerleğin etrafına vaz olunan İngiliz mamulatından lastikler, ehven fiyatla satılıyor.
Bu mağaza Avrupa ve Amerika'nın herhangi bir fabrikasından olsun, sipariş vermeyi deruhde eder. Fiyatlar fevkalade ehvendir.

- -

Mösyö Ramirez'in Beyoğlu Cambazhane Tiyatrosu'nda icra-yı lu'biyât etmekte olan Mösyö Del Meli'nin idaresindeki varyete kumpanyasının kazanmış olduğu rağbet gittikçe tevali ediyor. Her Çarşamba akşamı Beyoğlu Cambazhanesi'nde, "Suare Diplomatik" namı altında oyunlar icra edilmektedir. İşte bu akşam da verilecek oyunun son derece mükemmel olması için Mösyö Ramirez ile kumpanyanın müdürü Mösyö Del Meli fevkâlade gayret ibraz eylemişlerdir. On Amerikalı artistten mürekkep Kavana ismindeki pandomima kumpanyasının Londra'dan şehrimize geldikleri ve bu kumpanyanın Mösyö Ramirez'in menfaatine mahsus olarak önümüzdeki Cuma günü akşamı verilecek oyunda icra-yı lu'biyâta ibtidâr edecekleri matbaamıza bildirilmiş ve bundan başka programın da kâmilen yenileneceği haber verilmiştir. Bu kumpanyanın Cuma akşamı oynayacakları pandomima şehrimizde ilk defa olarak sahne-i temaşaya konulacaktır. Mösyö Ramirez temaşanın rağbetini mucib olacak hiçbir şeyi nazar-ı dikkatten uzak tutmuyor. Mösyö Ramirez kumpanyanın bir derece daha tekemmülü için birçok sanatkâran ile mukavele akd ettiğinden onlar da yakında şehrimize geleceklerdir. Hülasa: At cambazhanesi, şehrimizin en mükemmel bir lu'b-gâhı olmuştur.

(Tercüman-ı Hakikat / 25 Ekim 1905)

SES TİYATROSU

1942 yılında eski Fransız Tiyatrosu'nun yerine operetleriyle, revüleriyle, birbirinden güzel afişleriyle ünlenecek olan Ses Sinema ve Tiyatrosu açılır. Hazım Körmükçü'den Şevkiye May'a, Burhanettin Tepsi'den İsmail Dümbüllü'ye ünlü sanatçılar burada anılardan silinmeyecek çok güzel oyunlar sahnelerler.

1963 yılında eski Ses Tiyatrosu, büyük bir tadilattan geçirildikten sonra, Dormen Tiyatrosu'na ev sahipliği yapmaya başlar. On yıla yakın bir zaman Haldun Dormen ve aralarında Altan Erbulak, Tülin Oral gibi oyuncuların bulunduğu arkadaşları bu salonda İstanbullu tiyatroseverlere keyifli oyunlar sunarlar. 1972 yılında, sahipleri tarafından alınan bir kararla, yılların tiyatro salonu, sinema salonuna dönüştürülür, ama bir müddet sonra burası da kapılarını kapatır. Bundan sonraki dönemde Ferhan Şensoy'a geçen salon, büyük bir tadilat sonrası, 1989 yılında yeni baştan perdelerini açarak çok başarılı oyunların sergilendiği bir tiyatroya dönüşür.

ATLAS SİNEMASI – KÖÇEOĞLU KONAĞI

Halep Pasajı'nın karşı sırasındaki Atlas Pasajı içinde yer alan sinema 19 Şubat 1948 tarihinde kapılarını açtığı zaman, Türkiye'nin ve Balkanlar'ın en büyük, en modern sineması olarak ün yapar. 1860 koltuk, 35 locası vardır. Yıllarca, bu sinema salonunu işleten Aziz ve Ahmet Borovalı kardeşler, Fitaş Filmcilik Şirketi'yle yaptıkları anlaşmayla, birbirinden güzel filmler getirip oynatmışlar, özellikle de macera filmlerine ağırlık vermişlerdir. 1950'li yılların başlarında, yine aynı şirketin pazarladığı "Lale Devri", "Yeniçeri Hasan", "Yavuz Sultan Selim" gibi döneminin kimi ünlü Türk filmlerine de yer verilmiştir. Sinema'nın yanı sıra, 1950 yılında, binanın birinci katında, Vedat Nedim Tör'ün katkılarıyla 295 koltuklu bir tiyatro salonu açılır. Küçük Sahne adı verilen tiyatroda Muhsin Ertuğrul ve topluluğu temsiller vermeye başlar ve bu tiyatroda ünlü, yetenekli sanatçılar yetişir. Küçük Sahne, sonradan Dormen Tiyatrosu, Mücap Ofluoğlu Tiyatrosu, Ulvi Uraz Tiyatrosu, Gülriz Sururi-Engin Cezzar Tiyatrosu, Ayfer Feray Tiyatrosu, Dostlar Tiyatrosu, Ali Poyrazoğlu Tiyatrosu gibi değişik topluluklara ev sahipliği yapmış bir salon olmuştur.

Atlas Sineması, 1960'lı, 70'li yıllarda, Avrupa'dan gelen ünlü şarkıcıların konserler verdiği bir salon olarak da kullanılmış. Adamo, Sylvie Vartan, France Galle, Françoise Hardy, Marc Aryan gibi ünlü isimlerin verdikleri her konser büyük ses getirmiştir. Hele hele, bu konserlerde Adamo'nun söylediği "Her Yerde Kar Var" şarkısı ile, Marc Aryan'ın söylediği İstanbul hasretini dile getiren şarkısı o konserleri gidip görmüş olanların anılarından silinmemiştir.

Bir dönemin Köçeoğlu Konağı... Atlas Pasaj ve Atlas Sineması.

Sinemanın içinde bulunduğu, Atlas Pasajı'nın İstiklâl Caddesi'ne bakan tarafı iç tezyinatı ile Beyoğlu'nun en değerli yapıları arasında yer alır. Bu bina 1870 yılında, İstanbul'un ünlü zenginlerinden Agop Köçeoğlu (Köçeyan) tarafından kışlık konak olarak yaptırılmış, alt katı da atlar ve arabalar için ahır olarak kullanılmıştır. 1970 yılında, Banker Cevher Özden'in kurmuş olduğu "Kastelli Menkul Değerler İmaparatorluğu"nun mülkleri arasına giren bina, söz konusu "imparatorluğun" çökmesiyle birlikte, maliye hazinesine geçmiş, daha sonra da kültür bakanlığına devredilmiştir. Binanın üçüncü katı aynı bakanlığa ait, kimsenin varlığından bile haberi olmadığı, ziyaretçi kıtlığı yaşayan bir sanat galerisine dönüştürülmüş, ardından da İstanbul 2010 – Avrupa Kültür Başkenti Organizasyonu'nun bürolarına ev sahipliği yapmıştır. Oysa, sanat galerisi bir yana, Kültür Bakanlığı'nın büroları bir yana; bir Beyoğlu sanat müzesi olmaya aday, saray yavrusunu andıran bu görkemli binanın içi olağan üstü bir zenginliğe sahiptir. Agop Köçeoğlu, kesenin ağzını açıp paralarını döktürmüştür bu binaya. Yapımında taş ve dökme demir malzeme kullanılan konağın zenginlik ve görkemi, çok kaliteli mermerlerden yapılmış geniş, yüksek merdivenlerle başlar, tavan ve duvarlardaki altın yaldız varaglı süslemelerle devam eder. Malikânenin 3. katındaki salon kısmına girdiğinizde de bu zenginlik daha muhteşem bir görüntüye bürünür. Yüksek tavanları, içlerinde mitolojik tanrı ve kahramanların yer aldığı su, hava, toprak ve ateş elementlerini simgesel olarak betimleyen; birbirinden güzel devasa fresk resimler süsler. Dediğimiz gibi, Köçeoğlu, kesenin ağzını açmış, Fransa'nın ünlü saray ressamlarından, bugün Louvre gibi müzelerin koleksiyonlarında tabloları sergilenen, 1870'li yıllarda İstanbul'da bulunmuş Nantes'lı[1] Hippolyte Dominique Berteaux'ya yaptırmıştır bu duvar resimlerini. Başınızı kaldırdığınızda, tavanın bir köşesinde, yanında Eros'ların yer aldığı güzel Venüs'ün sanki içinde bulunduğu çerçeveden çıkıp da hemen karşısında, ona doğru elindeki çiçekleri uzatan Mars'ın kollarına atılacağı hissine kapılırsınız. Birbirinden canlı ve o bir kadar da renkli kompozisyonlar... Hyppolite Berteaux, bu resimleri yaparken kendini dinlendirdiği zamanlarda, salonun köşesine kurmuş olduğu bir şövale üzerindeki tuvalde de ünlü eserlerinden "İstanbul'da Bir Çeşme" tablosunu burada yaptığı bilinmektedir. Salon ve öteki büyük yan odalardaki mermer şömineler bugün hâlâ yerlerinde durmaktadır. Dile getirenlerin, yazanların yalancısıyız; ancak derler ki, tüccar Köçeoğlu ile tanışıklığı olan Sultan Abdülaziz, şehzadelik döneminde bu binanın katlarından birini bir iki küçük kaçamak için garsoniyer olarak kullanmış, en azından bu konağa gelip kalmıştır.

Beyoğlu gibi, Kuzguncuk'tan Bebek'e Boğaziçi'nin değişik yerlerinde ve İstanbul'un öteki sayfiye semtlerinde mülkleri olan Agop Köçeoğlu 1882 yılında vefat eder. Onun vefatından sonra da bina yavaş yavaş değişim geçirmeye başlar. İşgal döneminde, binayı kısmen ele geçiren İngiliz İşgal Kuvvetleri kumandanlığı, burayı askeri mahkemeler için kullanır. İşgal sonrasında da, bina bir dönem PTT'nin genel müdürlük binası olarak kullanılmıştır.

1 Fransa'nın kuzey batısında yer alan kent. Bir zamanlar Fransız Brötanyası'nın başkenti olan yerleşim.

Köçeoğlu Konağı'nın tavanını süsleyen, ünlü Fransız ressam Hyppolyte Berteaux'nun kompozisyonlarından Venüs ve Eros.

Atlas Pasajı 1980'li yılların başlarında yapılan büyük bir tadilatla genişletildi, çok kullanışlı bir hale dönüştürüldü ve "Atlas Antikacılar-Kuyumcular Çarşısı" adıyla açıldı. İçindeki 44 adet dükkândan büyük çoğunluğunu antika ve hatıra eşyası satıcılarının oluşturduğu pasajda eski Küçük Sahne'nin adı, kültür bakanlığı tarafından Bedia Muvahhit Tiyatrosu olarak değiştirildi; 1997 yılında, Çolpan İlhan tarafından kurulan Sadri Alışık Tiyatro Topluluğu burada temsiller vermeye başladı. 2010 yılından sonra da aynı sahne Devlet Tiyatrosu tarafından paylaşılmaya başlanmıştır. Pasajda yer almış önemli adreslerden biri de, sinema salonun açılmasından sonra hizmete giren, müşterilerinin büyük çoğunluğunu sanatçı ve entelektüel kesimin oluşturduğu Kulis isimli bardır.

BAYLAN PASTANESİ

Adı unutulmayanlardan biridir Beyoğlu Baylan. Her ne kadar Kadıköy'deki tarihi dükkânında bugün hâlâ güzel pastalar ve çikolatalar yapmaya devam ediyorsa da, Baylan aslında Beyoğlu ile özleşmiş bir pastaneydi. Atlas'ın karşı sırasında yer alan bu elit adres, ilk defa l'Oryan adıyla 1923 yılında hizmete girmiş, açılışından kısa bir süre sonra da yaptığı çok leziz pastalarla, seçkin müşterileriyle ünlenmiştir. Baylan'ın kurucusu Arnavut asıllı bir Rum olan Filipos Lenas 16 yaşında iken İstanbul'a gelip, 4-5 yıl kadar bir pastanede çalıştıktan sonra, kendi pastanesini açmış; yaptığı çok nefis, kaliteli pastalarla, kısa sürede İstanbul'un ünlü pastaneleri arasına girmeyi başarmıştır. Bu başarı bayrağı babadan oğula geçer, yurt dışında çikolata va pasta üzerine eğitim gören Filipos Lenas'ın oğlu Harry Lenas babasının yolundan giderek pastanenin başarı çizgilerini yükseltir. 1934 yılında, "kendi alanında kusursuz" anlamına gelen Baylan adını alan pastane Kadıköy ve Karaköy'de de iki şube açar. Baylan adının isim babası ünlü Sanat Tarihi Profesörü Burhan Toprak'tır. Beyoğlu Baylan, kapılarını kapattığı 1957 yılına dek, her daim ünlülerin pastanesi olur. Sanatçılar, sinemacılar, tiyatrocular, gazeteciler, yazar çizerler Baylan'a takılır. Burada olmaktan, burada bir araya gelmekten bir başka keyif alırlar. Muhsin Ertuğrul, Şevkiye May, Hazım Körmükçü, Cahide Sonku gibi sahne sanatçılarının yanı sıra Ahmet Oktay, Atilla İlhan gibi yazarların da uğrak yeri olan bir adrese dönüşür. Aynı binada yıllar sonra, Nejat Eczacıbaşı'nın 1973 yılında kurmuş olduğu İstanbul Kültür Sanat Vakfı'nın büroları açılır. Yıllardan beri Uluslararası düzeyde İstanbul Film, Tiyatro, Müzik ve Caz Festivallerine imza atan İ.K.S.V., geçtiğimiz yıllarda Tepebaşı'ndaki yeni binasına taşınmıştır.

JAPON MAĞAZASI

Yıllar önce, Beyoğlu'nda, adı sanı Anadolu kentlerine kadar uzanmış bir Japon Mağazası vardı. "Çin işi, Japon işi" misali, başka mağazalarda satılmayan ithal oyuncaklar bu mağazada satılırdı. Baylan Pastanesi'nin hemen yan tarafında, Balo Sokağı'na gelmeden biraz önce geniş vitiriniyle göz kamaştıran, yediden yetmişe her yaştan çocuğu bir mıknatıs gibi önüne çeken Japon Mağazası. Aslında, bu mağazanın yerinde çok daha öncesinde Oriando adıyla maruf bir tiyatro ve sinema salonu yer alırmış. Sonradan 1925 yılında, İstanbul'da ilk sinematografi gösterisini yapan ve bize ilk sinemayı getiren Sigmund Weinberg tarafından satın alınan binada, Şark Sineması adıyla yeni bir sinema salonu açılmış, bir dönem sonra da kapılarını kapatmış. Japon mağazası, yıllar sonra karşı sıradaki yeni mağazasına taşınıyor. Benim gibi, 60'lı yaşlara merdiven dayamış İstanbullu yaşlı delikanlılar Japon Mağazası'nı unutmazlar, unutamazlar... Her yıl, aralık ayının sonlarına doğru Noel döneminde büyük vitrinini bir tren maketiyle dekore eden mağazanın önü tabii ki dolar taşardı. Öncelikle de çocuklar! O küçük trenlerin tünellerin içinden geçip, mağaza vitrinini bir uçtan öteki uca kat etmesi, 1950'li, 1960'lı yılların çocukları için müthiş bir heyecandı. Japon Mağazası, Alman oyuncak teknolojisinin bir harikası olan Marklin ve Fleichmann trenlerin İstanbul'daki tek satıcısıydı.

Japon Mağazası, 1960'lı yılların başlarında bambaşka bir işe daha girişti. Oyuncak satışının yanı sıra, akvaryum malzemeleri ve akvaryum balıkları satışına başladı. O zaman henüz çok nadir bir iş olan bu pazarda da kısa zamanda başarı kazandı. Mağazanın bir bölümü akvuryum balıklarına ayrılmış, akvaryumlarda yüzen Lepistes[1], Blackmolly[2], Melek[3] türü süs balıkları ilginç renkleri ve şekilleriyle dükkâna gelen müşterileri büyüler olmuşlardı. Japon Mağazası, 1960'lı yılların sonlarında el değiştirdi ve Balo Sokağı'nda, ünlü fotoğrafçı Görçek'in hemen bitişiğindeki yeni yerine taşındı, ancak bundan sonra da eski şöhretini yavaş yavaş yitirmeye başladı. Belki, İstiklâl Caddesi'nden uzak kalmak Japon Mağazası'nın unutulmasına neden olmuş, adını, sanını silmişti. 1970'li yılların sonlarında da bu ünlü mağaza sessiz sedasız kapılarını kapatıp sırra kadem bastı.

1 Güney Amerika'nın tatlı sularında yaşayan çok renkli popüler bir süs balığı.

2 Güney Amerika'nın tatlı sularında yaşayan koyu siyah renkli bir süs balığı.

3 Amazon Nehri'nin belirli bölgelerinde yaşayan çok güzel ve değerli bir süs balığı.

TOKATLIYAN OTELİ

Gözlerimizi, Atlas Sineması'nın karşı tarafındaki binalara çeviriyoruz. Bir tarafı Çiçek Pasajı'na, öteki tarafı da Solakzade Sokağı'na bitişik; şimdilerde kişiliğini yitirmiş, oysa yüzyılın başlarındaki Cadde-i Kebir'in önemli yapılarından biri olan, ünlü Tokatlıyan Oteli binasının içler acısı haline bakıp iç çekiyor, o eski fotoğraf ve foto kartlarda gördüğümüz alımlı güzelliğini hayal etmeye çalışıyoruz. Ne imiş de ne hale gelmiş dedirtecek türden başka bir Beyoğlu binası. Aslında bu bina ve Solakzade Sokağı içindeki binalardan bazıları hemen arka tarafta, Balık Pazarı Sokağı'nda yer alan Üç Horan Ermeni Kilisesi'nin vakfına ait. Geçen yüzyılın sonlarında, kilise vakfına gelir sağlamak amacıyla Tokatlıyan'ın olduğu yerde gösterişli bir tiyatro binası olan Şark Tiyatrosu inşa edilmiş. İçi mermer ve bronz heykellerle süslü, iki kat locası olan şahane bir tiyatro. Ne var ki, 1894 yılında perdelerini açan bu sanat merkezi, yalnızca sekiz yıl açık kalabilmiş. Zira, çıkan bir yangınla harabeye dönmüş. Bundan sonraki aşamada da; Üç Horan Kilisesi Vakfı buraya, bir otel yaptırılmasına karar vermiş. Sonuçta, üstü otel, altında şık lokantası olan bir tesis inşa edilmiş ve işletmesi 60 yıllığına Mıgırdiç Tokatlıyan adındaki Kapalı Çarşı'da yine soyadı ile maruf, esaslı bir esnaf lokantasının sahibine verilmiş. Günümüze dek yankıları sürüp gelen ünlü Tokatlıyan Oteli 1909 tarihli. Asansörlü, 160 odalı, restoran, pastane ve balo salonuyla o dönemin Avrupa standartlarındaki otel kısa zamanda ünleniyor ve yine Avrupalara kadar ün yapmış Pera Palas Oteli'nin de esaslı bir rakibi olup çıkıyor.

Tokatlıyan hâlâ yerinde duruyor, ama o eski fotoğraflardaki muhteşem görüntü yok olup gitmiş.

Mıgırdiç Tokatlıyan; titiz, modern, masraftan kaçınmayan, her şeyin dört dörtlük olmasını arzu eden ve müşterileriyle bizzat ilgilenen bir adam. Öncelikle, otel mutfağının tüm beyaz eşyaları, servis takımları özel olarak Fransa'dan getirtiliyor. Aman efendim, ne şatafat, ne ihtişam. Yemek takımları kaliteli Fransız porseleninden; gümüş çatal, kaşık, bıçaklar ise "Christofle". Hepsinin üzerinde de Mıgırdiç Efendi'nin inisyalleri T ve M harfleri var. İstanbul yazarı Sermet Muhtar

Alus, Tokatlıyan Oteli için şu satırları düşer: "...Bütün tabak-bardak takımları markalı. Garsonlar "kuyruklu ve setreli". Pirzola istediğin zaman düz tabakta değil, alttan ısıtılan fakfon tabağı taşıyan bir arabada geliyor. Mıgırdiç Efendi Paris'in en son yeniliklerini uygulamış. Kendisi de dolaşır, müşterilerini payelerine göre ağırlar..."

Tokatlıyan, ayrıca Birinci Dünya Savaşı sırasında casusların cirit attığı yerlerden biri olup çıkıyor. Cadde-i Kebir'e bakan kafe ve pastanesi dönemin en iyileri arasında. Beyoğlu'na çıkan "Constantinople" sosyetesinin gözde mekânlarından. Tabii ki, düğünler, balolar, özel şanson ve dans geceleri de cabası. Özellikle de spor kulüplerinin, mason localarının, gazetelerin kimi özel toplantılarını yaptıkları bir adres. Mustafa Kemal'in bile zaman zaman gelip gittiği, çiçeklerle bezenmiş restoranında yemek yediği, ünlü Yunanlı şarkıcı Zozo Dalmas'ı hayranlıkla dinlemiş olduğu şık bir otel. Tabii müşteriler arasında Troçki gibi ünlüler de var. Mıgırdiç Efendi kazançlı otelcilik işinden büyük keyif alıyor, Beyoğlu'nun ardından Tokatlıyan'ın bir şubesini "Splendide"[1] adıyla Tarabya'da açıyor. Yaşlanıp yorulduğunda da oteli Sırp asıllı damadı Medoviç'e devredip Fransa'nın Nice kentine gidiyor. Gidiş o gidiş; yaşamını orada noktalıyor. Ne var ki damat, kayınpeder kadar başarılı olamıyor. Varlık Vergisi, savaş yıllarının ekonomik sıkıntısı ve kimi aksilikler üst üste gelince, Medoviç, "Konak"adını verdiği oteli Karadenizli bir işadamı olan İbrahim Gültan'a devrediyor. Ancak, modern ve klasik anlamda otel işletmesini pek beceremeyen Gültan, 1958 yılında sıkıntılı şekilde otelin kapılarını kapatmak zorunda kalıyor. Bundan sonraki süreçte de, eski görkemli yapı Üç Horan Kilisesi Vakfı tarafından bir iş hanına dönüştürülüyor. Bu değişimde, Tokatlıyan'ın ne o güzelim opalin camlı girişi kalıyor, ne de tepesindeki kubbeli o güzel çatısı. Üstelik binanın üzerine görüntü kirliliği veren iki kat daha ekleniyor. Bundan böyle, viraneye dönüşmüş binanın adı Tarihi Tokatlıyan İşhanı ve Pasajı olup çıkıyor.

1 Splendide: Görkemli

TOKATLIYAN PASTANESİ

Tokatlıyan Oteli inşa edilmeden önce, burada, Solakzade Sokağı'nın köşesinde, Mıgirdiç Tokatlıyan'ın hotel ve lokantadan önce açmış olduğu Paris Restoran ve Kafe'si yer alıyormuş. Sonra da, aynı yerde aile soyadını verdiği Tokatlıyan Pastanesi'ni açmış. O da, aynen otel gibi tarihe karışmış gitmiş. Çok daha öncesinde de, burada önceleri Café Oriental adıyla anılan bir kafe, daha sonrasında da, bir önceki sayfada sözünü ettiğimiz değişik kumpanyaların gelip sahne almış oldukları Şark Tiyatrosu adıyla anılan tiyatro varmış. Bir dönem bu tiyatro cambaz ve akrobat kumpanyalarının gelip programlar yaptıkları bir sirk olarak da kullanılmış.

DEGÜSTASYON

Bugün 50'li yaşlara merdiven dayamış olanlar, Çiçek Pasajı girişinin sağ tarafında yer alan, (eski Tokatlıyan Oteli'nin sol köşesinde) ünlü Degüstasyon Lokantası'nı gayet iyi hatırlarlar. Bu satırların yazıldığı günlerde, yerinde fast-food tarzı bir restoranın yer aldığı Degüstasyon, geçmişteki İstanbul'un sayılı lokantalarından biri olarak ün yapmıştı. 1978'de meydana gelen Çiçek Pasajı Felaketi'nde[1] Degüstasyon da zarar görmüş, 1920 yılından beri varlığını sürdüren bu ünlü restoran da tarihe karışıp gitmişti. Degüstasyon'un son görüntüsü dün gibi hâlâ hatırımdadır. İçerden lokantanın camını yarı yarıya kapatan, parlaklığını yitirmiş bronz bir korniş üzerindeki dantel perdesi, dışardan bakıldığında içerde yemek yiyenleri gizler, içerde yemek yiyenler de bu dantel perdenin arkasından dışarıyı çok iyi bir şekilde gözlemleyebilirlerdi. Genelde, ağzının tadını bilen seçkin gurme müşterilerin geldiği Degüstasyon'daki birbirinden güzel yemekler arasında makarna garnili, salçalı rostosunun yeri bir başkaydı. Aslında, menüde yer alan yemekler İtalyan mutfağı ağırlıklıydı ve lokanta uzun yıllar İtalyan kökenli Ermondo Morigini tarafından yönetilmişti. Lokantanın menüsünde de her daim kaliteli şaraplar yer alırdı. Degüstasyon'un seçkin müşterileri arasında kimler yoktu ki? İşte bunlardan bir kaçı: Celal Bayar, Adnan Menderes, Fatih Rüştü Zorlu, Ahmet Haşim, Süleyman Nazif, Yahya Kemal Beyatlı, Safiye Ayla, Münir Nurettin Selçuk... Ve, adlarını sayamadığımız daha birçok başka ünlü... Degüstasyon'dan önce burada, Fransız kökenli Parret'nin işlettiği abiye elbiseler satan bir moda evi yer alırmış.

1 1978 yılında Çiçek Pasajı çöktü ve uzun yıllar İstanbullular Çiçek Pasajı'ndan mahrum kaldılar.

ÇİÇEK PASAJI

Geçmişteki adı Cite de Pera'ya da Hristaki Pasajı. Yani, pasajı yaptıran banker Hristaki Zografos'tan almış adını. Zografos Efendi 20. yüzyıl başlarındaki İstanbul'un en zengin Rum işadamlarından biri. Sarayın et ve süt ihtiyacını sağlayan kişi. Aynı zamanda Zografyon Rum Lisesi'ni yaptıran hayırsever. 19. yüzyılın ortalarında bu pasajın bulunduğu yerde Naum Efendi'nin muhteşem güzelikteki ünlü tiyatrosu yer alıyor; ama, bu müthiş yapı 1870 Büyük Beyoğlu Yangını'nda kül olup gidiyor. Ardından da 1875 yılında, yerine İstanbul'un en ünlü mekânlarından biri olan, yıllar sonra Çiçek Pasajı adını alacak yapı inşa ediliyor. Binanın mimarı, Zografos Efendi'nin çok değer verdiği Cleanthe Zanno. Beş katlı pasaj yapıldığı zaman, içinde bugünkü gibi meyhaneler, birahaneler yok. Gayet sakin, nezih bir ortam ve üst katlardaki toplam 18 konforlu apartman dairesinde seçkin aileler ikâmet ediyor. Zeminde de, İstanbul sosyetesine hitap eden toplam 24 dükkân. Bunlar arasında Restoran Ritz, Natürel Çiçek Evi, şık hanımlara abiye elbiseler diken sosyete terzisi Bayan İfigenia Epenetos, "Çin işi Japon işi" ithal mallar satan Japon tüccar Nakamura, Vallaury'nin Pastanesi, İstanbul'un ilk ünlü fotoğrafçıları arasında yer alan İsveçli Guillaume Berggren, Tütüncü Acemyan Efendi, Perukâr Konstantin Lefakis, tuhafiyeci Kaminari gibi isimler var... Yüzyılın başlarında, bankerlik ve ticaretle iyice zenginleşen Zografos Efendi, maalesef politikaya bulaştığı ve Osmanlı'yı tedirgin edici bir takım faaliyetlere giriştiği için, Atina'ya göç etmek mecburiyetine kalmış; 1908 yılında da, pasajın mülkiyeti, Abdülhamid'in Selanik'e sürgüne

İstanbul'un en gösterişli yapıları arasında yer alan Çiçek Pasajı.

gönderildiği dönemde, Meclis-i Mebusan başkanlığı yapan Sadrazam Küçük Sait Paşa'ya geçmiş. Paşanın üç çocuğu da üst kattaki apartman dairelerinde oturmuşlar, bir dönem pasaj "Sait Paşa Geçidi" adıyla anılmış.

1930'lu yıllarda, Hristaki Pasajı'nın hemen tüm dükkânlarına çiçekçiler yerleşiyor, ayrıca İstanbul Çiçekçilik İstihsal ve Satış Kooperatifi buraya taşınıyor ve pasaj, o dönemlerin İstanbul'unda çiçek müzayedelerinin yapıldığı, kentin çiçekçi esnafının gelip çiçeklerini satın aldığı bir yere dönüşüyor. Bundan sonra da adı Çiçek Pasajı olarak anılmaya başlamış. Ancak, 1940'lı yılların sonlarına doğru, açılan bir iki birahaneyle birlikte pasajın görüntüsü ve kimliği yavaş yavaş değişiyor. Bu değişim, çiçekçilerin yan taraftaki Balık Pazarı'na taşınmaları; Krepen Pasajı'yla Balık Pazarı'ndaki meyhane ve birahanelerin de pasaja gelip yerleşmeleri. İşte bundan sonra, Çiçek Pasajı tamamı ile içki içilen, özellikle de bira tüketilen küçük restoran ve meyhanelerin bir arada bulunduğu bir pasaj konumuna geliyor. Rahmetli gazeteci-yazar İslam Çupi'nin deyimiyle: "Bundan böyle artık Türkiye'nin bira tapınağı"dır burası. Eski adı Çiçek Pasajı ise baki kalır, değişmez. Türk turizminde de önemli bir yeri olan Çiçek Pasajı, gerek o sempatik, dünyevi atmosferiyle; gerek eklektik muhteşem binasıyla, İstanbul'un incilerinden biri olup, bunun yanı sıra müdavimlerinin, bir bardak biranın enerjisine ihtiyacı olanların ve rakı masasında memleketi kurtarmaya çalışan akşamcıların mekânı olur... İstanbul'da yaşamanın tadının çıkarıldığı yerlerden biridir. Binlerce insan buradan geçmiş, buranın kendine has kokusunu içine çekmiş, midye tava ve taze bademin yanında Arjantin birası içmiş, al yanaklı şişman Anahit'in akordeonundan yükselen tango ve İstanbul şarkılarını dinlemiş, İstanbul'un Beyoğlu'ndaki bu mekânında bu kadim kente biraz daha sevdalanmıştır. O sevda şarkıları ki, Çiçek Pasajı'nın bira ve rakı kokan duvarlarına sinmiştir.

Bir dönem pasajın ikinci katındaki küçük bir daire Edebiyatçılar Derneği'nin lokali olur. Aziz Nesin'den Haldun Taner'e birçok ünlü yazar sık sık bu lokalde bir araya gelir, sonra da aşağıda Entel Cavit'in meyhanesinde kadehlerini tokuştururlar.

Bir yüzyıldan fazla bir zaman gelip geçer. Hristaki Pasajı, yorgun ve bitap düşmüştür. Gürültüye, patırtıya daha fazla dayanamaz. Za-

Bir İstanbul masalı: Çiçek Pasajı.

man içinde duvarlar içinde oluşan çatlaklar 1978 yılının 10 Mayıs gecesi, tarihi pasajın büyük kısmının çökmesine neden olur, enkaz altında kalan 12 kişi yaşamını yitirir. Bunlar arasında meyhane çalışanları olduğu gibi, üst katlarda ikâmet edenler de vardır. Ölenlerden biri de, Küçük Sait Paşa'nın yaşlı kızıdır. Bundan sonra pasaj on yıl kadar uzun bir süre çöküntü haliyle ortalarda kalır. İstanbul ve pasaj sevdalılarının, Beyoğlu'ndan geçenlerin bu çöküntü karşısında içi yanar. Pasaj onlarsız, onlar da pasajsız kalmışlardır. Sonunda, bu muhteşem yapının yeniden imar edilip açılması için İstanbul Belediyesi ile Çiçek Pasajı'nı Yaşatma ve Güzelleştirme Derneği el ele verip, inşaatı gerçekleştirirler. Çiçek Pasajı, eski görüntüsünden hiçbir şey yitirmemiş olarak 1988 yılında yeni baştan kapılarını açar. Geçmişte olduğu gibi, İstanbullular kadar, turistlerin de "olmazsa olmaz" uğrak yerlerinden biridir Çiçek Pasajı. Cavit'in'in Yeri, Palmiye, Kime Ne ve ötekiler yıllardan beri nefis mezeler ve buzlu badem eşliğinde bira, rakı, şarap servisi yapmaya devam etmektedirler.

NAUM TİYATROSU

Naum Tiyatrosu; gelmiş geçmiş en şık, en şatafatlı tiyatro salonu olarak geçmiştir tarihimize. Kimi anı yazılarında ve gravürlerde görüldüğü gibi, Çiçek Pasajı ile Sahne Sokak'ın yerinde, dantel gibi işlenmiş iç tezyinatıyla, altın varaglı localarıyla bir saray tiyatrosunu andıran bu görkemli salon, Beyoğlu sosyetesinin önde gelen şahsiyetlerinden Naum Duhani tarafından 1840 yılında yaptırılmış, 1847'de bir yangın geçirmiş, ama hemen ardından İngiliz mimar Smith tarafından onarılıp yenilenerek 1848 yılında yeni baştan kapılarını açmıştır. Naum Tiyatrosu Paris, Roma gibi kentlerden çok ünlü tiyatro ve opera gruplarını getirtmiş, Abdülmecid ve Abdülaziz'in kimi oyunları bizzat gelip seyrettikleri bir tiyatro olmuş, sanata büyük önem veren bu iki padişah başarılı oyunculara bağışlarda bulunmuşlardır. Naum tiyatrosuna gelmiş ünlülerden biri de, İnglitere Kralı VII. Edouard'dır. Kral, 1863 yılının nisan ayında yaptığı İstanbul ziyaretinde, Abdülaziz'le birlikte iki kez Naum Tiyatrosu'na opera seyretmeye gelir. Said Naum Duhani, Beyoğlu'nu anlattığı "Eski İnsanlar, Eski Evler" adlı kitabında, padişahların gelişinde çok değerli büyük bir halının tiyatro girişine serildiğini yazar ki, sonradan bu halı amcası Franco Cussa tarafından saklanmış, ölümünden sonra da İstanbul milletvekili Hüseyin Cahit Yalçın'a intikal etmiştir. Donizetti, Rossini, Bellini, Verdi gibi büyük bestecilerin eserlerinin yanı sıra Fransız, İtalyan tiyatro eserlerinin sahnelendiği Naum Tiyatrosu, otuz yıllık bir süre içinde İstanbul'un sanat hayatında büyük yankılar uyandırmış, ancak 1870 Beyoğlu Yangını'nda baştan aşağı yanıp kül olmuş, Cadde-i Kebir'de-

1863 yılında, Naum Tiyatrosu'nda kutlama: Guiseppe Garibaldi'nin doğum günü.

ki imar düzenlemeleri ve caddenin genişletilmesi nedeniyle burada yeni bir tiyatronun yapımına izin verilmemiştir. Kısmen boş kalan arsa sonradan Rum Banker Hristaki Zografos tarafından satın alınıp üzerine, yıllar sonra Çiçek Pasajı adını alacak Cite de Pera inşa edilmiştir.

Naum Tiyatrosu'nun tarihinde literatüre geçmiş en renkli ve önemli olaylardan biri de, 1863 yılında, İstanbul'da bulunan Guiseppe Garibaldi'nin şerefine verilmiş doğum günü partisidir. Naum Tiyatrosu orkestrasında yer alan müzisyenler arasında iki de Mekteb-i Sultani öğretmeni vardır. Bunlar okulda müzik hocalığı yapmış, obua çalan Mösyö Scheggi ile piyano çalan Mösyö Proust'tur.

BALIK PAZARI

Sultan Abdülaziz döneminden beri varlığını sürdüren Beyoğlu Balık Pazarı, kuruluşundan bu yana İstanbul'un en lüks ve en pahalı gıda pazarlarından biri olarak yer etmiş... Sanki sanatçı elinden çıkmış kadar güzel bir şekilde düzenlenip sunulmuş balık, meyve, sebze tezgâhları; kokoreççi ve midyecileri, meyhaneleri; bira kokusunun kızgın tava yağı kokusuna karıştığı kendine özel havasıyla İstanbul'un en popüler tarihi mekânlarından biri. Sultan Abdülaziz'in emirleriyle, on dokuzuncu yüzyılın ikinci yarısında, nüfusunun büyük çoğunluğunu Hıristiyanların oluşturduğu Pera bölgesinde açılan Balık Pazarı, geçmişten günümüze balık, meyve, sebze ve etin en kalitelisinin satıldığı yerlerden biri olmanın yanı sıra, başka yerlerde pek bulunmayan domuz eti, tavşan, ördek, bıldırcın gibi değişik nadir besinlerin satıldığı bir yerdir. Yakın zamanlara dek, İstiklâl Caddesi tarafındaki girişinde, bir zamanlar Çiçek Pasajı'ndaki dükkânlarını terk edip buraya kapak atmış çiçekçilerin tezgâh açtığı, günümüzde ise eski çiçekçilerin yerlerini almış incik, boncuk, şaka aletleri satıcılarının renklendirdiği bu pazar, İstanbul'a gelen yabancı turistlerin de gezip gördükleri yerlerin başında geliyor. Burada, ayak üstü atıştırılan bir bardak soğuk biranın eşliğinde midelere indirilen ekmek arası kokoreç ya da midye tava; unutulmayan bir İstanbul lezzeti olarak damaklarda kalıyor.

Balık Pazarı'nın bulunduğu sokağın asıl adı Sahne Sokak, ama bu adı pek bilen yok. Sokak adını geçmişte burada yükselen ünlü Naum Tiyatrosu'ndan almış. Bir pazar sokağı olmasının yanı sıra, İstiklâl

Beyoğlu Balık Pazarı'nın girişi. Gerçek adıyla: Sahne Sokak.

Caddesi'ni Tarlabaşı'na bağlayan en önemli yaya geçitlerinden de biri. Yıllardan beri, sabahtan akşama dek karınca sürüsü misali buradan gelip geçen insan kalabalığının sayısı oldukça kabarık. Beyoğlu'na çıkanların da, uğramadan edemedikleri bir yer. Balık Pazarı'nda bir köşede oturup bira içme keyfini çıkartmanın yanı sıra, bu sokaktan gelip geçenleri seyredip gözlemlemekte bir başka keyif. Gecenin geç saatlerine dek durmak duraksamak bilmeyen bu hareketli sokak; konsomatrisinden darbukacısına, üçkağıtçısından travestisine, entelinden lümpenine Beyoğlu'nun tüm renklerini gözler önüne seriyor. Beyoğlu Balık Pazarı, eskiden olduğu gibi bugün de domuz etinden av etlerine, topik'ten[1] pekin ördeğine, lakerdanın alasından balık yumurtasına hemen her yerde pek kolay bulunmayan ve az tüketilen gıdaların satıldığı bir yer, ancak geçmişteki Balık Pazarı'nın "tavukçu" Sofokli Amca'sı, Nea Agora Bakkaliyesini işleten Katanos ve Artemis kardeşler, "zerzavatçı" Lütfi, manav Ahmet Aslanoğlu gibi o eski babacan satıcıları artık pek kalmadılar.

1 Nohut, pekmez, soğan ve tarçınla yapılan Ermeni mutfağının ünlü mezesi.

SURP YERRORTUTYUN APOSTOLİK ERMENİ KİLİSESİ

Balık Pazarı içinde yer alan Surp Yerrortutyun Ermeni Kilisesi; Taksim'deki Ayia Triada Rum Ortodoks Kilisesi ile Korsan Çıkmazı'nda yer alan Katolik Ermeni Kilisesi'nden sonra Pera'daki, Tanrı Baba-Oğul İsa-Kutsal Ruh üçlüsüne adanmış üçüncü kilisedir. Halk arasında, her ne kadar Üç Horan Kilisesi olarak anılsa da, Ermenice'deki gerçek adı Surp Yerrortutyun'dur ve Beyoğlu'nun en eski dini yapılarından biridir. Kimi tarihi kaynaklarda da yazılı olduğu gibi, 16. yüzyıl başlarında, buradaki ormanlık arazi içinde yer alan küçük bir Rum kilisesinin satın alınma yoluyla Ermenilere geçmesi, ardından Beyoğlu'nun yerleşime açılıp genişleme süreci içinde, buraya küçük bir okul yaptırılması, II. Mahmut döneminde de cemaatin gereksinimi doğrultusunda padişahın inaye-i seniyesiyle bir kilisenin inşa edilmesi, bugünkü kilisenin temellerini oluşturmuş, o günlerden bugünlere uzanan süreç içinde de, İstanbul'daki Ermeni cemaatinin en popüler kiliselerinden biri haline dönüşmüştür. Surp Yerrortutyun Kilisesi kaynaklara göre 1808 yılında takdis edilip ibadete açılır. Ancak, Beyoğlu'ndaki birçok tarihi yapının kaderinde olduğu gibi, 10 Nisan 1810 tarihinde çıkan bir yangınla harabeye dönüşür. Kısa bir süre sonra da, ibadet gereksinimini karşılamak için yarı yıkılmış yapının içine geçici bir sunak yerleştirilir.. 1836 yılına dek bu haliyle kalmış olan kilise, yardımsever varlıklı Ermeni ailelerin bağışları ve Sultan Abdülaziz'in fermanıyla Hassa Mimarı Garabet Balyan Efendi ve ona asistanlık eden Serveryan Efendi'ye yeni baştan yaptırılır, yanına da sonradan Surp Eçmiadzin adı verilecek Naregyan

Surp Yerrortutyun Ermeni Kilisesi'nin 1808 tarihli kitabesi.

Okulu'nun binası eklenir. Böylece kilise 1838 tarihinde yeni baştan hizmete girer. Ne var ki, açılışından otuz iki yıl sonra, Beyoğlu'nu yakıp yıkan 1870 Yangını'nda büyük hasar görür. 1890 yılında yapılan büyük onarımla tekrardan kapılarını ibadete açar. Kemerli tavanıyla, İstanbul'daki birçok Ermeni kilisesinde görülen karakteristik mimariyi yansıtır. Kilisenin cephesinde, 1808 yılına ait yapım kitabesiyle, kilisenin 100. yılının kutlandığı 1907 yılında yerleştirilmiş kitabe yer alır. 1913, Surp Yerrortutyun'un tarihinde önemli bir yıldır. Çok renkli ayin ve törenlerle Ermeni Alfabesi'nin 1500. yıldönümü ve Ermeni Matbaası'nın 400. yıldönümü kutlanır. Kilisenin güneyindeki 1042 m²'lik bina Aziz Minas'a atfedilmiş bir şapel barındırır. Kilisenin, "kavit" adı verilen narteks bölümündeki doğuya bakan duvarında, büyük yardımlarda bulunmuş hayır sahibi Margrit Balıkçıyan'ın adının geçtiği mermer bir kitabe yer alır. Narteks bölümü, demir bir korkulukla, "adyan" olarak adlandırılan cemaat yerinden ayrılır. İstanbul'daki Ermeni kiliselerinin en büyüklerinden biri olan Surp Yerrortutyun'un iç mekânı dokuz ayrı modülden oluşmuştur. İç duvarların üzerinde boydan boya dizili tablolarda dört İncil yazarının ve de havarilerin ikonografileri görülür. Yedinci modülde "tas" adı verilen, kutsal mekân önündeki bölüme gelinir. Patriklik koltuğunun da yer aldığı bu bölümün iki yanındaki kapılar, kilisenin içindeki yan şapellere açılır. Bu şapellerden kuzey tarafında kalan Aziz Dzununt'a adanmış olan bölüm kilisenin vaftizhanesidir. Bu vaftizhane ki, geçen yüzyıldan beri, çocukların vaftiz törenlerinin yapıldığı yer olmuştur. "Tas" bölümünün güney tarafında kalan kapı ise, Ermeni kilisesinin kurucusu, "Işık Saçan" sıfatıyla bilinen Surp Kirkor Lusaroviç'e adanmıştır. "Tas" bölümünden sonra, "Pem" adı verilen ve kilisenin son bölümünü oluşturan, bir platform üzerindeki absid kısmına gelinir. Burada, absidin iki yanında yer alan dikdörtgen sunaklar Hazreti İsa ile annesi Meryem'in "Göğe Yükselişi"ne atfedilmişlerdir. Ana sunağın büyük bölümü ahşaptır.

Kilisenin, batı tarafında kalan yan bahçesinde, 1855 -1880 yılları arasında patriklik yapmış, ölümünden sonra da mucizeleri nedeniyle azizleştirilmiş IV. Hagop'un kabri yer alır. Çok önceleri, gömülü bulunduğu Elmadağ'daki Ermeni mezarlığının istimlâk edilmesinin ardından, kemikleri alınıp, Beyoğlu Surp Yerrortutyun Kilisesi'ne getirilmiş ve buradaki yeni mezarına nakledilmiştir. İyileştirici bir aziz olarak bilinen Surp Hagop'un kabri üzerinde, gece gündüz bir kandil yanmakta, mezarının yanı başındaki bir taş kap içinde de okunmuş su bulundurulmaktadır. Gelen ziyaretçiler, bu sudan bir bardak alıp, azizin lahdi üzerine döker ve dileklerinin kabulü için üç kere azizin lahdi başında dönerler. Yıllardan beri, gelen ziyaretçilerin dualarını gönderdikleri Surp Hagop'un ruhunun hastaların, muhtaçların, dertlilerin dileklerini yerine getirdiğine inanılır. Mermer lahit üzerine, yontularak yapılmış patriklik asası ile patrik başlığı motifleri, Surp Hagop'un, bir zamanlar patriklik yaptığının işaretleridir. Kilisenin doğu tarafında kalan bahçede de, 1860'lı yıllarda patriklik yapmış olan, I. İknadios Kakmacıyan'ın lahdi yer alır. Surp Yerrortutyun'un çan kulesi 1860'lı yıllarda yapılmış olup, maalesef kilisenin mimarisiyle pek bağdaşmaz.

Surp Yerrortutyun ya da halk ağzındaki adıyla Üç Horan Kilisesi, büyüklük ve konumu itibarı ile İstanbul'daki Apostolik Ermeni kiliseleri arasında, Kumkapı Patrikhane Kilisesi ve Samatya'daki Surp Kevork Kilisesi'nden sonra gelen üç önemli kiliseden bir tanesidir. Geçmişinden beri, daha çok Ermeni sosyete ve sanatçıların düğünlerinde, cenazelerinde tercih edilen bir kilise olmuş, Toto Karaca'dan Onno Tunç'a birçok ünlü ismin cenazeleri bu kiliseden kaldırılmıştır.

NEVİZADE

Nevizade; Çiçek Pasajı, Asmalımescit gibi geçmişten günümüze uzanan ünlü meyhaneler sokağından bir tanesidir. Tarihi de, Balıkpazarı kadar eskidir. Geçmişte, burada ayak üstü bir şeylerin atıştırıldığı, mesleğinin erbabı Rum garsonların servis yaptığı küçük, salaş meyhanelerin yerini 1970'li yıllardan sonra, bilhassa Krepen Pasajı'ndan taşınan İmroz, Neşe gibi kimi ünlü meyhaneler almış, geçmişin basit Nevizade Sokağı şık bir sokağa dönüşmüştür. Nevizade, anason kokusunun malt kokusuna, barbunya pilaki kokusunun çiroz kokusuna karıştığı bir lezzet sokağıdır. Hafta sonlarında, Çiçek Pasajı'nda olduğu gibi, tüm haftanın yorgunluğunu atmak için buraya gelinir, demlenilir, rakı masasında, masanın olmazsa olmazı beyaz peynir ve kavun eşliğinde kadehler tokuşturulur, fasıllar söylenir, kurtlar dökülür.

CUMHURİYET MEYHANESİ

İstanbul'da eskilerden günümüze kalmış üç dört meyhaneden biri de Cumhuriyet'tir. İlk işletmecileri, hemen birçok Beyoğlu meyhanesinde olduğu gibi Rumlardır. Cumhuriyet adını 1923 yılından beri taşıdığı söylenir. Balık Pazarı'nın iki üç büyük meyhanesinden biri olan Cumhuriyet'in en önemli özelliği dekorundan servisine, mezelerinden kadehlerine hep aynı klasik tarzını devam ettirmiş olmasıdır. Öyle ki, meyhanenin kendisi kadar ünlü olmuş, her birinin adı Ali olan ve "Üç Ali'ler" olarak bilinen üç garsonu da 40 yıldan fazla bir zaman burada çalışmışlar. Buranın müdavimlerinden olan şair Ece Ayhan Cumhuriyet'in "Üç Aliler"i için şiir bile yazmış. Cumhuriyet'i, bütün öteki meyhanelerden ayrıcalıklı kılan asıl özelliği, Atatürk'ün de burada gelip rakı içmiş olmasıdır. Üst katta, Atatürk'ün yeri olarak korunan masa, her 10 Kasım'da, meyhanenin işletmecileri tarafından süsleniyor ve o gün, Atatürk'ün anısına müşterilere beyaz leblebi ikramı yapılıyor. Cumhuriyet'in kendisi gibi, müşterileri arasında da oldukça ünlüler var. Bunlar arasında Melih Cevdet Anday, Orhan Veli, Sait Faik, Gündüz Kılıç, Cihat Burak, Cahit Irgat, İlhan ve Turhan Selçuk kardeşler ve daha niceleri yer alıyor...

ÜÇ YILDIZ ŞEKERLEME

Değil yalnız Beyoğlu, tüm İstanbul'da, eskinin unutulmayan tatlarından birini devam ettiren nadir şekerlemeci dükkânlarından biri de, Balık Pazarı'ndaki Üç Yıldız Şekerleme'dir. 1926 yılından bu yana, üç nesil varlığını sürdüren bu dükkân, kaybolmaya yüz tutmuş, meyve aromalı jölenin yanı sıra, sakızlı lokumuyla da ünlenmiştir. Dükkânın başındaki saçları bembeyaz olmuş Feridun Bey, Mekteb-i Sultani[1] mezunu olup, uzun yıllar Galatasaray'da profesyonel futbol oynamış;

Eski İstanbul'un şekerli tatlarını büyük bir titizlikle devam ettiren Üç Yıldız Şekerleme.

1 Galatasaray Lisesi

Üç Yıldız Şekerleme'nin emektar sahibi Feridun Dörtler.

ancak, meslek olarak baba yadigârı şekerciliği seçmiş ve dükkânın başına geçip üç nesillik aile geleneğini sürdürmeyi yeğlemiştir. Üç Yıldız Şekerleme'den alışveriş yapan müşterilerin büyük kısmı, bu dükkânı eskiden beri bilen müdavimleridir. Bir zamanlar çok sevilen, ancak uzun zamandan beri piyasada görülmeyen, gerçek meyve aromasından yapılmış portakal, nane, limon, vişne gibi jöle şekerlemeler, Osmanlı usulü reçel ve marmelatlar, birbirinden nefis akide şekerleri Üç Yıldız'ın adını zirvede tutan ürünleri arasında yer almaktadır ki, bunlar arasında benim favorim, benzerini İstanbul'da bu işin uzmanı olan en iyi adreslerde bile bulamadığım sakızlı lokum olmuştur. Bu lokumun çiğnenmeden, damakta eritilerek yenilen bir lokum olduğunu belirtelim.

ŞÜTTE

1918 yılından beri, Beyoğlu Balık Pazarı'nda varlığını sürdürmeye devam eden "Şütte Şarküteri"; meraklıları için, İstanbul'daki en kaliteli füme domuz jambonu, domuz sosisi, topik imal eden ve bunları satan dükkândır. Yıllardan beri değişmeyen kalite ve titizliği ile, esaslı bir müşteri profili oluşturmayı başaran Şütte, geçen zaman içinde Caddebostan'dan Teşvikiye'ye, İzmir'den Bodrum'a başka yerlerde de şubeler açarak adı ve kalitesini geniş bir yelpaze içine yaymayı başarmıştır.

İNGİLİZ SARAYI "PERA HOUSE"

İstanbul'un önde gelen eklektik binaları arasında yer alan İngiltere Başkonsolosluğu binası "Pera House" aslen küçük bir saray olup, Sultan Abdülmecid döneminden bu yana aynı ihtişam ve güzelliğinden pek fazla bir şey yitirmeden günümüze dek gelmiştir. Burada, ilk elçilik sarayı, 1801 yılında, III. Selim'in de yardımı ve katkılarıyla, İngiltere ile Osmanlı İmparatorluğu arasında oluşan sıcak dostluk bağlarının bir nişanesi olarak, 1690'lı yıllardan beri var olan Sainte Helena Anglikan kilisesinin iki hektar genişliğindeki geniş arazisi üzerinde inşa edilmiş; ancak bu ilk bina, 1831 Beyoğlu Yangını'nda yanıp viraneye dönüştükten sonra, elçilik bir süre için Tarabya'daki yazlık rezidansına taşınmış; ardından da yine burada "Pera House" adıyla yeni baştan, bugün gördüğümüz saray şeklindeki neoklasik ve neo rönesans tarzlarındaki bina yaptırılmıştır.

Kaynaklara göre, inşasına 1844 yılında başlanan İngiliz Sarayı'nın mimarları, bugün Londra'da yükselen İngiliz Parlamento binasının da mimarı olan Sir Charles Barry ile Taksim'deki Taş Kışla'yı inşa eden Williams James Smith'tir. Dönemin sefiri Sir Stratford Canning de Redcliff'in de büyük bir titizlikle kontrol altında bulundurduğu inşaat 1850 yılında bitirilmiş, görkemli bir açılışla hizmete girmiştir. İngiltere Krallığı için büyük bir prestij arz eden bu sarayın mimar Garrand tarafından yapılmış 19. yüzyıl İngiliz burjuvazi zevkini yansıtan iç dekorasyonu gibi, mobilya ve aksesuarlarına büyük paralar harcanmış; mermerden yapılmış geniş iç merdivenleri, Korent başlıklı sütunlarının yanı sıra, geçen yüzyılın Avrupa'sındaki en ünlü ku-

Londra parlamento binasının mimarı Charles Barry tarafından yapılmış olan İngiliz Sarayı "Pera House".

yumcular arasında yer alan Paul Stor ve William Pitts imzalı gümüş eşyalar, İran'ın ünlü ipek Kum ve Şiraz halılarıyla süslenmiştir. Öyle ki, aşırı derecede doldurulmuş bütün bu mobilya ve aksesuarların fazlalığı, daha ilerdeki yıllarda inşa edilen Moskova, Kopenhag ve Ankara'daki İngiltere elçilik binalarına gönderilmiştir. Binanın giriş katı büro mekanlarına, birinci ve ikinci katları elçilik konutu ile misafirhaneye ayrılmıştır. Bunların yanı sıra, sarayın içinde çok zengin, geniş bir resepsiyon salonu ya da öteki adıyla bir balo salonu yer almaktadır. Cumhuriyet dönemi başlarında, yabancı ülke temsilciliklerinin Ankara'ya taşınmalarıyla beraber, "Pera House" İngiltere Başkonsolosluğu olarak kullanılmaya başlanmış, geçmişten günümüze değişik dönemlerde kötü anıların yaşanmış olduğu bu yapı, kimi İstanbulluların dilinde lanetli bir bina olarak tanımlanmıştır. Elçilik binası 1831 ve 1870 yangınlarında büyük zarar görmüş, 2000 yılının mayıs ayında çatı katında çıkan yangında birçok değerli halı ve eşya yanmış, son olarak da 2006 yılında yine konsolosluk bahçesi içinde yer alan bir binada çıkan yangında maddi hasar meydana gelmiştir. Ancak, bütün bunların dışında El Kaide örgütü tarafından 2003 yılının kasım ayında konsolosluk binasına yapılan bombalı saldırıda, aralarında konsolosun da yer aldığı 16 kişi yaşamını yitirmiş, birçok insan yaralanmış, bu muhteşem binada büyük hasarlar oluşmuştur.

Pera House, içi gibi göz alıcı yeşil bahçesiyle de tanınır. Geçmişten günümüze bilhassa kraliçenin doğum günü kutlamalarında, kimi önemli resepsiyonlarda İskoç gaydası sesleriyle inleyen bu geniş bahçenin Tepebaşı'na bakan köşesinde elçilik sarayının mimarisiyle uyumlu küçük bir kilise yer almaktadır. Ancak, son yıllarda dua etmeye gelen pek olmadığı için kilisedeki ayinler oldukça sönük geçmektedir.

HAMALBAŞI SOKAK

İngiltere elçilik binasının önünde Meşrutiyet Caddesi ile kesişen, Galatasaray ile Tarlabaşı arasındaki trafiği sağlayan Hamalbaşı Sokak, geçmişte seçkin ailelerin oturduğu güzide Beyoğlu sokaklarından bir tanesiydi ve geçen yüzyılın sonlarında bu şokağın en renkli kişiliklerinden biri de, suluboya resimleriyle İstanbul'u dünya aleme tanıtmış olan Malta asıllı ünlü ressam Kont Amadeo Preziosi idi. Uzun yıllar burada oturmuş, evinden biraz ötede Uzunçarşı Caddesi'ndeki atölyesinde resimler yaptıktan sonra çok sevdiği Ayastefanos'a[1] taşınmış ve İstanbul'un bu küçük sayfiye yerleşiminde, bir av partisi sırasında kaza sonucu ölmüş olan Preziosi, uzun bir dönem, elçilik binasının karşısında, yakın zamanlara dek açık olan Victor Levi Şarap Evi'nin bulunduğu yerdeki bahçeli evinde ikâmet etmişti. Bu ev ki, 1869 yılında nişanlısı Prenses Aleksandra Chiristina ile İstanbul'u ziyarete gelen, sonradan VII. Albert adıyla İngiltere tahtına çıkacak olan Galler Prensi Albert Edward tarafından ziyaret edilmiş ve prensin bizzat kendisi Preziosi'den resimler satın almıştı. Ressamın ölümünden çok sonra oğlu Roberto Preziosi tarafından eski evin yerine, dönemin apartman modasına uyularak, 1911 yılında bugünkü bina yaptırılmış ve günümüze dek gelmiştir. Victor Levi Şarap Evi'nin bir iki dükkân ötesinde de; tam köşede, yine yakın dönemlere kadar varlığını sürdürmüş olan en eski meyhanelerden Pano Şarap Evi yer alıyordu. 1898 yılında Panayot Papadopulos tarafından açılan bu meyhane uzun yıllar Bozcaada'nın ünlü fıçı şarabını satarak ününe ün katmış.

1 Yeşilköy

Hamalbaşı Sokak'ta oturmuş ünlü İstanbul Levantenlerinden biri de, yine İtalyan asıllı mimar Vittorio Rossi'dir. Bir dönem, ünlü mimar Eduardo de Nari ile çalışmış olan Rossi, Tepebaşı'ndaki Amerika Birleşik Devletleri elçilik binası, Haydarpaşa, Adana garları gibi binalarda imzası olan mimarlardan biridir. Rossi'nin gerçekleştirmiş olduğu en önemli yapılardan biri de, kendisinin de bir dönem ikâmet ettiği, günümüzde kısmen ayakta kalmış, Hamalbaşı Sokak'taki Rossi evleridir. Bu evin biraz ötesinde de, yine yüzyılın başlarından günümüze kalmış Parma Apartmanı yükselmektedir. Bu bina, İstanbul'un yine bir başka ünlü Levanten ailesi, Cenova kökenli Parma'lara aittir. Yüzyılın başlarında Sultan II. Abdülhamit'in terzisi Paulo Parma bu evde oturmuş; oğulları, torunları bu evde doğmuşlardır. 6-7 Eylül Olayları'ndan sonra, İstanbul'u terk edip İtalya'ya yerleşen, bu ünlü ailenin adı Hamalbaşı Sokak'taki binadan başka, Beyoğlu'nda Küçükparmakkapı[1] ve Büyükparmakkapı[2] sokaklarında yaşamaktadır. Günümüzde, şık meyhane ve şarap evlerinin yer aldığı sokakta bir zamanlar Rum Diamandis'in meyhanesi ile Çangopulos'un "Esperans" adındaki kahvehanesi Beyoğlu'nda isim yapmış mekânlar arasında yer alıyorlardı.

Parma ailesinin Saint Esprit Kilisesi'ndeki mezarları.

1 Eski adıyla Küçük Parma Kapı.

2 Eski adıyla Büyük Parma Kapı.

KREPEN PASAJI

İngiltere Başkonsolosluğu karşısında, Galatasaray çıkışına doğru yükselen binalar arasında sarı renk sıvalı yepyeni bir pasaj yer alır. Binanın üzerinde "Aslıhan Pasajı" yazısını kolaylıkla okursunuz. İşte bu binanın yerinde, eskilerin de hatırlayacağı, 1870'li yıllarda inşa edilmiş ünlü Krepen Pasajı yükseliyordu. Nasıl allem kalem edilip, katakulliye getirildiyse, tarihi Krepen Pasajı yıkıldı ve yerine Beyoğlu'nun tarihi kimliğine yakışmayan binalardan biri inşa edildi. Hoş, yeni pasaj, İstanbul'un mis gibi kitap kokan en güzel sahaflar çarşısından birini oluşturuyor, ama, mimariye gelince zevksiz, kişiliksiz bir yapı. Nerede o eski Krepen Pasajı.

Krepenler, geçen yüzyılın İstanbul'unda yaşamış Fransız kökenli ünlü Levanten ailelerden biriydi. Bu ailenin bir kolu 19. yüzyılın Bursa'sında Fransa Krallığı adına konsolosluk yapmış olan Georges Crespin'e kadar uzanıyordu. Pasajın geçmişteki önemli konumu, bugünkü kitapçıların yerinde, birkaç ünlü meyhaneyi barındırmasından kaynaklanıyordu. Bu meyhaneler arasında yer alan İmroz ve beyaz perdenin unutulmayan güzeli Cahide Sonku'nun muntazaman gelip, geride bırakmış olduğu renkli, bir o kadar da hüzünlü yaşamının anılarına son rakı kadehlerini kaldırdığı yer olan Neşe yalnız Beyoğlu'nun değil, İstanbul'un da iki ünlü meyhanesinden birini oluşturuyordu. Krepen Pasajı inşa edilmeden önce, geçen yüzyılın ortalarında; burada, Beyoğlu sakinlerinin gelip dolaştıkları, banklarında dinlendikleri, rengârenk çiçeklerle bezenmiş "Jardin des Fleurs" (Çiçekli Bahçe) adıyla maruf küçük bir park yer alıyordu.

İçi mis gibi kitap kokan Aslıhan Pasajı, günümüz İstanbul'unun en gözde sahaflar çarşısına ev sahipliği yapmaktadır.

AVRUPA PASAJI

Beyoğlu'nun en güzel pasajlarından biri de, Aslıhan Pasajı'nın bitişiğinde yer alan, Beyoğlu'na gelen yabancıların da oldukça ilgisini çeken, tavan ve duvar süslemeleriyle belirgin bir Rönesans tarzını yansıtan Avrupa Pasajı'dır.

Londra'daki, Burlington Arcade'in bir kopyası olduğu iddia edilen; Paris'te, Hausmann Bulvarı üzerindeki pasajları andıran Avrupa Pasajı'nın Meşrutiyet Caddesi'ne bakan tarafında, 1870 Pera yangınından önce, Fransız Louis Souiller'nin işlettiği sirk; Balık Pazarı'na bakan öteki ucunda da ünlü Naum Tiyatrosu'nun bir bölümü yer alıyordu. 1874 yılında, Ohing ailesi tarafından, Mimar Pulgher'e, içinde 22 dükkânın yer aldığı, 56 metre uzunluğundaki bu pasaj yaptırılmış, çok geçmeden de pasaj İstanbul'un en ünlü manifatura ve düğmecilerinin bulunduğu yer olmuştur. Malta taşlarından yapılmış Avrupa Pasajı, mimari konumu kadar, çatısını süsleyen renkli, orijinal vitraylarıyla da ünlüydü. Maalesef, 20 Kasım 2003 tarihinde El Kaide militanlarının İngiltere Başkonsolosluğu girişi önünde patlattıkları dinamit, çevredeki binalarda oluşturduğu büyük hasarla birlikte, Avrupa Pasajı'nın tepesindeki bir buçuk asra yakın tarihi vitraylarını da paramparça etti. Bir daha bu vitrayların benzerleri yerlerine konulamadı. Pasajın içindeki, başlıkları dışarıya taşan gömme sütunlar, kemerli ikiz pencereler, değişik meslekleri simgeleyen kadın heykelleri, bir zamanlar önlerinde havagazı lambalarının yer aldığı duvar aynaları (ki bu aynalar nedeniyle pasajın halk arasındaki adı Aynalı Pasaj olmuştur) yapıya ayrıcalıklı bir zenginlik katmakta, içinde dola-

Avrupa Pasajı'nın Meşrutiyet Caddesi'ne bakan girişi.

Avrupa Pasajı'nın içinden.

şanları yüzyılın başlarındaki Beyoğlu'nun gizemli köşelerinden birine doğru götürmektedir. Müzik aletleri satıcısı Commendiger, İplikçi Joseph Miori, Kuaför ve Perukâr Karkonatis, İbrişimci Emanüel Karlatos, tuhafiyeci Hürmüciyadis, Terzi Siotis, Terzi Menelaos, Kuyumcu Leonidas Pağonis ve Düğmeci Boğos geçmişteki Avrupa Pasajı'nda faaliyet göstermiş ünlüler arasında yer alıyorlardı. İstanbul'un ünlü çiçekçisi Sabuncakis'in işlettiği dükkânlardan biri de yine bu pasajdaydı. Günümüzde ise, eski manifaturacıların, iplikçilerin yerini turistik eşya ve antika satıcıları almış bulunuyor. Pasaj, bir dönem mülk sahibi olan Emlak Eytam Bankası tarafından 1929 yılında hazineye satılıp devredilmiş. 1989'da iyi bir tadilat geçiren binanın üst katı, geçtiğimiz yıllarda Bağlam Yayınevi tarafından satın alınıp, mükemmel bir şekilde düzenlendi; hatta güzel sunumların, dia gösterilerinin yapıldığı bir konferans salonuna kavuşturuldu. İlginçtir, aynı mekân 19. yüzyılın sonlarında Ermis Rum Musiki Derneği'nin lokali olarak kullanılan yerdi.

SPONECK BİRAHANESİ

Türk biracılık tarihini araştıran ve bu konuda çok güzel bir sergi gerçekleştirmiş olan araştırmacı-yazar dostumuz Mert Sandalcı gibi bira tarihi ile ilgilenenler için Sponeck Birahanesi'nin apayrı bir yeri vardır; 1900'lü yılların başlarında, Avrupa Pasajı'nın karşı sırasında yer almış bu birahanenin bir başka özelliği de, sinema tarihçilerini ilgilendiren tarafıdır. 16 Ocak 1897'de, o dönemin gazetelerinde verilmiş ilanlarda da görüldüğü gibi, Tünel tarafında bir stüdyo işleten fotoğrafçı Sigmund Weinberg tarafından Sponeck Birahanesi'nde "Hareketli Fotoğraflar" adı altında halka açık ilk sinematografi gösterisi yapılır. Büyük bir olaydır bu. Bu gösteriyi gelip görenler, beyaz bir perdeye yansıyan hareketli resimler karşısında adeta büyülenirler. Bu gösterilerin özel salonlarda yapılmasına dek, Sponeck Birahanesi büyük işler yapar ve oldukça ünlenir. Birahanenin Rum sahipleri Dimitri Alataris ile Dimitri Panurias köşeyi dönerler, ama biraz daha çok para kazanmak hesabıyla, 1898 yılının sonlarında Sasso lakabıyla tanınmış Nikolaos Zulopulos adlı bir başka müteşebbise devrederler. Birahanenin yanı sıra, mekân lokanta olarak da kullanılmaya başlanır. 1903 yılına dek, burada iyi işler yapan Sponeck Birahanesi, daha sonra Cadde-i Kebir bölgesinden Voyvoda Caddesi'ne taşınır ve burada birkaç yıl daha aynı adla hizmet verdikten sonra mülk sahibinin ve dükkân adının değişmesi ile kapanır gider.

Ercüment Ekrem Talu'nun Hatıralarında Sponeck Birahanesi:

"Çocuktum, sekiz dokuz yaşlarında vardım. Tam senesini söyleyemeyeceğim ama galiba 1896/97 sıralarında idi. Bir cumartesi günü rahmetli ağabeyim Nejad'la beraber mektepten çıktık.. Nihari arkadaşlarımızdan biri yolumuzu kesti.

– Haberiniz var mı? dedi. Şurada "Sponeck" in salonunda bugün sinematograf göstereceklermiş. Pek meraklı bir şey diyorlar. Yeni icat olunmuş, fotoğrafın canlısı gibi bir şeymiş.

Ağabeyimle ben, çocuğu bizimle alay ediyor sandık. Fakat, o bizimle gayet samimi konuşuyordu. İlave etti:

– Saat dörtte başlayacakmış, ben gideceğim.

Belki biz de geliriz diye ondan ayrıldık.

... Sponeck, tramvayın Galatasaray dönemecinde, şimdi bir barın işgali altında bulunan o vaktin maruf bir birahanesi idi. İçerisi gayet geniş, kuytu ve serindi. O gün esas sanatını terk etmiş, bir temaşa salonu haline getirilmişti. Kapıdan onar kuruş duhuliye vererek içeriye girdik. Erken davranmışız, en ön sırada yer bulduk, geçtik oturduk. Zaten çok kalabalık olmadı. Sıralar dolmadı. Karşımızda bir buçuk metrekarelik bir beyaz perde duruyordu... Derken, ortalık birdenbire karardı. Zifiri karanlık içinde kaldık. Korktuk, elim gayri ihtiyari ağabeyimin elini aradı. Buldum ve bir tehlike karşısında imişim gibi sıkı sıkıya kavradım. Perdenin önüne gelen bir şahıs bu karartının lüzumunu izah etti. Ve, hemen onun arkasından gösteri başladı.

... Bütün bu temaşa yarım saat sürdü. Seans geceye kadar daha birkaç defa yenilenecektir...

(Eski Beyoğlu'nda, Restoran, Birahane, Bar, Gazino ve Meyhaneler/ Behzat Üstdiken / Toplumsal Tarih / Sayı: 8 / Ağustos 1994)

BEYOĞLU POSTANE BİNASI

Galatasaray Lisesi'nin karşısında yükselen, eski Beyoğlu Posta ve Telgrafhane binası, Beyoğlu'nun cephesi mermer kaplı sayılı binalarından bir tanesidir. 1875 yılında Theodor Sıvacıyan adlı Ermeni bir işadamı tarafından yaptırılan bina, 1907 yılında, Posta-Telgraf Nazırı Hüseyin Habib Efendi'nin döneminde posta nazırlığı tarafından satın alınmış, ardından da Beyoğlu Posta ve Telgrafhanesi adıyla hizmete girmiştir. Sıvacıyan ailesinin oturduğu yıllarda, malikânenin giriş katı, Apolonatos Efendi adlı bir Rum tarafından ecza laboratuarı olarak işletilmiş, döneminin de İstanbul'daki sayılı laboratuarlarından biri olmuştur. Birinci Dünya Savaşı yıllarında, giriş katı üzerinde ofisleri bulunan Avusturya ve İngiliz Telgraf ve Doğu Telgraf Şirketleri bir dönem çalışmalarını burada sürdürmüşler, kimi yazılan ve anlatılan anekdotlara göre, ülkeleri her ne kadar savaş halinde olsa da, her iki ofiste çalışan Alman ve İngiliz iki ajans muhabiri arasında büyük bir kader dostluğu kurulmuş, karşılıklı kahve ve çaylarını içip dertleşerek, Beyoğlu'nun ortasındaki bu binadaki ofislerinde umutla savaşın bitmesini beklemişlerdir. İstanbul Radyosu da 1943-1944 yılları arasında, yayınlarını Beyoğlu postane binasının üst katında konuşlanmış ofisinden yapmış; bu yayınlar gönüllerde, taht kurmuş bir ses olan ilk spikerimiz Emel Gazimihal tarafından gerçekleştirilmiştir. Tarihi boyunca üç kez yangın geçiren bina, son olarak 1977 yılında çıkan bir elektrik kontağı ile kısmen yanmış, yapılan onarımlardan sonra 1982 yılında yeni baştan açılmıştır. Bir bodrum katına da sahip olan dört katlı bina, çok zengin neoklasik süslemelerle bezenmiş olup

Günümüzde Galatasaray Müzesi olarak kullanılan 1875 tarihli eski Beyoğlu postane binası.

birinci katta yer alan büyük salonun iç bezemeleri İtalyan ustalar tarafından yapılmıştır.

1999 Marmara Depremi'nde, yorgun binanın duvarlarında çatlaklar oluşmuş, tehlike arz ettiği için de, postane binası tamamı ile kapatılarak bir başka yere taşınmıştır. Bir zamanlar, misafirhane ve İstanbul Posta Müdürü'nün lojmanı olarak kullanılan binanın üst katları, günümüzde Galatasaray Müzesi'ne ev sahipliği yapmaktadır. Ulaştırma Bakanlığı ile Galatasaraylılar Vakfı'nın arasında yapılan bir antlaşma ile müzeye dönüştürülen bina, kapılarını 2009 yılının Aralık ayında açmış, bundan böyle İstanbul yeni müzelerinden birine daha kavuşmuştur.

GALATASARAY MÜZESİ

Galatasaray denince, çok kişinin aklına hemen futbol gelir. Oysa, Galatasaray yalnızca futbol değil, futboldan öte, çok başka değerler yumağıdır. Futbolda olduğu gibi, öteki birçok spor dalında, eğitim ve çağdaşlaşma alanında önemli bir kavşak noktası ve bir çekirdek oluşturmuştur. Bu okulda okumuş ve bir dönem bu okulda müdürlük yapmış Tevfik Fikret'in de dediği gibi "aklı hür, vicdanı hür" gençler yetiştiren, "Türkiye'nin Batı'ya açılan önemli bir penceresidir." Osmanlı döneminde olduğu gibi, Cumhuriyet döneminde de spordan izciliğe, bilimsel çalışmalardan sanata, öğrencilerinden öğretmenlerine kazandığı büyük başarılarla zengin bir geçmiş ve tarih oluşturan bu irfan yuvası 19. yüzyılın sonlarından itibaren tarihî değerli obje ve dokümanları büyük bir titizlikle saklamış, bu çizgide 19. yüzyılın sonlarından itibaren oluşturmaya başladığı müzesini günümüze kadar getirmiştir. Galatasaray Müzesi, kurulduğu günden bu yana okulun değişik kat ve salonlarında yerini almış; son olarak da, okulun tam karşısında yükselen eski Beyoğlu Postane Binası'ndaki yeni yerine taşınmıştır. 6 Aralık 2009 tarihinde açılan "çiçeği burnunda" müzenin birinci katında "Galatasaray'da Spor", ikinci katında "Galatasaray'da Eğitim" konularıyla ilgili objeler sergilenmekte, son katta da, okul tarihi ile ilgili düzenli sergiler açılmaktadır. Spor konusunu içeren katta, UEFA Kupası'nı kazanan futbol takımının 20. yüzyılın başlarında okulda başlayan serüveni, Galatasaray'da kurulan Türkiye'nin ilk izci oymağı; ilk kayak, çim hokeyi takımları, Türkiye'de ilk defa Galatasaray Lisesi'nde başlayan basketbolun gelişimi ve Galatasaray'da yüzme sporları gibi konularla ilgili objeler, dokümanlar sergilenmekte; üçüncü katta ise okulla ilgili obje ve dokümanlar arasında Sultan Abdülaziz ve Galatasaray, Atatürk ve Galatasaray, geçmişte kullanılmış fen derslerine ait aletlerden örnekler, bir zamanlar okulun ünlü hademelerinden Ahmet Ağa tarafından zil yerine kullanılan trampet, Çanakkale ve öteki cephelerde şehit düşen öğrencilerle ilgili belgeler, kuruluşundan bu yana okulda bulunmuş ünlü eğitmen ve öğrencilere ait, eşyalar sergilenmektedir. Bunlar arasında, içindeki kurumuş kahve telvesiyle saklanmış Atatürk'ün okulu ziyaretlerinden birinde kullanmış olduğu kahve fincanı müzede sergilenen objeler içinde ayrıcalıklı bir yer oluşturmaktadır.

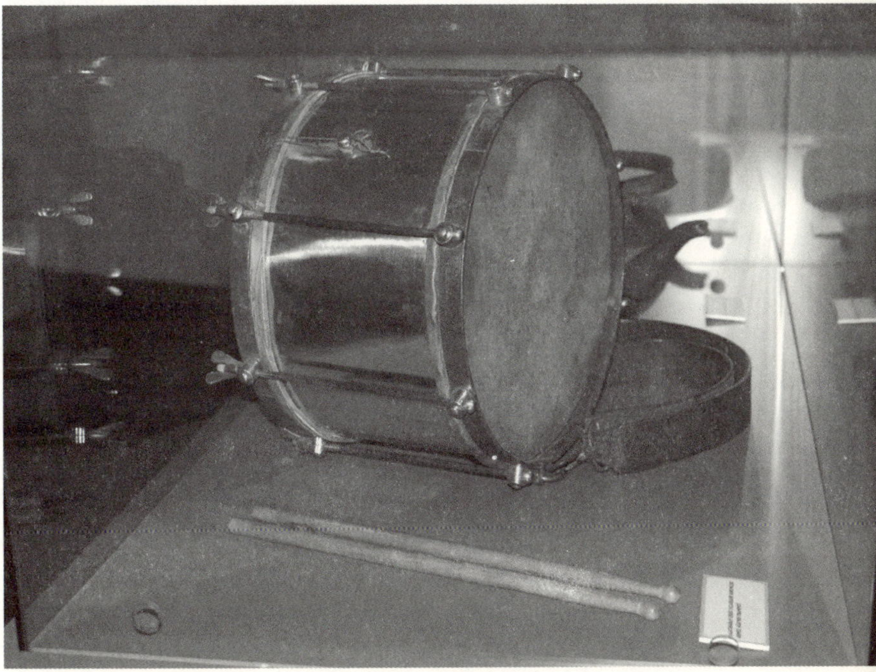

Galatasaray tarihinde "Tamburcu" adıyla ünlenmiş Ağhmet Ağa'nın trampeti.

HATAY PASTANESİ

Kiryaki Anjiopulos adında bir Rum'un işlettiği Hatay, bir zamanlar Beyoğlu'nun orta yerinde, kapısı önüne attığı sandalye ve masalarla; yaptığı nefis limonata, leziz pasta ve kurabiyelerle hizmet vermiş, kapandıktan sonra da unutulup gitmiş bir pastanedir. Son yıllarda, Beyoğlu Belediyesi'nin yerinde bir uygulaması olan, eski binaların ve de geçmişte yerlerinde hangi önemli adreslerin bulunduğunu gösteren plaketlerden biri de Hatay Pastanesi'nin adını yaşatmaktadır. Söz konusu plaket, bir zamanlar pastanenin bulunduğu, Beyoğlu Postanesi'nin ya da şimdiki haliyle Galatasaray Müzesi'nin hemen sağ tarafındaki binanın giriş katı duvarında çakılıdır. Aslında, Hatay'dan çok daha önce, burada bir başka ünlü pastane olan Parizien, onun bir üst katında da yalnızca Rus yemekleri veren bir lokanta yer almıştır.

GALATASARAY LİSESİ

Biz, yine zaman tünelimizin içinde kaybolup birkaç yüzyıl öncesindeki Pera'ya doğru uzanalım ve bir İstanbul martısı olup, 15. yüzyılın Galata sırtlarında uzanıp giden yeşil ormanlık arazi içindeki küçük bir manastır çatısının üzerine konalım. Bugünkü Beyoğlu'nun yerinde yükselen Galata sırtları, o zamanlar önemli bir avlak alan. Bizans imparatorları gibi, Osmanlı sultanlarının da gelip avlandıkları yerlerden biri. Bu ünlü avcı sultanlardan biri de II. Beyazıt. Günlerden bir gün, padişah yanındaki maiyetiyle birlikte çıkmış Galata sırtlarında avlanmaya. Güzel bir av partisinin ardından saraya dönme zamanı gelmiş. Gelmesine gelmiş de, Vezir-ül Azam Hazretleri padişaha; "Hünkârım" demiş, buralarda yakınlarda bir yerde, Gül Baba adında yaşlı bir adamın bostanı, gül bahçeleri var; o mevkiden sarayın görüntüsü çok da güzel, alımlı. İsterseniz orada bir soluklanalım; hem dinlenmiş oluruz, hem de güzel bir manzara seyrederiz... Bu öneri padişahın hoşuna gitmiş, ağaçlar arasından at koşturup, yaşlı dedenin bostanına gelmişler. Gerçekten de dedikleri gibi varmış. Karşıda Sarayburnu; Topkapı'nın, Ayasofya'nın siluetleri, Kız Kulesi, Üsküdar... Ak saçları sakallarına karışmış yaşlı dede kendi elleriyle hazırladığı güzel bir kahve ikram etmiş hünkâra. Efsane bu ya, bahçesinden de biri sarı, biri kırmızı iki gül kesip vermiş. Beyazıt'ın çok hoşuna gitmiş bu mütevazi dedenin misafirperverliği. Giderken, klasik hünkâr sorusu; Gül Baba'ya bir isteği olup olmadığını sormuş. Yaşlı Gül Baba'nın yanıtı: Ah! Hünkârım ahhh! Keşke bu ağaçlıkların arasında, bu yeşilliğin arasında bir irfan yuvası okul olsaydı da, ben

Türkiye'nin ilk laik okulu, "Batı'ya açılan pencere": Galatasaray Lisesi.

de içinde görevli bulunsaydım diye cevap vermiş. Bunun üzerine, padişah saraya döndüğünde tez ferman yazdırıp, inşaatı başlatmış. Bundan böyle, Topkapı Sarayı ve Edirne'den sonra üçüncü Enderun Mektebi "Galata Sarayı Enderunu" adıyla Galata sırtlarında, bugünkü Galatasaray Lisesi'nin bulunduğu yerde açılmış. Uzun yıllar devlet hizmetinde yer alan ve önemli bürokratlar yetiştiren okul; yıllar sonra, yerinde inşa edilen, Mekteb-i Tıbbiye-yi Şahane'ye bırakmış yerini. Ancak, bu ikinci okulun etkinliği pek fazla sürmemiş. 1867 yılında Avrupa seyahatine çıkan Sultan Abdülaziz, seyahati sırasında iki önemli şeye vurulmuş. Biri demiryolu, öteki de laik bir okul. İstanbul'a döndüğünde de, bu iki rüyayı gerçekleştirmiş. 1868 yılının, eylül ayında hizmete giren Galatasaray Mekteb-i Sultanisi, Türkiye'nin ilk laik modern okulu olarak hizmete girmiş ve o günlerden bu günlere politikadan bilime, edebiyattan sanata çok değerli insanlar yetiştirmiş. Okulun ilk müdürü Mösyö De Salve, ondan sonraki de Milleti Sadıka'dan Vahan Efendi olmuşlar. Yıllar sonra okulun başına, yine

Üzerinde Devlet-i Osmaniye armasının yer aldığı Galatasaray Lisesi'nin muhteşem kapısı.

bu okulun ilk mezunlarından olan, çok başarılı maarif adamı, saraya da mütercimlik yapmış Abdurrahman Şeref Bey geliyor. 1968 yılında, kuruluşunun 500. yıldönümünü, Türkiye'nin ilk laik okulu olarak da 100. yıldönümünü kutlayan okul; görkemli mimarisi ve tarihiyle, göz kamaştıran, gözü paraya doymamış kimi fırsatçıların da iştahını kabartan İstanbul'un önemli tarihi yapılarından birini oluşturuyor. Galatasaray Lisesi, burada bir dönem müdürlük yapmış büyük edebiyatçımız Tevfik Fikret'in de dile getirmiş olduğu gibi "Türkiye'nin Batı'ya açılan penceresi" olmuş; buradan yetişmiş birçok ünlünün yanı sıra, bu irfan yuvası izcilikten basketbola, kayak takımından planöre Türkiye'deki birçok ilke ev sahipliği yapmış. Hizmete girdiği günlerden bu yana Türkçe'nin yanı sıra Fransızca eğitim veren okul General De Gaulle, Mitterand gibi kimi devlet başkanları tarafından ziyaret edilmiş.

GALATASARAY SERGİLERİ

Galatasaray Sergilerine katılan ressamlardan Pietro Bello'nun 'Atlı Satıcı' isimli suluboya çalışması

1908 yılında kurulan Osmanlı Ressamlar Cemiyeti, saray çevresinin de desteği ile 1916 yılından itibaren, yaz aylarında Mekteb-i Sultani (Galataray Lisesi) salonlarında düzenli olarak resim sergileri açmaya başlar ve ilk kez kadın ressamların da yer aldıkları bu sergiler sanatsever, aydın kesim tarafından çok büyük ilgi görür. 1921 yılında Türk Ressamlar Cemiyeti, 1929 yılında Güzel Sanatlar Birliği isimlerini alan dernek Galatasaray Lisesi'ndeki sergilerini 1952 yılına kadar muntazaman devam ettirmiştir.

ZOĞRAFYON ERKEK LİSESİ

Galatasaray Lisesi'nin sol tarafındaki Kartal Sokak'tan girip, ilerliyoruz. Kimi Beyoğlulular için geçmişteki adıyla "Sidikli Sokak". Geçmişte, gece yarılarında sıkışıp tuvalete gidemeyen ayyaş ve serseri takımının kullandığı ve bu nedenle de kesif amonyak kokusu yayan bir sokak olduğu için böyle bir isimle de anılmış. Biraz ilerledikten sonra da Turnacıbaşı Sokağa geliyoruz. Sağ tarafımızda koskoca, yüksekçe bir duvar. Arka taraftan bağrışmalar ve duvara çarpan top sesleri geliyor. Evet, bu duvarın arkası Galatasaray Lisesi'nin Grand Cour[1] adı verilen ünlü futbol sahası. Ünlü, diyorum, çünkü bu futbol sahasından, meşin topun arkasından koşturmuş birçok ünlü çıkmış. Ali Sami Yen, Ahmet Robenson, Gündüz Kılıç, Coşkun Özarı, Turgay Şeren ve spor yazarı Osman Tamburacı bunlardan yalnızca birkaçı. Hepsi de okuldan yetişmiş ünlü sporcular, spor yazarları.. Bütün bunlardan başka, bu futbol sahasında adı sık sık yankılanmış bir ünlü daha var. Okul revirinin uzun yıllar hasta bakıcılığını yapmış, okulun çok sevilen baş hademesi "Ayı Ramazan". Her ne kadar onun için "Ayı Ramazan, g..ü Borazan" diye bağrılmışsa da, sarı-kırmızı camianın en popüler, en sevilen isimlerinden biri olmuş. Öyle ki, şimdilerde okulun bahçesinde bir köşeye onun heykelini dikmek için çalışmalar yapılıyor. Her ne ise, biz Ayı Ramazan'ı, okuldan çıkmış ünlü futbolcuları duvarın arkasındaki Grand Cour'da bırakalım ve gelelim yine Turnacıbaşı Sokağa. Şimdi de, sol tarafımızda yükselen yüksek bir binanın önüne geliyoruz. Kırma çatılı, mermer sütunlu giriş ka-

1 Grand Cour: Büyük bahçe ya da avlu.

pısının iki yanındaki duvarların üzerinde sfenks kabartmalarının yer aldığı eklektik bir bina. Okulun simgesi olan aslan gövdeli, insan başlı, kuş kanatlı sfenks, mitolojide Thebai kentinin girişindeki bir kayanın üzerinde nöbet tutan, şehre gelenlere: "Sabah dört, öğle saatinde iki, akşam ise üç ayaklı olan yaratık nedir?" diye soran, cevap veremeyenleri de ölümle cezalandıran ünlü yaratıktır. Bu sorunun cevabını yanıtlayan ise yine mitolojinin ünlüleri arasında yer alan Kral Oidipus'tur. Oidipus, cevabı insan diye yanıtlar. Zira, insan dünyaya geldikten sonraki bebeklik döneminde el ve ayakları üzerinde emekleyerek yürümeye çalışır; yetişkin olduğunda iki ayağı üzerinde durur, yaşlandığında da bir baston yardımıyla yürür. Bu bilinmeyen bilmecenin yanıtını aldığında da sfenks hırsından yerinde duramaz, kendini kayaların üzerinden aşağıya atıp ölür. Zoğrafyon Lisesi'nin sfenksleri de, bilginin cehaleti alt ettiğini gösteren simgelerdir.

1893 tarihli Zografyon Rum Erkek Lisesi, uzun yıllar çok başarılı eğitim vermiş olan bir okul. Okulu yapan, Kumkapı'daki Aya Kiryaki Kilisesi, Heybeliada Ruhban Okulu gibi İstanbul'a güzel yapılar kazandırmış Yedikuleli Rum mimar Perikles Fotiadis. Yaptıran da, Rum cemaatinin büyük hayırsever ismi, ünlü banker Hristaki Zoğrafos. Yani, Hristaki Pasajı'nı, şimdiki adıyla Çiçek Pasajı'nı yaptıran kişi. Aslında, bu okulun varlığı çok daha eskiye, 1846 yılına gidiyor. Önceleri okul, Hazzopulo Pasajı yanındaki Panayia Kilisesi'nin bünyesinde Panayia Erkek İlkokulu adıyla açılmış, ama sonradan öğrenci sayısının artması ve okula orta, lise sınıflarının eklenmek istenmesiyle, daha büyük, daha kapsamlı yeni bir okulun inşasına karar verilmiş, cemaatten toplanan 5.000 altın yetersiz kalınca da "para babası" Zoğrafos Efendi'nin bağışladığı 10.000 altın takviyesiyle bir hayır işi olarak bu okulun yaptırılmasını sağlamış. Hristaki Zoğrafos'un yaptırmış olduğu başka okullar da var. Bunlardan biri de Arnavutluk'ta bulunuyor. 19 Eylül 1893 tarihinde kapılarını açan Zoğrafyon Lisesi, günümüzde eğitime devam eden, İstanbul'daki nadir birkaç Rum okulundan biri. Okulun dışı gibi içi de bir başka güzel. Fen laboratuvarındaki havagazı musluklarından mikroskoplara, kütüphanesindeki değerli kitaplardan salonlarını süsleyen heykel ve büstlere kadar, antika eserlerle dolu müze gibi bir bina. Geçmişten bu yana, Türkiye sınırları içindeki Rum okulları arasında,

Fener Rum Lisesi'nden sonra en iyi eğitim veren okul olarak şöhreti yurt dışına kadar yayılmış. Öyle ki, 1900'lü yılların başlarında, Zoğrafyon Lisesi'nin bünyesinde okul öğrencilerinden oluşan çok ciddi, iddialı bir Flarmoni Orkestrası bile kurulmuş.

Bina, savaş yıllarında, yani 1915-1919 yılları arasında, başka okullarda da örnekleri görüldüğü gibi yaralı askerlerin tedavisi için hastaneye dönüştürülmüş, 1920 yılından itibaren yeniden eğitim vermeye başlamış. Okulun ilk müdürü Kefalas'tan sonra gelen idareciler, okulu hep aynı titizlik ve disiplin içinde yönetmeyi ilke edinmişler. Gelmiş geçmiş müdürler arasında adeta efsaneleşmiş olan, posbıyıklı Dimitri Frangopulos, 35 yıl süreyle okulun en uzun süreli müdürü olmuş.1960'lı yıllarda, 700'ün üzerinde öğrencisi olan Zoğrafyon Lisesi'nin günümüzdeki öğrenci sayısı yalnıca 40 civarında.

Zoğrafyon Lisesi'nin cephesinde yer alan iki sfenks kabartmasından biri.

GALATASARAY HAMAMI

Zografyon Lisesi'nin biraz ötesinde, Galatasaray Lisesi'nin arka kapısına bakan köşede, İstanbul'un en eski hamamlarından biri olan, 1481 yılında hizmete girmiş Galatasaray Hamamı yer alır. Galatasaray-ı Enderunu inşa edilirken, II. Beyazıt'ın emriyle mektep talebesinin hamam gereksinimi için bu hamam da yaptırılmıştır. Çok daha sonra, çıkan yangınlarda hamam birkaç kez yanmış yıkılmış ve her defasında yeniden inşa edilip yeni bir görünüm kazanmıştır. Bu nedenle de eski hamamdan orijinal hiçbir şey kalmamıştır.

Erkekler ve kadınlar için iki ayrı bölümü olan Galatasaray Hamamı, 1970'li, 80'li yıllarda, turizm seyahat acentelerinin grupları için kiraladıkları, göbek danslı, içkili hamam sefalarının yapıldığı bir mekân olmuş, yabancı dergilerdeki Türk hamamı üzerine yazılan makalelerde bol bol fotoğrafları yayımlanmıştır.

GALILEO GALILEI İTALYAN LİSESİ

Galatasaray Hamamı'nı geçtikten sonra, biraz ilerdeki binalardan birinin üzerinde bir Yunan bayrağının dalgalandığını görürsünüz. Burası, Yunanistan Başkonsolosluğu binasıdır. Onun hemen bitişiğinde de biraz İtalyan havası estiren güzel bir bina yükselir. İşte bu bina, çok kişinin İtalyan Okulu olarak bildiği, Galileo Galilei Özel İtalyan Lisesi'dir ve 1870 yılından bu yana, İstanbul'un en eski okullarından biri olarak varlığını sürdürmeye devam etmektedir. Sultan Abdülaziz'in fermanıyla ilk defa Kumbaracı Yokuşu'nda hizmet vermeye başlayan bu eğitim kurumu, İvrea rahibelerinden Madre Luigia Canegrati'nin gayretleriyle bir kız okulu olarak kurulmuş, hizmete girdiği tarihten bu yana yabancı uyruklu olan öğrencilerin yanı sıra Türk uyruklu öğrencileri de kabul eden bir kurum olmuştur. 1876 yılında Su Terazisi Sokağı'na taşınan okulun kayıtlarında da görüldüğü gibi, 1882'de 350 öğrenciye eğitim veren bir kurum olarak Turnacıbaşı Sokak ile Faik Paşa yokuşundaki binalarına taşınmıştır. 1996 yılından beri, karma eğitim sistemine geçmiş olan okul, 2004-2005 ders yılında Galileo Galilei adını almıştır.

İTALYAN TİCARET MESLEK LİSESİ

Galileo Galilei İtalyan Lisesi'ne gelmeden, Galatasaray Hamamı'nın köşesinden sağa doğru kıvrıldıktan sonra; sessiz sakin, kimi zaman bira içen, gitar çalan gençlerin ya da kaçamak yapan genç aşıkların mekan tuttukları merdivenlerden aşağıya doğru indiğimizde, Çukurcuma Mahallesi'nden Galatasaray Meydanı'na doğru çıkan Hayriye Caddesi'ne geliriz. Bu cadde üzerinde, Galatasaray Lisesi'nin arka tarafına bakan binalar arasında, içinde Cezayir Restoran'ı barındıran, ötekilerden farklı büyüklükteki dört katlı bina, 1970'li yıllara dek İtalyanca eğitim vermiş, Özel İtalyan Ticaret Lisesi'nin yadigâr binasıdır. İlk defa 1885 yılında, bu binada üç yıllık ortaokul programıyla eğitime başlayan okul sonradan dört yıllık ticaret lisesine dönüştürülmüş ve İstanbul'da dört yıl süreli uzun lise eğitimi veren nadir okullardan biri olmuştur. Yirminci yüzyıl başlarında 16 odalı, kalorifer tesisatlı, fizik, kimya ve tabiat bilgisi laboratuvarları ile jimnastik salonuna sahip olan bu okuldan Türkiye-İtalya arasındaki ticari ilişkilerde yer alan önemli kişiler yetişmiş, yıllar sonra da eğitime son veren okul binası içinde ünlü Cezayir Restoran açılmış ve bina bu lokantanın adıyla anılmaya başlanmıştır.

MARİUS MİŞEL PAŞA'NIN EVİ

İçinde, Cezayir Restoran'ın yer aldığı, eski İtalyan Ticaret Lisesi binasının bir ötesinde, Cezayir Sokağı girişinin sol köşesinde yükselen, kesme taşlardan yapılmış dört katlı bina, Sultan Abdülmecit döneminin ünlü zenginlerinden, İstanbul Deniz Fenerleri İşletmesi müdürü Marius Mişel (aslı Michel) Paşa'nın ikâmetgahıdır. 1819 yılında Fransa'nın Sanary kasabasında dünyaya gelen Marius Mişel, gençlik yıllarında deniz aşırı sularda kaptanlık yapmış, 1855 yılında da, çok sevdiği İstanbul'da, Sultan Abdülmecid'in isteği üzerine, Deniz Fenerleri İşletmesi'nin başına geçmiş, ayrıca Karaköy rıhtımının inşaasını gerçekleştirmiş ve başarılı çalışmalarından dolayı 1879 yılında Sultan II. Abdülhamit tarafından kendisine paşalık ünvanı verilmiştir. Kazandığı paralarla zenginliğine zengilik katan Michel Paşa, Hayriye Caddesi üzerinde, bugün de sapasağlam yerinde duran binayı yaptırmış, Fransa'ya dönene dek ailesiyle birlikte burada ikâmet etmiştir.

Cezayir Sokak köşesinde yer alan Marius Mişel Paşa'nın evi. (Fotoğraf: Christophe Alleon)

CEZAYİR SOKAĞI

Son yıllarda, her ne kadar şekli şemali ve adı değiştirilip Fransız Sokağı adıyla anılmaya başlanmış olsa da, sokak girişindeki duvar üzerinde yer alan küçük mavi tabelada da görüldüğü gibi resmî kayıtlarda bu sokağın adı hâlâ Cezayir Sokağı olarak geçer. Bundan 10-15 yıl öncesine kadar; harabeye dönüşmüş evlerin ve sağa sola atılmış çöplerin süslediği darmadağınık, pejmürde bir yer olan Cezayir Sokağı, birkaç girişimcinin öngörüp tasarladıkları ve buradaki emlak sahipleriyle anlaştıkları gibi "bohem" tarzı örnek bir sokağa dönüştürülmüş, açılan cafe-barlarla, sözde Parizien tarzı bir sokak havası verilerek 1 Temmuz 2004 tarihinde sosyete ve medya mensuplarının şatafatlı katılımıyla açılışı yapılıp hizmete girmiştir. Bu sokağın iki ucuna yerleştirilen büyük tabelalara da, büyük harflerle "Fransız Sokağı" adı yazılmıştır. Hoş! Cezayir Sokağı, yeni adı ve modern görüntüsüyle ilk yıllarda oldukça meraklı bir kitleyi kendine çekmişse de; gelip geçen yıllar içinde bozulmaya başlamış, abartılı bir şekilde geçiş yoluna taşan masa sandalyelerin yanı sıra, içeri çekmek için gelip geçen müşterilere adeta yapışan garsonlar ve kimi kafelerden gelen bangır bangır müzik sesleri Fransız Sokağı'nı arabesk bir sokağa dönüştürmekte gecikmemiştir. Sarkozy dönemi ile başlayan Fransa-Türkiye arasındaki politik sürtüşmeler neticesi, bizim milliyetçi kesimin protestoları karşısında, bir gece içinde apar topar Fransız Sokağı tabelaları yerinden kaldırılmış, sokak yeni baştan gerçek ve eski adıyla anılmaya başlanmıştır.

Cezayir Sokak; ya da yeni adıyla Fransız Sokağı. Açıldığı ilk günlerinde.

GÜL BABA TÜRBESİ

Galatasaray'dan Tophane'ye doğru inen Uzun Çarşı Caddesi üzerinde; sağ tarafta, küçük çıkmaz bir sokak yer alır. Girişinde hâlâ iki katlı tarihi bir ahşap evi barındıran; kendine özel, tipik, şirin eski bir İstanbul sokağıdır burası. Girişteki tabelasında da görüldüğü gibi, Gül Baba Sokağı'na gelmişsinizdir. Sokağa girip biraz ilerlediğinizde hemen sağ tarafta ulu bir ağacın gölgesine sığınmış Gül Baba'nın açık türbesini görürsünüz. Galatasaray-ı Enderunu'nda ilk hizmet veren müderris olarak kabul edilen Gül Baba, geçmişten günümüze burada ebedi uykusunu uyumaktadır. Türbenin kapısı üzerinde, okulun 500. yıldönümü kutlamaları sırasında yerleştirilmiş bir kitabe yer alır. Nedense, bu türbe, yıllardan beri belediyenin görememiş olduğu kenarda kıyıda, kimi zaman çöpler içinde bakımsız kalmış türbelerden biridir.

Galatasaray-ı Enderunu'nun efsanevi kurucusu olarak kabul edilen Gül Baba'nın türbesi.

GALATASARAY MEYDANI

İstiklal Caddesi'ni ortasından ikiye ayıran Galatasaray tam bir dört yol işlevi görür. Bu noktada birbirleriyle kucaklaşan iki yoldan biri Kasımpaşa-Tophane arasında, öteki de Taksim-Tünel arasında uzanır gider. Geçmişteki minik Galatasaray Meydanı, kimi ünlü fotoğraf ustalarının objektiflerine yakalanmış sembol görüntülerle akıllarda kazınıp kalmıştır. Selahattin Giz'in 1930'lu yılların sonlarında çekmiş olduğu Galatasaray Meydanı'ndaki, başında itfaiyeci miğferine benzer bir kaskla, elini havaya kaldırmış, trafiği kontrol altında tutan polis memuruyla; Ara Gürel'in 1950'li yılların başlarında yine aynı yerde, karlı bir kış gününde çekmiş olduğu havadan pamuk gibi lapa lapa yağan karın altındaki tramvayın geçişi Galatasaray Meydanı'nın geçmişteki ölümsüzleşmiş görüntüleri arasında yer alır. Galatasaray Meydanı, şehr-i İstanbul'da Karaköy Meydanı'ndan sonra trafik noktasının kurulmuş olduğu ikinci meydandır ki, ilk polis memuru burada 1923 yılında düdük çalmaya başlamıştır.

Biz, şöyle bir 1930'lu 40'lı yılların Galatasaray Meydanı'na doğru uzanalım... Galatasaray'ın henüz küçük meydan kimliğini koruduğu, ortasından 12 numaralı tramvayın geçtiği günler. Bugünkü, Yapı Kredi Kültür Merkezi ile Galatasaray Lisesi arasındaki boşluğun olduğu yere kadar uzanan 19. yüzyıl sonlarında inşa edilmiş bir yapı var. İçinde ayakkabıcı ve terlikçi dükkânlarının yer aldığı Galatasaray Pasajı. Bu yapının cadde tarafına bakan giriş katında da, Tünel'e doğru sıraladığımızda, yan yana üç tane dükkân yer alıyor. Birincisi, Beyoğlu'nun gelmiş geçmiş en ünlü kunduracılarından biri olan Makras, ikincisi sattığı kaliteli peynirleriyle ünlenmiş şarküterici Yorgi Teofanidis ve Şürekâsı, üçüncüsü de kadın ve erkek perukârı yani bugünkü anlamıyla kuaför Hristo. Hristo'nun dükkânının üst katında berber salonu, giriş katında da lostra salonu yer alıyor. Yani, yukarda saçını kestirdikten sonra, alt katta da iskarpinlerini gıcır gıcır boyatıp çıkıyorsun Cadde-i Kebir'e. Ayakkabıları öyle kaliteli boyayıp parlatıyorlar ki, ayna gibi bak saçını tara... Dükkân sahiplerinin üçü de Rum. Bu da, bize önceki satırlarda da vurguladığımız gibi o yıllarda, Beyoğlu nüfusunun büyük çoğunluğunun gayrimüslim vatandaşlardan oluştuğunu, en çok da Rumların oturduğunu gösteriyor. Söz konusu bu dükkânlardan sonra da, büyük, gösterişli bir bina olan Beyoğlu Polis Karakolu ya da o zamanki adıyla Beyoğlu Polis Merkezi geliyordu. Karakola dönüştürülmeden önce Beyoğlu Mutassarıflığı'nın binasıymış burası.

Galatasaray'dan Tepebaşı ve Tarlabaşı taraflarına doğru uzanan Meşrutiyet Caddesi'ne giriyoruz. Sağ tarafta geçmişin eski binalarından hiçbir iz kalmamış gibi. İstiklal Caddesi'ne bakan köşede, günümüzde büfe-kafe tarzında kullanılan üç katlı binanın yerinde eskiden, ön cephesindeki reklâm panosu üzerinde adının yazılı olduğu gibi ünlü gömlekçi Zara'nın dükkânı yer alıyor. Afili beylerin, Beyoğlu'na çıktıklarında gömleklerini satın aldıkları mağazalardan biri burası. Yakaları kolalı, balenalı gömlekler, ipek kravatlar.

Meşrutiyet Caddesi girişinin sol tarafındaki yerlerden biri de ünlü Sponeck Birahanesi'nin yeriymiş. 1897 yılında, Türkiye'de ilk sinematografi gösterisinin yapıldığı yer demiştik... Birahane'nin önünde de önceleri tramvayların, daha sonraları da otobüslerin durup kalktığı Galatasaray durağı yer alırdı. Eh! O zamanlar İstiklâl Caddesi'nden arabalar geçip gidiyor. 1960'lı yılların başlarından 1970'li yılların başlarına dek Bakırköy'den Galatasaray'a okula gidiş gelişlerimde kullandığım otobüs durağı. Hey gidi günler! Poposundan kapkara dumanlar çıkartıp "ças çosss!" gürültüler yapan, etrafa yoğun mazot kokusu pompalayan önden motorlu Skoda'lar. En önde, sağ tarafta açılır kapanır pencerenin hemen yanındaki tek kişilik yer bu otobüslerin en güzel yeriydi. Otobüse ilk gelenlerden isek, yerimiz orası olurdu. Üzerinde, "Asgari Durak" (ne demek ise!) yazılı durağın hemen yanı başında, 1940'lı yıllarda, hastalarını tedavi etmeyi sürdüren Diş Tabibi Hasan Hafiz Bey'in muayenehanesi yer alıyordu. Onun bitişiğinde de, o yılların ünlü Beyoğlu pastanelerinden Everest Pastanesi biz Galatasaray Lisesi öğrencilerinin abone olduğu yerlerden biriydi. Cebinde parası olan okul çıkışı güzel bir milföy ya da piramit pastayı hemen orada götürür, bizim gibi cebinde birkaç kuruşla yetinen memur çocukları ise Everest'in saydam jelatin kağıtlarına sarılı meyve aromalı yeşil, sarı, kırmızı şekerlerine rağbet ederdi. 1950'li yılların sonlarında Tünel'e doğru uzanan sol taraftaki binaları yıkmaya başladılar, ortaya bugünkü meydan çıktı, ardından da Yapı ve Kredi Bankası'nın bugünkü Kazım Taşkent Kültür Merkezi binası inşa edilip önündeki boşluğa, ünlü heykeltıraş Sadi Çalık'ın 1973 yılında "Cumhuriyet'in 50. Yıldönümü" anısına yaptığı heykeli yerleştirildi. Ardından da, Eminönü tarafından gelen "kaçak" güvercinler bu meydanı ağır ağır mekân edinmeye, heykelin üzerini de gübrelemeye başladılar.

1930'lu yılların fotoğraflarında da görüldüğü gibi, Galatasaray'dan Tünel'e doğru sağ tarafta, yine bir başka ünlü berber; Vili'nin dükkânı yer alıyormuş. Onun da tabelasının üzerinde "Kadın-Erkek Perukârı" yazılı. İstiklâl Caddesi'ni anlatan dev eser "Beyoğlu 1930" kitabının yazarı değerli araştırmacı Ali Özdamar'ın kaleme almış olduğu satırlarda da vurgulamış olduğu gibi: Vili, ***"ilk ağızda düşünüleceği üzere Parisli ya da Viyanalı değildir, İstanbullu bir Rum'dur. Öyle uyduruk moda berberlerden de değildir hem. Berber Mektebi'nin Baş Muallimi'dir...***

Vili ile Aznavur Pasajı arasında, yine o yıllarda çok önemli bir adres daha vardır. Sahibi İtalyan asıllı olan ünlü şarap evi Due Fratelli. Burası öyle içki satan alelade dükkânlardan değil. Tam tersine; Fransa'dan, İtalya'dan ve Almanya'dan kaliteli şarap ithal eden bir adres. Bilhassa La Mado, Schroder, Schyler şarapları en çok sattıkları arasında.

CAFE KUZURİ VE CAFE DE PERA

Geçen yüzyılın sonlarında, Aznavur Pasajı'nın bulunduğu yerin yanı başında, Kuzuri adlı küçük, fakat şık bir kafe yer alıyordu. 1870 yılında kapılarını açan bu kafenin sahibi Andrea Kuzuri adında bir Rum'du. Kuzuri'nin kafesinin hemen yan tarafında da, Kastranaki adında bir başka Rum'un işlettiği Cafe De Pera adıyla anılan ikinci bir kahvehane daha mevcuttu. Her ne kadar birbirlerine rakip olsalar da, ikisinin de kendi müşterileri vardı.

CAFE-RESTAURANT DE COMMERCE VE AZNAVUR PASAJI

Öncelikle söyleyelim; bu binanın ünlü şarkıcı Charles Aznavour'la hiç mi hiç bir ilgisinin olmadığını. Zira, Charles Aznavur Anadolu kökenli bir Ermeni, ama, buralara gelmemişler. Binayı yaptıranlar, İstanbul'un iki ünlü Aznavur ailesinden biri. Binayı 1893 yılında inşa ettirmişler, ama ondan önceki döneme baktığımızda bu binanın yerinde, "Cafe+Restaurant De Commerce gibi ünlü bir restoran bulunuyor. Mülkün sahibi olan Aznavour'ların malikâneleri 1890'lı yılların öncesinde Tepebaşı tarafına, yani Meşrutiyet Caddesi'ne bakan tarafta yer alıyor. Bahçeli, ağaçlı güzel bir Beyoğlu konağı. İstiklâl Caddesi üzerinde de sözünü ettiğimiz lokanta. Eskiler yazmış: Dar girişiyle bilinen, lüks olmayan orta sınıf bir yer burası. 1870'li yıllarda açmış kapılarını. O zamanlar, lokantayı işleten, Andreas Malias adında Rum bir girişimci. Her nedense, sonradan burasını Andrea Ksenatos adında bir Rum'a devretmiş. Yemek yenilen bir yer olmasının yanı sıra, restoranın ikinci bir özelliği de, içerde bilardo oynanan bir köşe ile nargile içilen bir bölümün var olması.

Biz gelelim, Beyoğlu'nun ar-nuvo binalarından biri olan Aznavur Pasajı'na. Aznavur'lar eski malikânelerini aşağıya indirtip, dönemin modasına uygun bugünkü binayı yaptırmışlar. Dar bir kapıdan giriliyor içeriye. Ama, girildikten sonra içersi oldukça geniş, tavanları yüksek, neoklasik başlıklı sütunlarla bütünleşen bir mekâna dönüşüyor. Ve içerde, girişin tam karşısında 1924 yılında açılıp eklenmiş bir geçit yer alıyor. Hafta içi günlerde pasaj esnafı tarafından açık bırakılan

Beyoğlu'nun ar-nuvo yapıları arasında yer alan 1893 tarihli Aznavur Pasajı'nin girişi.

bu geçitten, kestirme olarak arka taraftaki Meşrutiyet Caddesi'ne çıkılabiliyor. Aznavur Pasajı altı katlı kâgir bir bina. 1993 yılında, yani yüzüncü yılında adamakıllı bir restorasyon görüp sağlamlaştırılmış. Binanın ilk üç katı, cephede cumba görünümünde bir çıkma yapıyor. Bu çıkma, üst katlarda küçük balkonlara dönüşüyor. Pasaj girişinin iki yanında, içleri ışıklandırılmış vitray camlarla kaplı panolar yer alıyor. Ancak, hangi akla hizmettir ki, yıllardan beri bu vitrayların üzerlerine yapıştırılan ilan kağıtları ve tabelalar, ar-nuvo yapının estetik değerini artıran bu panoların görünmesini engelliyor. Yine giriş kapısının camdan yapılmış alınlık bölümünde, demir malzeme ile oluşturulmuş ar-nuvo stili bitkisel süslemeler binanın görüntüsüne zenginlik katıyor. Bu binayı yaptırmış olan Aznavur ailesi bireylerinden Viçen Aznavur botanik araştırmaları tarihimizin ünlü isimlerinden bir tanesi. Yine aynı aileye gelin gelmiş ve yıllarca Yeşilköy'ün İstanbul Caddesi üzerinde, bugün hâlâ var olan çok güzel bir evde yaşamış olan Madam Daniş Aznavur da bir zamanlar o şık, zarif kutulu Tokalon pudralarının sahibi olan patroniçe.

Geçmişin Aznavur Pasajı'nda izler bırakmış kuaför Strato, saatçi Mihal, kunduracı Vitalis, kunduracı Drakyas, gömlekçi Strogilos Kardeşler, müzik aletleri satıcısı Konstatini Nomismatis, terzi İoannis Piliuris, tuhafiyeci Kosmidis ve Sofyanopulos, bayan terzisi Fruso'nun dükkânların yerini günümüzde turistik eşya satıcıları almış.

HAZZOPULO PASAJI

Kendine özel, sevimli, romantik halinin dışında Beyoğlu'nun en eski iki pasajından biridir Hazzopulo ya da çok sonradan yakıştırılmış ikinci adıyla Danışman Geçidi. Eskiliğini köhnemiş, çatlamış, sıvaları düşmüş duvarlarında, avlu tabanını kaplayan Çatalca'ya bağlı eski Podima, günümüzdeki adıyla Yalıköy sahillerinden, özel olarak getirtilmiş çakıl taşlarıyla açık açık gösterir. Kendine özel tarafı, İstiklâl Caddesi ile Meşrutiyet Caddesi arasında ortası avlu şeklinde açık bir geçit oluşturmasıdır. Kedileriyle de bilinen Beyoğlu köşelerinden bir tanesidir. Buradaki kitapçı dükkânının entelektüel kedileri, tezgâhlardaki kitapların üzerinde uyumayı alışkanlık haline getirmişlerdir. Üç ayrı kâgir yapıdan oluşan pasaj; adını, 1871 yılında burayı yaptıran Büyükadalı Rum işadamı Kiryakos Hazzopulo Efendi'den alır. Önceleri kazanç elde etmek hesabıyla kiraya verilen dükkânlar, daireler; zaman içinde tek tek satılıp elden çıkartılmıştır. Açıldığı günlerden beri, 150 yıldan bu yana Hazzopulo Pasajı'nın dar girişi, İstanbul'un en gözde tuhafiyeci dükkânlarına ev sahipliği yapar. Bu mesleği de eskiden beri en güzel şekilde yapan Ermeni vatandaşlarımızdır. Janet, Mari, Jilber, Varujan... İbrişimden düğmeye, broderiden fermuara her bir şeyin alasını bulundururlar dükkânlarında. Son yıllarda tuhafiyecilerin arasına bir iki turistik dükkân da eklenmiş, birbirileriyle kaynaşmışlardır. Biz yine gidelim, Beyoğlu'nun eski günlerine ve Hazzopulo'nun gerçekten de Hazzopulo olduğu döneme...

Geçen yüzyılın sonları. Pasaj içinde yer alan birkaç ünlü mağaza var o zamanlar. Bunlardan biri, Recaizade Mahmut Ekrem'le, Sait

Hazzopulo Pasajı

Naum Duhani'nin hatıralarında sözünü ettikleri Heral kundura mağazası. Mösyö Heral Fransız bir Levanten. Kaptırmış kendini zamanın oryantalist modasına gelmiş İstanbullara. Heral o dönemin zengin, seçkin kesimine çok kaliteli Fransız kunduraları, özellikle de çizmeler yapıyor. Gazetelerde verdiği ilanlarda da "Cordonnerie Française" (Fransız Kunduracısı) tanımlamasıyla bunu bilhassa belirtmiş. Bir de, Fransa'dan ithal ipek iç çamaşırları satan Madam Etienne Touzet var. O da bir Fransız ve bilhassa sosyeteye hitap eden bir esnaf. Müşterilerinin çoğu yabancı diplomatik misyon zevatının hanımları. Hazzopulo Pasajı'nda iz bırakmış öteki dükkânlar arasında erkek terzisi Foskolo'yu, Valentin Kardeşlerin kuaför salonunu, Braun Kardeşlerin müzik mağazasını, lokantacı Kamelos'u, kuyumcu Fotis'i, ithal Fransız karyolalar satan Neyrat Efendi'yi, tuhafiyeci Antikakis'i, peruk satıcısı Lekeciyan'ı da unutmamak gerekiyor. Pasajın içinden sol tarafa açılan kısa geçit, birkaç basamakla hemen bitişikteki Panayia İsodion Kilisesi'ne açılıyor. Sunay Akın'ın kimi satırlarında sözünü ettiği, benim de çocukluğumdan bildiğim 1960'lı yılların başlarına dek "Oyuncakçı Baba" adıyla varlığını devam ettiren bir dükkân bu kiliseye çıkarken hemen sol tarafta yer alıyordu. Kimi zaman ikinci el oyuncak sattığı da vaki olan bu dükkânın asıl işlevi oyuncak tamirciliği idi. Yaşamının son demlerine merdiven dayamış bir beyefendiydi bu işi yapan. O zamanlar, imkânları olan; Amerika, Almanya gibi ülkelerden çocuklarına oyuncak getirtebilen kimi aileler ya da Beyoğlu'nun ünlü dükkânları Bon Marche, Japon Mağazası gibi yerlerden çocuklarına ithal malı pahalı oyuncaklardan alabilenler, oyuncak kırıldı mı bu küçük dükkâna getirip tamir ettirirlerdi. Saçları sakalları beyazlaşmış, sessiz sakin bir adam olarak bilinen "Oyuncakçı Baba" da bu işi ustalıkla yapar, müşterilerini memnun ederdi. En çok uğraştığı şeylerden biri, göz kapakları açılıp kapanabilen porselen bebeklerin içine kaçan cam gözlerdi. Kız çocukları bebeklerinin gözlerine takılırlar; ne yapıp eder kalem gibi bir şeyler bulunup gözün içine sokulur, tabii ki göz de yerinden kopar porselen başın içine düşerdi. Tamire getirilenlerin büyük çoğunluğunu da zembereği kopmuş teneke türü oyuncaklar oluştururdu. Bir de varsa yoksa, elektrik akımıyla çalışan, benim de favorim olan Márklin, Fleischmann marka Alman malı trenler. Oyuncakçı Baba Beyoğlu'nun tarihine karıştı gitti; yeri, adı kaldı yadigâr. Onun yerinde de, bugün bilhassa gençlere hitap eden küçük bir çay ocağı var. Pasajın sağ tarafında; 38 numarada, dünyaca ünlü fotoğrafçımız Ara Güler'in babası Dacat Güler tarafından işletilen eczane yer alıyormuş ki, bu eczane aynı zamanda Muhsin Ertuğrul, Behzad Butak, Reşit Gürzap gibi ünlü sanatçıların da gelip gittiği, sohbet ettikleri bir yer. Yine sağ tarafta pasajın en eskilerinden biri olarak varlığını, adını devam ettiren Şapkacı Madam Katya'nın dükkânı bulunuyor. Aslında, 1940'lı, 50'li yıllara gittiğimizde burada yan yana iki şapkacı dükkânının olduğunu görüyoruz. Bunlardan biri Madam Meri'ye ait, öteki de Katya adıyla bilinen dükkân. Yıllarca, İstanbul'un Musevi, Ermeni, Rum, Levanten hanımlarına birbirinden güzel şapkalar yapmışlar. Tüllü, çiçekli, siperli, kep, kasket, fötr, bere... Aradan geçen yıllar içinde Madam Meri dükkânı kapatıp bu alemden çekilmiş, ama yanındaki komşusu Yugoslav asıllı olan Madam, biricik kızının adını vermiş olduğu Katya adıyla maruf dükkânını işletmeye devam etmiş. Geçen uzun yıllardan sonra anne mesleğini öğrenen Katya'da iş başa düştüğünde bütün aksilik ve zorluklara rağmen dükkânı yaşatmaya ant içip, günümüze kadar getirmiş. Bu tüllü, allı, morlu şapkaları kimler alıyor diye sorarsanız hemen yanıtlayalım: Vaftizlerde, düğünlerde, törenlerde, hatta kimi zaman cenazelerde gayrimüslim hanımlarımız kullanıyorlar bu şapkaları. Genellikle de bir kez kullanıldıktan sonra, ikinci bir defa pek kullanılmıyorlar. Levanten, Rum, ve Musevi nüfusun azalmasından sonraki yıllarda sıkıntılar baş göstermiş. Bir ara ünlü Borsalino şapkaların satışını da yapmış Madam Katya. Ama, gelip geçen sıkıntılı yıllardan sonra, televizyon kanallarında birbirinden değişik dizilerin ortaya çıkmasıyla beraber yeni baştan bir hareketlilik kazanmış dükkân. Şimdilerde durmaksızın, şapka hazırlayıp yapıyor yüzü gibi gönlü de güzel olan Madam Katya. En büyük yardımcısı da eşi Aleko Bey. Bu dükkândan alışveriş yapmış, Ajda Pekkan'dan Bülent Ersoy'a bir çok ünlü var.

Madam Katya'nın dükkânından çıkıp biraz daha ilerledik mi, sağda Meşrutiyet Caddesi çıkışına gelmeden önce yer alan son küçük dükkân, benim çocukluğumun kabûs mekânlarından biri olan, cenaze levazımatçısı Funus'un dükkânıydı. Nasıl kabûs olmasın. İlkokuldan yeni mezun olmuş ben okul çıkışlarında Hazzopulo Pasajı'ndan geçtiğim vakitler, gözlerimi bu dükkânın vitrinine diker, kendimi Kont Dö Drakula tarzı bir filmin ortasında bulur gibi olurdum. Vitrinde; cevizden mi yapılmış, yoksa gül ağacından mı pırıl pırıl vernikli, ortalarında demir haçların yer aldığı yan yana sıralı üç adet tabut benim gibi yeni bitmelerin adrenalin sisteminde oynamalar yapardı...

Funus'un dükkânından sonra da, gelirdik pasajın Meşrutiyet Caddesi çıkışında yer alan sağ taraftaki mekâna. Geçen uzun yıllar içinde burası kâh meyhane, lokanta, kâh muhallebi salonu olarak kullanılmış bir yerdi. Bu dükkânın hemen bitişiğinde yer alan demir kapı, bir zamanlar Namık Kemal, Ahmet Mithat Efendi gibi kimi ünlü Jön Türklerin girip çıkmış oldukları bir kapıydı. Zira, giriş katı ve birinci katta, 1872 yılında bu ünlü ikilinin çıkarttıkları "İbret" gazetesinin matbaa ve büroları yer alıyordu. 1872 yılının 9 Temmuz tarihinde Namık Kemal'in kaleme almış olduğu "Garaz Marazdır"[1] başlıklı yazısından sonra, İbret kapatılır, ardından da Ahmet Mithat Efendi ve Namık Kemal sürgüne gönderilirler. Dönem, Sadrazam Moskof Nedim Paşa'nın ya da öteki adıyla Nedimof'un dönemi. Edebiyatçılardan söz etmişken Ahmet Haşim'i de unutmayalım; o da bu pasajda iz bırakmış olanlardan biri. Güzel havalarda Hazzopulo Pasajı'na gelir, burada avludaki kahvede oturup kahvesini yudumlarmış. Geçiyoruz, Hazzopulo Pasajı'nın Meşrutiyet Caddesi çıkışına bakan sol tarafına. 1869 yılında, burada Salle Adam adıyla, Beyoğlu'nun iki üç büyük müzik mağazasından biri açılıyor. Avrupa'dan ithal çok kaliteli müzik aletleri satan bir dükkân. 1874 yılında da, mağaza sahibi dönemin musiki üstatlarından, ilk Türk opereti "Leblebici Horhor"un bestecisi Dikran Çuhacıyan'a üst katı açıyor ve Çuhacıyan, burada birkaç yıl şan, opera dersleri veriyor. 1890 yılında da yine aynı salonun, Zoli adında bir sanatçı tarafından küçük bir oda tiyatrosuna dönüştürüldüğünü öğreniyoruz. Salle Adam daha sonra, kış aylarında Beyoğlu'nda, yaz aylarında da Ayastefanos'ta (Yeşilköy) oturan Michel Armago adında bir müteşebbise devroluyor. Tabii ki, dükkânın adı da değişip Armago Müzik Mağazası adıyla anılmaya başlanıyor.

Hazzopulo Pasajı'ndan gelmiş geçmiş bir başka ünlü isim de, Abdülhamit döneminin sosyete terzisi Madam Annet... Kumral, hoş,

1 "Kin Hastalıktır"

Hazzopulo Pasajı'nın avlusu.

sohbeti tatlı, hiç evlenmemiş güzel bir Rum hanım. Bedenlerine göre mankenleri olan, mektupla siparişler alan, bir diktiğinin ikinci benzerini yapmayan, en çok da gelinlik ve düğün kıyafetleri üzerine çalışan bir terzi. Müşterileri arasında saraylıların da bulunduğu Madam Annet altmış yaşlarında kör olmuş, Birinci Dünya Savaşı sırasında da vefat etmiş.

LONDRA BİRAHANESİ

Geçmişte, Hazzopulo Pasajı'na gelmeden hemen önce, geçenlerin pek fark etmediği küçük bir aralık vardır. Burada, İstanbul'un ilk birahanesi olduğu öne sürülen Londra birahanesi yer alırdı. İlginç olan şey, birahanenin adı Londra, ama sahibi Almanmış. 1870 yılında kapılarını açan Londra Birahanesi'nin esas müşterilerini de İstanbul'da yaşayan Almanlar oluştururmuş. Bu nedenle, birahanede çalışan Rum garsonların hemen hepsi elden geldiğince çat pat Almanca konuşabilen elemanlarmış. Sonradan, Karayanopulos adlı Rum bir müteşebbis tarafından işletilen Londra Birahanesi kapandıktan yıllar sonra, yerini yakın dönemlere dek varlığını sürdürmüş olan Londra Bar'a bırakır.

PAPPİ LOKANTA VE MEYHANESİ

1850'li yıllardan 1911 yılına dek hizmet vermiş olan Pappi Lokanta ve Meyhanesi, Hazzopulo Pasajı ile Olivo Geçidi arasında yer alıyormuş. Oldukça büyük, şık ve temiz bir lokanta olarak geçiyor kayıtlarda. Lokantanın bir bölümü de domuz jambonundan pastırmaya şarküteri ürünleri satışı yapan bir mağazaymış. Buranın ünlü müşterileri arasında Ahmet Rasim'i de görüyoruz. "Üstad-ı muhterem"in takıldığı yerlerden bir tanesi. Yine kayıtlara göre, Pappi'de her daim kaliteli Bordeaux, Bourgogne gibi ithal Fransız şarapları bulmak mümkünmüş. Yalnız şarap değil, Mastika ve Sakız rakısının da alasını satan, enfes mezeler yapan bir yer olarak görülüyor.

OLIVO GEÇİDİ

Geçmişten beri, belediyenin yapmış olduğu koskoca bir yanlış tam anlamıyla bir "U" çizen bu geçidin tabelası üzerinde yer alır durur. Tabelada, "Olivia Geçidi" yazılıdır, oysa bu geçidin asıl adı Olivo'dur ve adını hemen sokağın iki girişinden birinin başında yükselen Olivo Han'dan alır. Hanın kapısının üzerinde de yazılı olduğu gibi bina 1900 tarihli. Malta asıllı İtalyan bir aile olan Olivo'lar tarafından yaptırılmış ve bu aile bir zaman burada ikâmet etmiş. Olivo'lar, kış aylarında Beyoğlu'nda, yaz aylarında da Makriköy'de (Bakırköy) oturan Levanten takımındandırlar. Hatta ve hatta, Bakırköy'deki Meryem Ana'ya ithaf edilmiş "Notre Dame Du Rosaire" Latin Katolik kilisesini de onlar yaptırmıştır, Sinyor Olivo öldüğünde de Der Saadet'ten alınan bir izinle, naşı bu kilisenin zeminine gömülmüştür. 19. yüzyılın sonlarında oluşmaya başlayan bu geçit, başlarda toprak patika bir yol iken sonradan parke taşlarla kaplanmış ve düzgün bir görünüme kavuşmuştur. Geçmişte, Olivo Geçidi daha sessiz, sakin takılan, ağır ve seçkin bir sokak arasıydı. Bu seçkin görüntü; kuyumcu Albert Kamhi, komisyoncu Rosenthal, antikacı Yorgo Yağcıoğlu, gömlekçi Martino, tuhafiyeci Filipidis, terzi Yani Holliadis, kuyumcu Galatreos, kunduracı Paçikakis gibi saygın ticaret erbabı insanların dükkânlarıyla bütünlenirdi. Geçidin, orta yerinde kalan binada ise, Dimostenis Halas'ın işlettiği ünlü "Konstantinople Palace" oteli yükseliyor, otelin altında da, Cadde-i Kebir üzerindeki Della Suda eczanelerinden biri yer alıyordu. Günümüzde ise Olivo Geçidi'nde bir başka ünlü adres yer alıyor. İstanbul sınırları içindeki en nefis Türk kahvesi yapan yerlerden biri olan "Mandabatmaz"...

Olivo Geçidi içinde yer alan Panayia Rum Ortodoks Kilisesi.

Geçide adını veren Olivo ailesinin 1900 yılında yaptırmış olduğu Olivo Han'ın giriş kapısı üzerinde yer alan tarihi.

SABUNCAKİS

Olivo Geçidi'ne Galatasaray istikametine bakan tarafından girdiğimizde, Türkiye'nin çiçekçilik tarihinde birçok yenilik ve ilklere imza atmış Sabuncakis'lerin tarihî çiçekçi dükkânının önüne gelirdik. Şimdilerde, başkalarına kiralanmış olan bu dükkân orijinal haliyle kendini korumaya devam eder. Biraz ilerde de, Panayia İsodion Kilisesi'nin merdivenlerini çıkmadan önce sağda, bir zamanlar Sabuncakis'lerin çiçeklerini koruma altına aldıkları "soğukluk" olarak tabir edilen bodrum katındaki depolarının kapısı yer alır. Kapının üzerinde 1874 tarihi göze çarpar. Evet, bu ünlü firmanın kurucusu Efstratios Sabuncakis 1860'lı yıllarda Girit'in Hania yerleşiminden İstanbul'a göç etmiş bir Rum olup, sabun imal eden bir ailenin oğludur. İstanbul'a geldiğinde bir çiçekçinin yanında çıraklık yapmaya başlar. Geçen zaman içinde de esaslı bir şekilde öğrendiği bu mesleği 1874 yılında Beyoğlu'nda açtığı dükkânla iş sahipliğine dönüştürür. Kısa zamanda çok başarılı işlere imza atarak büyük paralar kazanır ve çiçek yetiştirmek için Dolapdere'de 2.000 m^2'lik bir sera ile 20 dönümlük bir bahçe oluşturur. Efstratios'tan sonra, işi devralan oğulları Yorgo ile Koço el ele verip Selanik'te bir şube açarlar. Artık bir marka haline gelmişler ve Osmanlı topraklarındaki çiçekçilik işinin prestij ismi olmuşlardır.

Cumhuriyet'in kurulmasının ardından, Ankara'nın başkent olmasıyla birlikte; resmî makamlar kutlama ve törenler için çelenklerini, çiçeklerini İstanbul'da Sabuncakis'e sipariş ederler. Büyük bayramlarda, başkentin siparişlerini göndermek için, bizzat Atatürk'ün emriyle

Bir zamanlar Sabuncakis firmasının kullandığı faturalar üzerindeki güzel antet.

Ankara Ekspresi'nin arkasına bazen bir, bazen de iki furgon vagon eklenir. Bir süre sonra da, Sabuncakis'ler Ankara'daki şubelerini açarlar.. Adrese teslim çiçek, interflora uluslararası çiçek gönderme gibi organizasyonlarda da Türkiye'de ilklere imza atmış, bu alanda muntazaman yenilikler getirmişlerdir.

REJANS

Rejans, tam da ben bu satırları kaleme alırken kapılarını kapattı. Yazık oldu Rejans'a, İstanbul aşıklarının yüreklerini dağladı bu ani kapanış. Çünkü, Rejans her ne kadar eski günlerindeki süksesini tam anlamıyla devam ettirememiş de olsa, lokantadan öte Beyoğlu ve İstanbul'un gastronomi tarihinden kalmış bir müze restorandı. Atatürk'ün yemek yemeğe geldiği, Madam Valantin Taskin'in coşkun piyanosundan Çigan müziği ve Rus Polka'larının seslendiği, "nazdorovya"[1] haykırışlarıyla küçük buzlu bardaklardaki sarı votkaların yudumlandığı yerdi. 1910'lu yıllarda, Rejans'ın yerinde Trianon adıyla maruf bir lokanta ve birahane yer alıyordu; burası 1921 yılında kapılarını kapattıktan birkaç yıl sonra yeni bir lokantaya ev sahipliği yapmaya başladı. Bu yeni lokantanın adı Türkuaz'dı ve lezzetli Rus yemekleri yapan mutfağı ile tanınmıştı. Kısa zaman içinde ünlendi, işi büyüttü, buradan çıkıp İstiklâl Caddesi üzerinde, bugünkü Odakule'nin yerinde bulunan Karlman Pasajı'nın birinci katındaki eski "La Regence Cafe-Restaurant – Glacier" isimli Fransız lokantasının yerini aldı ve Türkuaz Lokanta – Pastanesi adıyla çok daha büyük bir yer olarak yeni baştan açıldı. Bunlar hep Beyaz Rusların işlettiği lokantalardı o zamanlar. Olivo Sokak'taki, Eski Türkuaz'ın boşalttığı yerde de, 4 Mayıs 1932 tarihinde Rejans adıyla yepyeni bir lokanta açıldı. Lokantayı açan Rus asıllı Veronika Protoppova, Vera Çirik ve bir Kırım Türk'ü olan Tevfik Manars yıllardır lokantacılık işinde ustalaşmış isimlerdi. Bir süre sonra Vera Protoppova ve Tevfik Manars ortak-

1 Rusça "Sağlığa" anlamındadır.

lıktan ayrılmışlar, yerlerine de Mikhail Mikhailoviç'le Abdurrahman Şirin geçmişlerdi. Mikhail Mikhailoviç, Karlman Pasajı'ndaki Türkuaz Lokantası'nın işletmecisiydi. Rejans adı, eski "Regence" lokantasından esinlenerek koyulmuştu buraya. 1930'ların İstiklâl Caddesi'nde, çok lezzetli butik Rus yemekleriyle kısa süre içinde ün yaptı. Rus yemeklerini, birbirinden güzel Rus kadın garsonlar Madam Antonina, Madam Vera ve Madam Raya servis ediyorlardı. Lokantanın locasında, Madam Valantin Taskin'in piyanosuna Rus Çigan ve balalayka orkestrası eşlik ediyor, bütün bunlar Rejans'ı kendine özel bir hale getiriyordu.

Tabii ki, lokantanın bu konumu, buraya gelen seçkin müşterilerle de taçlanıyordu ki, bu müşteriler arasında, buraya bir iki kez yemek yemeğe gelmiş ve buradaki yemeklerden, servisten çok hoşnut kalmış olan Atatürk de vardı. 1940'lı, 50'li yıllarda Rejans'ın müşterileri daha çok İstanbul'un sosyete ve kalburüstü insanları, yabancı konsolosluk mensupları, diplomatlar, yüksek devlet memurları ve işadamlarından oluşuyordu. O yıllarda rezervasyon yaptırmak ve bilhassa lokantanın olmazsa olmaz spesiyalitelerinden Chicken Kiewski siparişi vermek şart olmuştu. 1960'lı yılların başlarından sonra da bu müşteri profili yavaş yavaş yerini sanatçılara, akademisyenlere, şair ve yazarlara bırakmaya başladı.

Rejans 1976 yılında küçük bir yangın geçirdi ve üst katı yandı. Bir yıl kadar kapalı kaldıktan sonra da yeni baştan açıldı. Lokantayı, yeni sahipleri Selim Taygan ile Ahmet ve Nüvit Sezener işletiyorlardı; ancak, lokanta eski Rus asıllı çalışanlarını ve cazibesini çoktan beri kaybetmişti. Ne var ki, adıyla, tarihiyle, hatıralarıyla gönüllerdeki yerini her zaman korudu, hiç de müşterisiz kalmadı. Ta ki, mülk sahibinin burayı işletmeciden mahkeme kararı ile geri almasına ve son olarak 2011 yılının şubat ayında kapılarını kapatmasına dek. Lokantanın son işletmecisi Erdal Sezener'in en büyük ideali bir başka yerde, bir başka ortamda Rejans'ı yeni baştan açıp yaşatmaya devam ettirmekti, ancak Rejans eski yerinde olmadıktan sonra, geçmişteki konum ve popülaritesini koruyamayacağı da kesindi. Sonunda, Etiler'de bir İtalyan lokantası açarak sevdiği eski işini başarıyla devam ettirdi. İsmet İnönü'den Bülent Ecevit'e, Sadi Irmak'tan Hüsamettin

Rejans da artık tarihe karıştı...

Cindoruk'a, Haldun Dormen'den Zühal Olcay'a, Çetin Altan'dan Bedri Baykam'a kadar birçok ünlünün uğrak yeri olmuş Rejans'ın ünlü yemekleri arasındaki kırmızı pancarlı borç çorbası, patates püreli piroşkisi, adını Rus diplomat Kont Paul Straganof'tan alan Boeuf (böf) Straganof'u, elmalı ördeği, erikli ördek patesi, Pojarek usulü pilici, Sen Petersburg salatası, Adbirnaya domuz pirzolası, Merenge tatlısı, Palaşinka krepi, Pavlova tatlısı, çilek Romanoff'u ve tabii ki limon kabukları, karabiberle özel olarak hazırlanan sarı votkası gastronomi tarihimizin lezzet sayfalarındaki yerlerini korumaya devam edeceklerdir.

PANAYİA İSODİON RUM ORTODOKS KİLİSESİ

Kitabesinde de yazılı olduğu gibi 1803 yılında inşa edilmiş olan Panayia ya da gerçek adıyla Eisodia Tis Theotoku Kilisesi, Pera'nın en eski Rum Ortodoks kilisesidir. Kaynaklar, kilisenin Sultan III. Selim'in fermanıyla, Mimar Komnenos tarafından inşa edildiğini göstermektedir. Bir girişi Hazzopulo Pasajı'nda, öteki girişi de Olivo Geçidi'nde yer alan, doğu-batı doğrultusunda dikdörtgen planlı, kırma çatılı kilise İsa'nın annesi Azize Meryem'e adanmış. Kilisenin narteks kısmında, bize göre ön cemaat yerinde bulunan ikonalar Hazreti Meryem'le çocuk İsa'nın betimlemelerini yansıtır. Bunlar arasında çocuk Meryem'in tapınağa takdimini yansıtan ikona da vardır. Kilise kapısının iki yanında, yukardan aşağıya doğru uzanan biri Aziz Petrus, öteki de Aziz Paulus'u betimleyen iki mozaik pano, Edirnekapı'daki Kariye Kilisesi'nden kopyadır. Kiliseye girildiğinde tarih kokan eskiliği daha net bir şekilde anlaşılır. Bazilika tarzında yapılmış beş nefli kilisenin ikonostası ve vaaz kürsüsü olarak kullanılmış ambonu, despot koltuğu ahşaptan olup oyma-kabartma tekniğinde yapılmıştır. Nefler, birbirlerinden yedişer adet sütunla ayrılırlar. Yeşil yağlıboya ile boyanmış stüko sütunlara porfir mermer havası kazandırılmıştır. Sütunların tepelerinde görülen Korent stili sütun başlıkları da kartonpiyer tekniği ile şekillendirilmişlerdir. Bir zamanlar kadınlara ayrılmış olan üst galeri "dinekonides"e küçük bir merdivenle çıkılır. İstanbul'un gösterişli Rum kiliseleri arasında yer alan Panayia İsodion 2003 yılında El Kaide militanları tarafından İngiliz konsolosluk binasına yapılan

Panayia İsodion Rum Ortodoks Kilisesi'nin çan kulesi.

bombalı saldırıda oldukça zarar görmüş, için için köhnemiş eski yapı kuvvetli sarsıntıdan nasibini almış ve uzun süren ciddi bir restorasyonla, 2009 yılında yeni baştan kapılarını ibadete açmıştır.

21 Kasım, Ortodokslar için çok önemli kutsal günlerden biridir. Çünkü, inanışa göre, çocuğu olmayan Azize Anna, çocuk sahibi olur ise, doğacak ilk çocuğunu tanrıya adamıştır. Ve Meryem dünyaya geldikten üç yıl sonra, vermiş olduğu sözü tutarak kızını tapınağa teslim eder. Meryem burada tam 12 yıl kalır. Hazreti Meryem'in tapınağa teslim edildiği tarih 21 Kasım'ı gösterir ve bu kutsal gün her yıl kiliselerde büyük bir ayinle kutlanır. İşte, Beyoğlu'ndaki Panayia İsodion Rum Ortodoks Kilisesi de Meryem'e adanmış bu kutsal günün adını taşımaktadır.

Geçmişte, 1866 yılına dek, kilise avlusuna cemaatin hayırsever önemli kişileri gömülmüş, çok daha sonraki yıllarda bu mezarlardan alınan kemikler Şişli'deki Rum mezarlığına taşınmıştır.

MISIR APARTMANI

1905-1910 yılları arasında, son Mısır Hıdivi Abbas Hilmi Paşa'nın yeğeni, Osmanlı'nın son dönem ünlü sadrazamlarından Sait Halim Paşa'nın kardeşi Abbas Halim Paşa tarafından ünlü Ermeni mimar Hovsep Aznavuryan'a yaptırılmış olan bu görkemli bina İstanbul'un kıyısında köşesinde var olan Mısır esintilerinden birini yansıtır. Bu eklektik yapı, cephesinden içine ar-nuvo'dan, neoklasiğe muhteşem bir görüntü sergiler. Hovsep Aznavuryan, paşanın Heybeliada'daki antik Mısır şapellerine benzer yazlık evini de tasarlayıp inşa eden mimardır. İstanbul'un ilk betonarme binalarından olan altı katlı Mısır Apartmanı'nın yapımı 4,5 yıl sürer. İnşaatta kullanılan malzemelerin bir kısmı Fransa'dan özel olarak getirtilir. Yüksek tavanlar, geniş katlar, gösterişli merdivenler binanın kimliği ile bütünleşip taçlanır. Abbas Halim Paşa, ağabeyi Sait Halim Paşa gibi Kahire'den ziyade İstanbul'da ikamet etmeyi tercih eden, İstanbul sevdalısı Mısırlı paşalardan biri olmuştur. Bu bina da ailenin adeta konağı konumunda bir mekân teşkil etmiştir. Mehmet Akif Ersoy, kısa bir süre için de olsa bu binada ikâmet etmiş, son nefesini de 27 Aralık 1936 tarihinde burada vermiştir. Kahire Üniversitesi'nde Türkiyat dersleri veren ve Hıdiv ailesinin takdirlerini kazanan ünlü edip, Kahire'den döndükten sonra, burada kendisine verilen küçük bir dairede oturmuş, amansız hastalığın pençesinde kıvrandığı son günlerini burada yaşamıştır. Abbas Halim Paşa'nın vefatından sonra, kızları; kendilerine büyük gelen binanın içini yeni baştan onartıp apartman katlarına dönüştürürler. Aradan geçen zaman içinde değişen dünya ile ekonomik sıkıntıların baş göstermesi sonucu,

İstiklâl Caddesi'nin en muhteşem yapıları arasında yer alan Mısır Apartmanı.

merhum paşanın kızları 1940 yılında binayı elden çıkartarak, dönemin "şeker endüstrisi kralı" işadamı Hayri İpar'a satarlar. Hayri İpar'ın oğlu, Holywood'un vamp yıldızlarından Virginia ile evli olan Ali İpar, binada yeni baştan tadilat yaptırır ve bu arada dıştan görünmeyen son iki katı da ilave ettirir. Ancak, geçen yıllar içinde binanın içindeki daireler tek tek satışa çıkartılır. 2000 yılında da, binanın % 70'i Koray İnşaat tarafından satın alınır. Mısır Apartmanı'nda oturmuş ünlüler arasında şair Mithat Cemal Kuntay ayrı bir yer oluşturur, ancak burada muayenehanesinin de bulunduğu bir başka ünlü; Sultan II. Abdülhamit'in, Atatürk'ün, İsmet İnönü'nün dişlerini tedavi etmiş Sami Günzberg'tir. Günümüzde hâlâ buradaki ofisine gelip giden ünlülerden biri de Hüsamettin Cindoruk'tur. Bir dönem, birbirinden ünlü sosyete terzilerinin atölyelerine de ev sahipliği yapmış olan Mısır Apartmanı'nda iz bırakmışlardan Nebahat Erkal'ı[1], Madam Fengara'yı, Maria Stangali'yi, Kalivrusi'yi ve şapkacı Madam Bella'yı da unutmamak gerekir.

1 Ünlü sanatçımız Genco Erkal'ın annesi.

Mısır Apartmanı'nın girişi.

Mısır Apartmanı inşa edilmeden önce, burada Beyoğlu'nun ünlü kafe-şantanlarından Trocadero, onun bitişiğinde de ünlü fotoğrafçı Boğos Tarkulyan'ın ya da nam-ı diğer Phebus Efendi'nin stüdyosu bulunuyormuş. Günümüzde ise, Mısır Apartmanı sanat galerilerine, fotoğraf kulüplerine, lokallere ev sahipliği yapan bir bina konumunda. Ama, bu binanın son yıllarda kazandığı ve de İstanbullulara kazandırdığı teras katında yer alan 360°, buraya gelenlere nefis kahvesi ya da kaliteli içkileri eşliğinde muhteşem bir İstanbul manzarası sunuyor. "İstanbul Kanatlarımın Altında" dedirtecek kadar muhteşem bir manzara.

SAINT ANTOINE KİLİSESİ

Saint Antoine, İstanbul'un kendine özel en güzel kiliselerinden biri olmanın yanı sıra dünya kenti İstanbul'un en güzel yapıları arasında yer alır. Bu güzellik Kağıthane'deki Miniatürk platformunu süsleyen maket yapılar arasında da ayrıcalıklı bir şekilde fark edilir. Kiliseden ziyade bir katedrali andıran bu mabet, Türkiye'nin faaliyette olan en büyük iki üç kilisesinden bir tanesidir. Daha önce yerinde bulunan Concordia tiyatro ve gazinosunun kapatılmasından kısa bir süre sonra, 23 Ağustos 1906 tarihinde İstanbul'daki Latin Katolik cemaati tarafından yaptırılmaya başlanmış. 15 Şubat 1912'de de tamamlanarak kapılarını ibadete açmıştır. Çok kişinin sandığı gibi, Aziz Antuvan ya da gerçek adıyla Antonio İtalyan değildir. 1195 yılında Lizbon'da doğmuş bir Portekizlidir. Küçük yaşta dini öğretim alıp, manastıra kapanmış, uzun yıllar misyoner olarak Fas'ın Marakeş kentinde bulunmuş, yaşamının bir bölümünü Fransa'da manastırlarda geçirmiş, son yıllarında da İtalya'ya gelip,1231 yılında, ömrünün son demlerini geçirdiği Padova Manastırı'nda vefat etmiştir. İman yolunda göstermiş olduğu üstün ve örnek çalışmaları ve mucizeleri nedeniyle, ölümünün ardından Vatikan tarafından azizlik katına çıkartılmış, bundan sonra da Katolik dünyasının birçok yerinde inşa edilmiş kimi kiliselere onun adı verilmiştir.

Saint Antoine Kilisesi'nin mimarı İstanbul'a birbirinden güzel yapılar kazandırmış, İstanbul doğumlu İtalyan mimar Guilio Mongeri'dir. İlkokul çağlarından itibaren çok başarılı bir eğitim almaya başlamış, daha sonra da mimarlık eğitimi için gittiği İtalya'dan başa-

Saint Antoine Kilisesi, Lombardia gotik mimarisinin çizgilerini yansıtır.

rılı bir şekilde dönmüştür. Guilio Mongeri mimarlık eğitiminde çok sevdiği Lombardia Gotiği'ni seçmiş ve bu mimarinin esintilerini Saint Antoine Kilisesi'nde olduğu gibi, İstanbul'da, Ankara'da yapmış olduğu birbirinden güzel binaların kıyısında köşesinde uygulamıştır. İnsan, Saint Antoine Kilisesi ve aynı bütün içinde yer alan yanındaki binalara baktığında, bir an için Venedik'te bir yerlerde olduğunu hissedebilecek kadar büyülü bir atmosferin içinde bulur kendisini.

İstanbul'daki Saint Antoine Kilisesi'nin tarihi, 1272 yılında, bugünkü Perşembe Pazarı Hırdavatçılar Çarşısı'nın bulunduğu yerde inşa edilmiş olan Fransisken kilise ve manastırına kadar uzanmaktadır. 1762 yılından sonra da, söz konusu kilise Fransız Elçilik Sarayı'nın arazisine yakın bir yere taşınır. Ancak, aradan geçen yıllardan sonra, atlı tramvay hattının yapımı nedeniyle yolu kapattığından yıkımına karar verilir ve daha sonra da bugünkü kilisenin inşasına başlanır. Kilisenin yapımında Mongeri'ye yardım eden iki isim daha vardır. Bunlardan biri mühendislik projeleri yardımcısı Edoardo De Nari, öteki de yardımcı mimar Arif Hikmet Koyunoğlu'dur. İnşaatın müteahhitliğini ise, Büyük Londra Oteli, Santa Maria Draperis Kilisesi gibi binaların mimarlığını üstlenmiş olan Guglielmo Semprini yapmıştır.

Beyoğlu'nun ilk betonarme binaları arasında yer alan, dış örtüsü Marsilya tuğlaları ile kaplanmış 50x20 metre boyutlarındaki Saint Antoine Kilisesi Latin haçı şeklinde inşa edilmiş olup arka cephesinde 56 metre, ön cephesinde 38 metre, yapının dışa taşan kollarında 30 metre, orta nefte de 23 metre yüksekliğindedir. Orta nef, yan neflere nazaran daha yüksektir. Kilisenin apsis bölümü dışarıya doğru çokgen bir çıkma yapar. Saint Antoine Kilisesi, aynı zamanda, Türkiye'nin içi en çok gün ışığı alan kilisesi olarak da bilinir. Sivri kemerli, büyük pencereler vitraylarla süslüdür. Mongeri, kilisenin tasarımını yaparken üç bir yanını yukardan aşağıya büyük pencerelerle donatmayı düşünmüş ve bunu da en güzel şekilde gerçekleştirmiştir. Çan kulesi, kilisenin güney doğu tarafında yer alır ki, Mısır Apartmanı'nın en üst katındaki 360İstanbul'a çıkanlar çan kulesinin tepesini yakın bir mesafeden görebilirler. Ayrıca, bu çan kulesi ve arka plandaki tarihi yarımada minarelerinin görüntüsü fotoğraf tutkunlarına çan ve ezan seslerinin birbirine karıştığı İstanbul'dan güzel, anlamlı bir manzara yansıtır. Kilisenin yapımında, Malta taşı ve sütunları oluşturan pembe granit kullanılmıştır. Tavandaki kaburgalı çapraz tonozlar Gotik mimarinin en belirgin vurgularından biridir. Mabedin alt kısmında yer alan kriptası ya da bodrum katı yıllardan beri Katolik Keldani ve Katolik Suryani vatandaşlar tarafından kilise olarak kullanılmaktadır. Türkiye'nin en büyük kilise orgu da Saint Antoine'ın birinci katında, giriş kapısının üzerinde bulunmaktadır. Apsisi süsleyen Hazreti İsa heykeli ile, vitrinler içinde yer alan İsa ve Aziz Antoine heykelleri ahşap üzerine boyama olup, 20. yüzyıl başlarının ünlü İtalyan heykeltıraşı Luigi Bresciani tarafından yapılmışlardır. Yıllardan beri Beyoğlu'nun orta yerinde başları kapalı Müslüman kadınlardan Rus Ortodokslara, İstanbul'un Musevilerinden Afrikalı zencilere her dinden, her dilden insanın ziyaret edip mum dikerek dileklerde bulunduğu Saint Antoine Kilisesi yalnızca İstanbul ve Türkiye'nin değil, tüm dünyanın en güzel hoşgörü mabetlerinden biridir. Bu hoşgörülülük, kilisesinin avlusundaki, tarihe Türklerin Papası olarak geçmiş; elinde barış güvercini uçuran Papa Giovanni Roncalli'nin bronz heykelinde de görülür.

GUIGLIO MONGERI

Guiglio Mongeri, 1875 yılında İstanbul'da doğar. Babası, sarayın da hizmetinde bulunmuş çok yetenekli bir tıp doktoru, modern Türk psikiyatrisinin de ölümsüz isimlerinden biridir. Baba Mongeri, çocukluk yıllarını başarılı bir eğitimle geçiren Guiglio'yu yüksek öğrenimi için, Milano'ya Brera Akademisi'nin mimarlık bölümüne gönderir, Burada, tanınmış çok yetenekli hocalardan eğitim alan ve bilhassa Lombardia Gotiği üzerine etüdler yapan Guiglio Mongeri diplomasını cebine koyduktan sonra İstanbul'a döner. Bundan sonraki profesyonel yaşamında da, yaptığı birbirinden güzel yapılarla devamlı olarak büyük başarılara imza atar.

Gerçekleştirdiği eklektik yapılar arasında İstanbul'da İtalyan Elçilik binası, Maçka Palas, Karaköy Palas, Saint Antoine Kilisesi, Taksim Majik Sineması; Ankara'da Ziraat Bankası ve İş Bankası gibi binalar yer alır.

İstanbul ve Ankara'da birbirinden güzel eklektik yapılar inşa etmiş, İstanbul doğumlu İtalyan mimar Guiglio Mongeri.

CONCORDIA GAZİNO VE TİYATROSU

Saint Antoine Kilisesi'nin yapımından önce, uzun yıllar aynı yerde yükselen, kapılarını ilk defa 1864 yılında bir gazino olarak açmış, Antonio Ricci ve Luigi Parmeggiani adlarında iki İtalyan ortak tarafından işletilen Concordia gazino ve tiyatrosu oldukça büyük bir alanı kapsıyordu. Saint Antoine Kilisesi'nin yerinde gazinonun yazlık büyük bahçesi, Linardi Sokağı'na bakan arka tarafında da kışlık salonu, birbirlerinden bağımsız iki ayrı yeri oluşturuyorlardı. Bir dönem sonra iki ortak karar vererek gazinonun bir bölümünü tiyatro salonuna dönüştürürler, kısa zamanda ünlenecek olan Concordia Tiyatrosu 1871 yılında kapılarını açar. Luigi Parmeggiani geçmişte Naum Tiyatrosu'nun müdürlüğünü yapmış temaşa konusunda büyük deneyimi olan bir yöneticidir. Concordia Tiyatrosu, İstanbul'un eğlence tarihinde önemli bir yer almış, incelenmesi, araştırılması gereken yerlerden biridir. 19. yüzyılın sonlarına doğru dört dörtlük bir temaşa sarayıdır. Ne var ki, son yıllarında, bu eğlence merkezinin içine ister istemez kumar da karışır. Gazinonun son demlerinde buranın işletmesini Andreas Ksenatos ve Andreas Livadas adlarında iki Rum ortak alır; ama kapitülasyonların yabancılara sağladığı dokunulmazlık kalkanı arkasına gizlenilerek burada kumar oynatılmaya başlanır. İşin içinde büyük paralar döner; ancak, sonunda kolluk kuvvetlerine saraydan verilen bir emirle Concordia basılır, kapısına da mühür vurulur. Bu büyük gazino kompleksi varlığını sürdürmüş olduğu yıllarda zaman zaman iki büyük rakiple karşı karşıya gelir. Bunlardan biri Halep Pasajı'ndaki İspanyol asıllı Ramirez'in sirki, öteki de hemen karşı sırasında, bugünkü Elhamra Pasajı'nın yerindeki, bir dönem Fransız Tiyatrosu olarak da adlandırılmış Kristal Gazinosu'dur. Geçen yıllar içinde Concordia'nın mükemmel programlarına yenik düşen Kristal Gazinosu kapılarını kapatıp tarihe karışır. Ama, yıllar sonra adı, Taksim'in Tarlabaşı'na bakan tarafındaki Kristal Gazinosu'nda yaşamaya devam eder. Zeki Müren, Hamiyet Yüceses, Muzaffer Akgün gibi ünlü sanatçıların sahne aldıkları yerdir burası.

Concordia ve Kristal birbirleriyle yarışırcasına, Avrupa'dan çok ünlü gruplar getirtirler.. Düetler, revüler, müzisyenler, akrobatlar, kantocular her gece birbiri ardına sahneye çıkıp meziyetlerini ve yeteneklerini sergilerler. Gelen giden sanatçılar arasında, ünü Paris'in, Berlin'in, Brüksel'in temaşa alemlerine kadar uzanmış "Gyp" adında Rum asıllı bir sanatçı da vardır. O zamanların kaleme alınmış kimi yazılarında da görüldüğü gibi kız mı yoksa erkek mi olduğu bilinmez. Zira sahneye kadın kıyafetleriyle çıkan ve çok iyi taklit yapma yeteneği olan bir travestidir. Bilhassa, yaptığı Sarah Bernhardt taklidiyle ünlenir. Gyp'in ünü yalnızca İstanbul'la sınırlı kalmaz; zaman zaman Paris'e turnelere gider, orada da Casino De Paris'de sahneye çıkar. Concordia'dan geçmiş ünlüler arasında Belçikalı sanatçı Jouve, Abdülhamit döneminin mimli paşalarından Fehmi Paşa ile evlilik yapan İngiliz cambaz kız Marguerite gibi isimler vardır. 1882 yılında, Concordia kompleksi içinde bir birahane açılır. Oldukça büyük bir salondur burası; öyle ki, burada dernek baloları yapılır, İstanbul'daki yabancı toplulukların ulusal bayramları kutlanır.

Concordia'nın karşısında, bugünkü Elhamra Pasajı'nın yerinde bulunan Kristal Gazinosu, uzun bir dönem Concordia'nın büyük rakibi olmuş, ancak geçen yıllar içinde eski kalitesini yitirerek, son demlerinde salaş bir mekâna dönüşmüştür. İlk yıllarında çok kaliteli bir mekân olan Kristal Gazinosu'nun sahibi Petraki Raftopulos adında bir Rum'dur.

CAMBAZ KIZ MARGUERITE MORGAN

1900'lü yılların başları...

Galatasaray Mekteb-i Sultanisi'nin önünden başlayıp Tünel tarafına doğru yol alındığında, solda birbiri ardına dizilmiş çoğunluğu ar-nuvo, ar-deko tarzı binalar ve giriş katlarındaki kunduracı, şarküterici, perukâr (kuaför) gibi dükkânların önünden geçip ilerledikten biraz sonra; günümüzde, Türkiye'nin en büyük Katolik mabedi Saint Antoine'nın yükseldiği yerde, Beyoğlu'nun iki üç büyük eğlence adresinden biri olan ünlü Concordia Gazinosu'nun önüne gelinirdi. Bilhassa akşam saatlerinde, renkli havagazı lambalarıyla aydınlatılmış giriş ve içerden gelen cazbandın icra ettiği müziğin hoş sesi buradan geçen insanların ilgisini çeker, beğenisini kazanır; bir eğlence kompleksini andıran bu yer Beyoğlu'nun renkli, hareketli atmosferine zenginlik katardı. 1864 yılında hizmete girmiş olan Concordia Gazinosu restoran, balo salonu, birahane ve arka tarafında boğazın güzel görüntüsüne nazır yazlık bir çay bahçesinden oluşuyordu. 1871 yılında, balo salonu büyük bir tiyatro salonuna dönüştürüldükten sonra, Concordia, yabancı sanatçıların ve programların sahne aldığı Beyoğlu'ndaki en şık yer oldu. İlk başlarda, tam karşısında, bugünkü Elhamra Pasajı'nın yerindeki Kristal Gazinosu bir müddet rakip müessese olarak karşısına çıkmış da olsa, kısa süre sonra ünlü revülerle, sahneye koyulan ciddi yapıtlarla rakip tanımayan adreslerden biri olup çıktı. Öyle ki, 1876 yılında, İtalya'dan gelen ünlü opera sanatçılarının burada sahneledikleri "Sevil Berberi" Avrupa'nın sanat çevrelerinde yankı yapmış, bir süre sonra da yine Avrupa'nın gözde sanatçılarından Sarah Bernhardt gibi isimler burada sahneye çıkmışlardı.

Bütün bunların yanı sıra Concordia şarkıcıların, illüzyonistlerin, akrobatların, hayvan göstericilerinin, dans yıldızlarının sahne aldıkları müzikli, atraksiyonlu programlar da sunuyordu. İşte, 1900'lü yılların başlarında Concordia'da sahneye çıkan bu başarılı truplardan bir tanesi de, Avrupa'da oldukça ünlenmiş İngiliz asıllı Charles Morgan'ın akrobasi ekibiydi. Aslında, bu ekip, her bireyi cambaz olan Mr. Morgan'ın eşi, iki kızı ve bir erkek çocuğundan oluşuyordu. Anne Morgan, ekibin sahne arkası işlerini görüp destek sağlıyor, Baba Morgan da çocukları ve çok maharetli köpekleriyle cambazlık sanatlarını icra ediyorlardı. Ama, ekibin sahnelediği birbirinden güzel cambazlıklar bir yana, çoğunluğunu erkek müşterilerin oluşturduğu seyircilerin önemli bir kısmı, Charles Morgan'ın on beş, on altı yaşlarındaki büyük kızı Marguerite'i görmeye geliyorlardı. Yaşına göre olgun, genç irisi çok çekici bir kız olan Marguerite boyu, endamı, mesleğinin verdiği derli toplu vücut hatları, sırma saçları, yüzü ve gözüyle yürekleri hoplatan, beylere şapka çıkartan tatlı bir güzellik sergiliyordu. Hele sahnede endam edip, beyaz parlak cambaz kıyafetinin içinde ya da göğüs dekolteli giysisi ile kıvrak hareketlerini icra etmeye başladı mı salondaki iç çekme seslerine karışan "bravooo" nağmeleri ve alkış sesleri Marguerite'in çekici, gizemli güzelliğini adeta onaylamış oluyordu. Marguerite, ailesiyle birlikte yaptığı gösterilerin yanı sıra, danslı solo gösteriler de icra ediyor ve ekipte önemli artist konumunda yer alıyordu. Bu nedenle, cambaz ailenin birlikte çektirmiş olduğu tanıtıcı, reklâm kartpostallarının yanı sıra Madmazel Marguerite'i tek başına gösteren kartpostallar da hazırlanmıştı.

Bay Morgan'ın güzel kızına hayranlık duyan, gösteri sonrası çiçek gönderen çapkın beylerin sayısı artış göstermeye başlamış; ne var ki, Marguerite iş ve aile disiplini içinde, bu gibi mesajların sahipleriyle fazla yüz göz olmadan ciddi tavrını korumaya çalışmıştı.

Fehmi Paşa'nın gönlünü çalan, İngiliz cambaz kız Marguerite Morgan (Turgay Tuna Koleksiyonu)

Ancak, bütün bu hayran takımının içinde bir kişi vardı ki, o da kirli işlerin, güzel kadınların peşinden koşan; ne pahasına olursa olsun aklına koyduğunu esirgemeyen, devlet katında oldukça önemli görevde yer alan bir ademdi. Ama, ne adem!.. Sözünü ettiğimiz kişi öyle herhangi bir kimse değil; resmen bir paşa ve Sultan II. Abdülhamit'e bağlı hafiye örgütünün başında en yetkili kişi olarak bulunan Fehim Paşa'ydı. Aslında, Fehim Paşa padişahtan torpilli olduğu için, henüz genç yaşta, herkese pek nasip olmayacak şekilde Mirliva (tuğgeneral) olmuş, birkaç yıl sonra da Ferik'liğe (tümgeneralliğe) terfi etmişti. Fehim Paşa'nın padişahtan gelen büyük torpili, babasının Sultan II. Abdülhamit ile süt kardeşi olmasından ve de sarayda esvapçıbaşılık yapmış olmasından kaynaklanıyordu. Babasının yüzü suyu hürmetine, çocuk yaşlarından itibaren padişah tarafından kollanmış, askeri okullarda okutulmuş "zadegân" yani soylular sınıfından mezun edilip kısa zamanda en üst rütbelere terfi etmişti. Bütün bunlara karşılık, herhalde helal süt içmemiş olan paşa eline geçirdiği bu fırsatları girişmiş olduğu kanun dışı kötü işlerde bir paravan olarak kullanmış; giydiği üniformanın ve bulunduğu makamın olağanüstü imkânlarından yararlanarak kumardan adam katline, kara paradan şantaja kirli işlere girmiş, paşa üniforması altında gerçek bir mafya babasını oynamıştı. Tabii ki, bütün bu olup bitenlerin karşısında, Fehim Paşa kendisine karşı çok sayıda düşman oluşturmuş, halkın nefretini kazanmış, sevilmeyen bir adam olup çıkmıştı.

Bunlar olup biterken, Concordia Gazinosu'nda sahneye çıkan cambaz kız Marguerite'in kulaktan kulağa konuşulan güzelliği çapkın ve de zampara Fehim Paşa'nın kulağına kadar gitmiş, çok geçmeden de Marguerite'in güzelliği karşısında eriyen Paşa, adamlarını cambaz baba Charles Morgan'a göndererek kızıyla evlenmek istediği haberini iletmişti.

Nikâh, şeriat esaslarına uyularak yapılacaktı. Cambaz Morgan uzun uzun düşündü; eşinin olurunu aldı ve kızının da bu işe sıcak baktığını görerek, evlilik şartlarını kabul etti. Ne de olsa, işin içinde kızının soylu bir Osmanlı paşasıyla evliliği, kendisinin de bir paşa kayınpederi olması gerçeği yatıyordu. Böylece, belki de önünde yepyeni kapılar, ufuklar açılacaktı. Baba Morgan'ın düşündükleri çok olumlu, çok güzeldi ama, tüm saflıklarıyla şeytan ruhlu bir adamın tuzağına düştüklerinin farkında değillerdi. Fehim Paşa'nın, adamlarından birinin evinde, aile bireyleri ve Fehim Paşa'nın birkaç adamından oluşan davetliler önünde dini nikâh kıyıldı. Morgan, kızını Osmanlı ellerinde zevce olarak bir paşaya teslim ediyordu. Yarı mutlu, yarı buruk güzel Marguerite, Fehim Paşa'nın koynuna girdi. Ama, imamdan davetlilere, nikâhtan dualara bütün bunların düzmece olduğundan haberi yoktu. Paşa üniformasına, rütbesine, elinde bulundurduğu geniş imkânlara sırtını dayamış eninde sonunda herkesin peşinden koşuşturduğu on altısındaki bu güzel kıza kolay bir şekilde sahip olmuştu. Bir kapatmaca hesabı, Marguerite çok geçmeden gerçeği anlamış ve yaptığından büyük pişmanlık duymuştu, ama iş işten geçmişti... Bu arada Baba Morgan'da havasını almış bir şekilde hüsrana uğramıştı.

Fehim Paşa, girdiği kirli işlerde daha da ileri gidip İstanbul'daki kimi yabancıları taciz etmeye başlayınca ipler kopmuş; Almanya sefiri, bir vatandaşına yapılanlardan dolayı sadrazam paşanın karşısına çıkmış ve yüz kızartıcı şikâyet II. Abdülhamit'in kulağına kadar gidince, Fehim Paşa'nın kirli işleri yavaş yavaş ortalığa dökülüp ne mal olduğu, ne haram işler peşinde koşuşturduğu ortaya çıkmıştı. Ardından, padişahın emriyle rütbeleri alınıp görevinden azledilerek tez Bursa'ya sürgüne gönderilmiş, Çegirge'deki Çivici Konağı'na yerleşmişti.

Bir süre sonra da II. Meşrutiyetin ilanının hemen ardından, kendisinden nefret eden bir kalabalık tarafından Yenişehir'de arabasından indirilip, linç edilerek öldürülmüştü. Fehim Paşa katledildiğinde henüz otuz beş yaşındaydı.

Marguerite, düzmece bir nikâhla evlenmiş olduğundan, evliliğinin hiçbir geçerliliği ve ciddiyeti yoktu. İstanbul yasaklısı Fehim Paşa, Bursa'da öldürüldükten sonra dul Marguerite eski hür yaşantısına döndü, ama biraz daha farklı olarak.

Kıyafetinden saçlarına, davranışlarından kimliğine dul bir paşa hanımı edası içinde kendisine yepyeni, olgun bir imaj yakıştırmıştı.

Eline geçmiş olan az buçuk paşa parasıyla, adına yepyeni kartpostallar bastırıyor, "Cambaz Kız Marguerite" hayranları da bu kartpostalları satın alıyorlardı.

Tabii, bu olaydan sonra, cambaz aile Morgan'lar bir daha toparlanamadılar, dağılıp gittiler. Marguerite, bir süre daha İstanbul'da kaldıktan sonra Avrupa'ya çekip gitti. Her ne kadar cambazlık yaptığını anlatanlar olduysa da, işin gerçeği kayıplara karıştı. İyi, paralı bir koca mı buldu, yoksa başka işlerin içinde mi kayboldu; kim bilir? Onun kadar güzel olan kız kardeşi Marie, İstanbul'da İtalyan bir işadamının kalbini çalmış evlenip İtalya'ya yerleşmişti, kimi kaynaklara göre babası yaşlı Charles Morgan'ı da yanına almıştı. En küçük kardeş, babasının adını taşıyan Charles ise, herhalde İstanbul'un cazibesine kapılmış olacak, Der Saadet'te kalmış, hatta Reşat Ekrem Koçu'nun da yazmış olduğu gibi, cambazlığı filan bırakıp tayfa olmuş, denizlere açılmıştı.

Cambaz kız Marguerite'in hikâyesi, geçmişteki Beyoğlu'nun yaşanmış binlerce öyküsünden biridir ki, bir zamanların Cadde-i Kebir'indeki o zengin kozmopolit ve sosyal yaşantının güzel, ilginç örneklerinden bir tanesidir. Marguerite'e kadar ne cambazlar, ne aşklar gelip geçmiştir Beyoğlu'ndan...

(Turgay Tuna / Collection Dergisi / Sayı: 40 / 2010

KRİSTAL GAZİNOSU VE ELHAMRA PASAJI

Saint Antoine Kilisesi'nin tam karşısında, Beyoğlu'nu Beyoğlu yapan görkemli binalardan bir başkası... Görünümünde biraz oryantalist, biraz ulusal, biraz da Endülüs çizgileri taşıyan eklektik bir yapı. Adını da boşuna koymamışlar zaten Elhamra Pasajı. Kimi kaynaklarda da görüldüğü gibi, 1800'lü yılların başlarında, altında Fransız Tiyatrosu adıyla anılan bir tiyatro salonunun yer aldığı; 6 katlı, kâgir bir bina varmış burada. 1831 yılında çıkan büyük Beyoğlu Yangını'nda yanıp viraneye dönmüş. Bir süre böyle kaldıktan sonra da yerine, Guistiniani Barthelemy tarafından İtalyan tarzında, balkonu ve locası olmayan bir tiyatro yaptırılmış. 1861 yılına gelindiğinde, salonu devralan yeni sahibi Eduardo Salla, tiyatro binasına büyük bir balo salonu ve lokanta ekleterek, burasını Palais De Cristal; yani Kristal Saray adıyla yeni baştan açmış. Bir zaman sonra da Concordia'nın rakibi olan Kristal son demlerinde salaş bir mekâna dönüşerek eski kalite ve görüntüşünü yitirmiş. 1868 yılında, Galatasaray Mekteb-i Sultanisi'nin kapılarını açtığı yıl büyük bir onarım görüyor. 20. yüzyılın başlarına gelindiğinde, Petraki Raftopulos ve Andrea Malias adlı iki Rum'un işlettiği gazino eski kalitesinden çok şey yitirmiş olarak hizmet vermeye devam ediyor. 1906 yılında karşı sırasındaki Concordia'nın kapatılmasından kısa bir süre sonra da Kristal kapanıyor; yerine, Osmanlı-Avusturya Mobilya ve Halı Mağazası açılıyor. 1920 yılında, Arapzade Sait Bey tarafından satın alınan bina yıktırılarak yeni baştan bugünkü Elhamra Pasajı yaptırılıyor. Binanın mimarları arasında Vedat Tek'in yanı sıra Ekrem Hakkı

Elhamra Pasajı

Ayverdi ile Rum mimar Kiryakidis Efendi yer alıyor. Binanın görkemli cephesindeki pencerelerden balkonlara uzanan süslemelerde, mukarnas başlı küçük sütunçelerde, yivli kabaralarda, sivri kemerlerde, yıldızlı motiflerde müthiş bir hareketlilik göze çarpıyor. Çatıdan çıkma yapan saçak, Birinci Ulusal Mimarimiz'in büyük ismi Vedat Tek'in yapmış olduğu Sirkeci'deki Büyük Postane binasının saçağını andırıyor gibi. Pasaja, cephesinde ve iki yanında yer alan kapılardan girip çıkılıyor. Zemin katta dükkânlar, bir sinema salonu; üst katlarda da ofisler ve bürolar var. Birinci kattan altıncı kata mermer merdivenler ve asansörle ulaşılıyor.

ELHAMRA SİNEMASI

1923 yılında, Elhamra Pasajı'nın giriş katında aynı isimle açılan, Paris eğitimli Rum mimar Konstantinos Kiryakidis'in[1] gerçekleştirdiği salonu, sinemacılık tarihimizde birçok ilklere imza atmış, ilk modern sinema salonlarımızdan biridir. Açılışından bir yıl sonra, Elhamra Sineması büyük bir tanıtım kampanyasına girmiş, sezon boyunca göstereceği filmlere ilişkin el ilanları, broşürler yayınlatıp dağıtımını yapmıştır. Muntazaman getirttiği Hollywood filmleriyle de Ankara'da Amerika Birleşik Devletleri Elçiliği'nin yakın ilgisini çekmiş, bu nedenle, Amerikan elçiliği, propaganda hizmeti olarak, bir dönem Elhamra Sineması'nın bastırdığı sinema dergilerinin sponsoru olmuştur. 1923 yılında, Türk sinemasının ilk filmlerinden Leblebici Horhor burada gösterildiği zaman, salon hıncahınç dolar. Ardından, 1924-1925 yılları arasında Elhamra Sineması'nda gösterime giren "Dilenci", "Altın Kafes", Rudolf Valentino'nun "Yırtıcı Kuş" filmleri büyük rağbet görür. 1929 yılında çevrilen ilk sesli Türk filmi "İstanbul Sokaklarında" ilk gösterimini burada yapar. 1937 yılı yapımı, Müslüman Türk kadın sanatçılarının rol aldığı ilk Türk filmi "Bir Millet Uyanıyor" yine burada gösterilir. Elhamra Sineması, Atatürk'ün de İstanbul'a gelişlerinde tercih ettiği sinema olmuş, bu sinemayı her zaman beğendiğini ifade etmiştir.

Aradan geçen yıllar, değişen İstanbul, değişen Beyoğlu ve tabii ki değişen Elhamra Sineması...1958 yılında, Elhamra; Sururi kardeşler tarafından kiralanır ve İstanbul Opereti adını alır. Bir dönem Sururi-

---

1 Konstantinos Kiryakidis, Şişhane'deki ünlü Frej Apatmanı'nın mimarıdır.

Elhamra Sineması'nın 1930'lu yıllarda çıkarttığı dergilerden biri. (Turgay Tuna Koleksiyonu)

ler burada sahneye çıkarlar. İstanbullulara güzel oyunlar sergilerler. Daha sonraki yıllarda Elhamra, birçok Beyoğlu sineması gibi kendi çizgisinde yürümeyi sürdürmüş, 1999 yılında çıkan bir yangınla hasar görmüş, bundan sonra da kimi zaman perdesini kapatarak, kimi zaman açarak varlığını yokluğunu belli etmeden devam etmeye çalışmıştır. Elhamra Sineması'nın gelmiş geçmiş ünlü müdürlerinden Leone Scognamillo, ünlü sinema tarihçisi ve eleştirmenimiz Giovanni Scognamillo'nun da babasıdır.

ESKİ ÇİÇEKÇİ SOKAĞI

Saint Antoine'ı geçtikten sonra, soldaki ilk sokağın önünde duruyor ve şöyle bir bakıyoruz, büyük binalar arasında kaybolmuş bu küçük sokağa. Gördüğümüz özel hiçbir şey yok ortalarda; ne bir tarihi bina, ne de küçük bir iz kalmış eskilerden... Ama, Şehr-i İstanbul'un geçmiş tarihinde önemli anıları olan sokaklardan bir tanesi burası.

19. yüzyılın sonlarında küçük pansiyonlarıyla ünlenmiş olan Eski Çiçekçi Sokak.

Tabeladaki, Eski Çiçekçi Sokağı adı boşuna verilmemiş buraya. Çünkü, 19. yüzyılın ikinci yarısında Linardi adıyla anılan bu sokak, pencerelerindeki saksılarından fesleğenlerin sarkıp saçıldığı, yan yana dizili pansiyonların yer aldığı bir yermiş. Herhalde sokak köşesinde boy göstermiş bir iki çiçek satıcısı da bu ismin sokağa verilmesinde büyük rol oynamış. Ama, asıl önemli olan, 1862 yılında İstanbul'a gelen ve iki yıl bu kentte ikâmet eden, sosyalizm tarihinin büyük isimlerinden, aynı zamanda İtalyan Birliği'nin kurucusu Guiseppe Garibaldi bu sokakta, Madam Sauvaigo'nun işlettiği pansiyonda kalmış, kısa bir dönem de yine aynı kadının işlettiği özel bir dersanede Fransızca dersler vermiş. 1900'lü yılların başlarında, Linardi Sokağı'nın girişinde o dönemin ünlü kartpostal imalatçısı Max Fruchterman'ın mağazası yer alıyormuş; sokak içinde de, Rum matbaacı Emil Palamaris'in matbaası... Palamaris, Cadde-i Kebir esnafının süslü püslü kartvizitlerini, faturalarını basıp hazırlayan matbaacılardan bir tanesi.

GIUSEPPE GARIBALDI

Şüphesiz, Beyoğlu'ndan geçmiş unutulmayan insanlar arasında yer alan önemli isimlerden biri de, değil yalnız İtalya'da, Fransa'dan Uruguay'a birçok ülkede kahraman olarak ilan edilmiş; insanların eşitliği için mücadele vermiş ve bu uğurda birkaç kez ölümden kıl payı kurtulmuş, sosyalizm akımının ilk kıvılcımlarından biri olan Giuseppe Garibaldi'dir...

1807 yılında, Nice'te dünyaya gelen Garibaldi; uzun, heyecanlı bir romanı andıran hareketli ve maceralı yaşamını ömrünün sonuna dek sürdürmüş. Deniz kenarında doğmuşluğundan olsa gerek genç yaşlarda denizlere açılmış ve henüz 25 yaşında iken Sardunya Deniz Kraliyet Filosu'na katılarak hemen tüm Akdeniz'i bir uçtan öteki uca dolaşmış, Karadeniz'e açılmış İstanbul'dan Odessa'ya bir çok limana uğramıştır. 1833 yılında, İtalyan "vatansever" Mazzini'nin saflarında yer alan Garibaldi, Cenova'da patlak veren bir ayaklanma hareketinin içinde etkin rol almış; ancak, yaptıklarından dolayı suçlanarak

Deva Çıkmazı'ndaki eski İtalyan Derneği lokalinde yer alan Giuseppe Garibaldi'nin büstü.

idam cezasına çarptırılmıştır. Bundan sonraki aşamada, Garibaldi Brezilya'ya kaçarak kıl payı ölümden kurtulur. Marjinal, hareketli yaşamını Brezilya'da kaçırıp hayatını birleştirdiği, aslında evli bir kadın olan Anita Maria Da Silva'nın ateşli aşkıyla devam ettirir. Ne var ki, haksızlıklara boyun eğmeyen bir yaradılışa sahip olan Garibaldi, Brezilya İmparatoru'na karşı başlatılan büyük ayaklanmanın fiilen içinde yer alır. Ardından Uruguay'a geçer ve yine burada, Uruguay üzerinde egemenliğini kurmaya çalışan Arjantin'in diktatör kralı Rosas'a karşı Uruguaylı vatanseverlerin yanında yer alır. 1843 yılında, etrafına topladığı İtalyan gönüllülerden oluşan ve "Garibaldian" adı verilen "Kırmızı Gömlekliler Lejyonu"nu kurar. Çok geçmeden, kahramanlıkları ve gösterdiği olağanüstü başarılarıyla, Garibaldi'nin maceraları Avrupa'da anlatılmaya başlanır. Kısa bir süreç içinde de adı hemen her yerde duyulur. 1848 yılında, Avrupa'da politikaların ve politikacıların değişmesinin ardından; Garibaldi, eşi ve çocuklarıyla birlikte İtalya'ya dönüp, Kral Charles Albert'in hizmetine girer. Ancak, vatanseverlik ve cumhuriyetçilik ideallerinden tek bir ödün vermez. Kahramanlıkları devam eder, vatanseverlik ideali içinde 3.000 kırmızı gömlekli ile birlikte Avusturyalı, Fransız, İspanyol ve Napolililere karşı savaşır. Bu çalkantılı dönem sırasında çok sevdiği eşini de kaybeder. Düşmanları karşısında "bir şimşek gibi çakan" Garibaldi'nin başına ödüller konur. Bundan sonrasında da dört yıl sürecek yeni bir sürgün dönemi başlar. Tunus'tan Çin'e, Amerika'dan Avustralya'ya birçok yeri dolaşıp durduktan sonra, 1854 yılında yeniden ülkesine döner. Ama, kanında bağımsızlık ruhu olan bu adam yerinde duramaz. 1860 yılında, Sicilyalı devrimcilerle birlikte, Sicilya ve Güney İtalya topraklarını Napoli'ye yerleşmiş Fransızlardan kurtarmak için, tarihe "1.000'lerin Yürüyüşü" olarak geçen büyük başkaldırma yürüyüşünü gerçekleştirir, ardından kırmızı gömleklileriyle birlikte Napoli birliklerine kan kusturur.. 1862 yılında, Roma'yı ele geçirmek için yeniden harekete geçer, ancak büyük bir yenilgiye uğrayarak geri çekilmek zorunda kalır. Bu yenilgiden sonra, Garibaldi İstanbul'a gelir ve Pera'nın renkli atmosferi içinde bulur kendisini. 1862-1863 yılları, onun yaşamında kısa ama ayrıcalıklı bir yer oluşturan İstanbul'da geçer. Galatasaray'da Yapı Kredi Kültür Merkezi ile Nur-u Ziya Sokağı arasında kalan, bir zamanların ünlü Linardi Sokağı'ndaki (günümüzdeki Eski Çiçekçi Sokağı) bir pansiyonda kalır; hatta burada kaldığı dönemde Pera sosyetesinin kalbur üstü insanlarına Fransızca dersler verir. Onu takip eden kimi "kırmızı gömlekli" silah arkadaşları da İstanbul'a gelirler. 4 Temmuz 1862 tarihinde, Beyoğlu Balık Pazarı'nın hemen bitişiğinde yer alan Naum Tiyatrosu'nda Garibaldi'nin 55. yaş günü coşkulu bir şekilde kutlanır. 17 Mart 1863 tarihinde de; kuruluşunda, Garibaldi'nin büyük rolü olan, Deva Çıkmazı'ndaki Societa Operaia İtaliana (İtalyan İşçi Derneği) açılır. İstanbul'daki İtalyanlar, Garibaldi'yi derneğin onur başkanlığına getirirler.

İstanbul'da bulunduğu dönemde, Giuseppe Garibaldi'nin şüphesiz en sık görüldüğü yerlerden biri Asmalımescit Sokak 34 no'lu binada yer alan (şimdiki Yakup'un tam karşısı) "İtalia Mason Locası"dır,

Garibaldi, İtalya'da 1870'li yıllara dek mücadelesini devam ettirir. Yıllar süren bu mücadele, İtalyan halkının bağımsızlık ve cumhuriyet zaferleriyle sonuçlanır. 1874 yılında, Roma'da milletvekili olur. Çok geçmeden de, mücadele içinde geçen yorgun yaşamının son demlerini Sardunya ile Korsika Adaları arasında yer alan Caprera Adası'nda geçirir. Yılların birikimi içinde dallanıp budaklanan erdemlilik ve hoşgörü ilkeleri onu bilge bir kişiliğe dönüştürür.

Son yıllarında; başından geçen maceralarını, anılarını kaleme alır.

2 Haziran 1882 tarihinde, Akdeniz'in mavi sularıyla çevrili Caprera Adası'nda, çok sevdiği ve Casa Bianca adını verdiği evinde ebediyete göç eden Garibaldi, evinin hemen yanı başındaki küçük mezarlıkta toprağa verilir.

Arkasında bıraktığı vasiyetnamesindeki satırlar adeta "Özgürlük, Eşitlik ve Kardeşlik" ilkelerinin felsefesini vurgular:

"Gerçeğe ve özgürlüğe olan aşkımla tiranlığa ve yalana olan nefretimi miras bırakıyorum...

KALLAVİ SOKAK

Sokak ve cadde isimlerinin Türkçeleştirilmesiyle beraber, geçmişteki adı Glavani olan bu sokak sonradan Kallavi adını almıştır. Eski adını, Pera'da başka binalar da yaptırmış olan İtalyan asıllı ünlü Glavani ailesinden alan sokağın Meşrutiyet caddesine bakan köşesinde, bugünkü Büyük Londra Oteli'nin yerinde aynı ailenin geniş bahçeli konakları yükselirmiş. Sonradan oteli elden çıkartmışlar, ama adları sokakta kalmış. Bu sokakta, 19. yüzyıl sonlarına ait çok güzel binalar yer alır. Bunlardan birinde de,1925 yılına dek, çok şık bir restoran olan Georgios'un lokantası hizmet vermiş. Ama, Kallavi Sokak'ta yer alan asıl iki önemli adres, bu sokakla adeta özleşmiş olan Maya Bar-Restoran ile Çerkes yemekleri yapan Fıccın Restoran'dır. Maya'nın Yeri, bir zamanların ünlü Maya Sanat Galerisi'nin olduğu yerdir. Adalet Cimcoz tarafından 1951 yılında açılan Maya, İstanbul'un "kendine özel" ilk özel sanat galerisidir. Bir dönemin ünlü sanatçıları Fikret Adil, Bedri Rahmi Eyüpoğlu gibi ustaların; Kuzgun Acar, Mengü Ertel, Altan Erbulak gibi öğrencileriyle bir araya geldikleri, sohbet ettikleri bir yer olarak İstanbul'un sanat yaşantısında izler bırakmıştır. Maya Sanat Galerisi'nin üst katı da geçmişin ünlü portre fotoğrafçılarından Yıldız Moran'ın stüdyosuna ev sahipliği yapmıştır. Maya'nın tam karşısında, Çerkes lokantası Fıccın, yaptığı birbirinden güzel Çerkes yemekleriyle gelen müşterilerine nefis, ama bir o kadar da pahalı olmayan tatlar sunar. Çerkes kökenli Leyla Kılıç Karakaynak'ın işlettiği, ödüller kazanmış bu müsessesenin leziz tatları arasında benim her zamanki favorim Çerkes ya da gerçek adıyla Oset mantısı. Tabii ki, üzerinde sarmısaklı yoğurdu ile beraber. Kallavi Sokak'ta yer almış ünlü adresler arasında Andonios Daziras'ın lokantası ile Anadolu Pasajı'ndan buraya taşınmış meyhaneci Apostol Valvanis'in "Kapris" adındaki içkili lokantasını da unutmamak gerekir.

Eski adı Glavani olan günümüzdeki Kallavi Sokak.

LION MAĞAZASI

Kallavi Sokak girişinde, sağ köşede yer alan bu kumaş ve giyim mağazasının yüzyılın başlarındaki eski adı: "Au Lion d'Or"[1] dur. 1950'li yıllara dek hep eski sahipleri tarafından işletilmiş. Daha sonra bir ara kapanır gibi olmuş, ancak Yiannis Veletsos adında bir tüccar bu mağazayı alıp "Lion" adıyla işletmeye devam etmiştir; ama mağazanın o eski ihtişamından da bir şey kalmamıştır. Lion Mağazası, yalnızca giyim satan bir mağaza olarak 1980'li yılların başlarına dek varlığını sürdürdü. Son tezgâhtar madmazeller güleç yüzleriyle, İstanbullu aksanı Fransızcalarıyla o eskilerden kalmış Beyoğluluğun son temsilcileri arasında yer alırlardı.

---

1 Altın Aslan.

BON MARCHE VE KARLMAN PASAJI

Geliyoruz Odakule'nin olduğu yere. Eski Beyoğlu'nun kendine has güzel görüntüsünü bozan ilk anlamsız, kişiliksiz yapılardan biridir burası. Evet, bir pasaj gibi İstiklâl Caddesi ile Tepebaşı arasındaki bağlantıyı kolaylaştıracak bir geçit açılmıştır ama, inşa edilen çirkin yapı haksızca, insafsızca Beyoğlu'nun canına okumuş, Beyoğlu'na adeta kötü bir tokat atmıştır. Eskiden, Odakule'nin yerinde, İstiklâl Caddesi ile özdeşmiş türden yan yana iki büyük bina yer alıyordu. Bu binalardan sol taraftaki Voyvoda Caddesi'nin ünlü bankerlerinden Alleon'ların mülkü, öteki de 1870'li yıllardan 1926 yılına dek hizmet vermiş olan Bon Marche Mağazası'nın yeriydi. Bonmarche'nin sahibi İtalyan asıllı bir aile olan Bortoli'lerdi. Yalnız Pera değil, İstanbul'un da en büyük iki üç mağazasından biriydi burası. Futbol topundan mobilyaya, züccaciyeden bibloya her bir şey satılıyordu bu büyük mağazada. Ama, özellikle oyuncak ve av malzemeleri reyonları oldukça ilgi görüyordu. "Eski İnsanlar, Eski Evler" kitabında, 20. yüzyıl başlarının Beyoğlu'nu anlatan Sait Naum Duhani, Bortoli'lerin Bon Marche Mağazası'nda satılanları ayrıntılı bir şekilde sıralar:

"Her türlü ev eşyası, Maroken eşya, av gereçleri, kokular, değerli taşlar, bronz heykeller, optik aygıtları, fotoğraf makineleri, eldiven reyonu, tuhafiye, kadın çamaşırları, şemsiyeler, porselen eşya, kristaller, Saksonya porselenleri, her çeşit şeker, şaraplar, likörler, konservele, yolculuk gereçleri, sepet işleri, ısınma gereçleri, yatak takımları vs..." Yani, o dönemin alışveriş merkezi binası gibi bir yer diyebiliriz. 1926 yılında Bon Marche kapandı, ardından

Bir zamanlar, bu günkü Odakule'nin yerinde yükselen Bon Marche Mağazaları. (Sol baştaki bina)

da aynı yerde, pasaj içinde, Musevi Karlmann ailesinin işlettiği "Karlmann Evi" adıyla büyük bir konfeksiyon mağazası açıldı. Bortoli ve Karlmann aileleri binanın üst katındaki dairelerinde ikâmet ediyorlardı. Çok daha sonra Bortoli'ler Bon Marche Şirketi'ni İsviçre kökenli Schindler ailesine devrettiler. Kışın Beyoğlu'nda, yaz aylarında Yeşilköy'de oturan Schindler'lerin işlettiği yeni Bon Marche Mağazası uzun yıllar Galatasaray Lisesi'nin sol tarafında kalan Kartal Sokak'ın girişindeki büyük yeni binada hizmet verdi. Bilhassa, Noel döneminde, yılbaşından iki hafta önce vitrin dekore edilir, insan boyuna yakın otomat bir manken yaptığı el kol hareketleriyle, caddeden geçenlerin dikkatini çeker, vitrinin önü dolar taşardı.

1926 yılında, Karlman Pasajı'nın birinci katında, Beyaz Rusların işlettiği restoran, bar, dans salonu ve pastaneden oluşan, Rus kadın garsonların servis yaptığı Türkuvaz açıldı. Aslında, ağırlıklı olarak Rus yemekleri veren Türkuvaz, akşamları balalayka orkestrası eşliğinde Çigan müziği yapıyor, dans salonunda da ayrıca bir başka orkestra yer alıyordu. Kaliteli konumu ve büyüklüğü nedeniyle 1929, 1930, 1931, 1932 Türkiye güzellik yarışmalarının yapıldığı yer oldu. Dünya Güzeli Keriman Halis Ece, Avrupa Göz Güzeli Naşide Saffet güzelliklerini ilk defa burada sergilemişler, daha sonra da Avrupa yolunu tutmuşlardı. Varlık Vergisi çıktığı zaman, Beyoğlu'nda işyeri olan, ikâmet eden birçok gayrimüslim gibi Bortoli ve Karlman'lar da büyük bir darbe yediler, ardından da iflas ettiler. Daha sonra burasını Sanayi Odası satın aldı ve malûm netice: O eski binalar yıkıldı yerine de, günümüzün popüler sözcüğü olan bir "ucubeye" dönüştü...

LUTERYEN KİLİSESİ

Odakule'yi geçtikten hemen sonra, binaların arasında yer alan Kutsal Üçlü'ye adanmış küçük kilise, günümüzde İstanbul Luteryen Kililsesi adıyla, çoğunluğunu İstanbul'da yaşayan İskandinav ülkelerininin vatandaşları tarafından kullanılıyor. Bu kilise 1836 yılında İstanbul'daki Avusturyalılar tarafından inşa edilip açılmış, 25 Mayıs 1857 tarihinde de Ermeni Katolik Kilisesi'ne satılmış. İstanbul'daki Avusturyalıların kiliselerinin tarihi 1722 yılına kadar uzanıyor. Söz konusu, ilk kilise, Avusturya İmparatoru VI. Karl'ın bağışlarıyla, Tomtom Kaptan Sokağı tarafında açılmış, 1762 yılında meydana gelen bir yangınla kül olmuş, Sultan III. Mustafa'nın fermanıyla da üçüncü bir kilise inşa edilmiş. Ne var ki, bu kilise de 1799 yılında çıkan ikinci bir yangınla kül olup gitmiş...

Avusturya İmparatoru yardımlarını kesmez, yeni bir kilisenin yapımı için bağış gönderir; ardından da kapılarını ibadete açar; fakat, Avusturyalıların şanssızlığından mıdır, yoksa kötü kaderleri midir, bu yeni yapılan kilise de maalesef 6 Ağustos 1831 Beyoğlu Yangını'nda tamamen kül olup gider... 1836 yılında da, Odakule'nin sol tarafında gördüğümüz kâgir kilise inşa edilir. Oldukça sade olan kilisenin içindeki kuş tasvirli loca, geçmişte kiliseye ibadete gelen Avusturya sefirlerine ayrılmış olan bölümdür. Kilisenin içindeki tablolar, ibadethanenin Ermeni Katoliklere geçmesinden sonraki dönemde yerleştirilmişlerdir. Bu tablolarda "Hazreti Meryem'in Yedi Acısı" ile "Azize Anna ve Kızı Meryem" betimlemeleri yer alır. Kilisenin, mermerden yapılmış çok güzel bir vaftiz teknesi vardır. Duvardaki kitabede, "16

Mart 1860 tarihinde, kilise papazlarından, Ankaralı Ohannes Arakelian'ın burada, kilise zeminine defnedildiği" yazılıdır. Bu küçük ibadethane, eşi Eugenie ile İstanbul'a gelen Fransa İmparatoru III. Napoleon tarafından ziyaret edilmiştir.

Geçen yıllar içinde, İstanbul'daki Katolik Ermenilerin sayısının azalmasıyla birlikte kilise, Katolik Ermeni Episkoposluğu tarafından İstanbul'da yaşayan Romanyalılara kiralanmış, bir süre Romanyalılar tarafından kullanıldıktan sonra, 2008 yılında İstanbul'daki Luteryen Kilisesi temsilciliğine kira karşılığında devredilmiştir. Günümüzde kilisenin cemaatini İstanbul'da yaşayan İskandinav kökenlilerle, Luteryen tarikatına bağlı olan başka milletlerden insanlar oluşturmaktadırlar. İstanbul'da Luteryen Kilisesi'nin varlığı 1709 yılına kadar uzanmaktadır. Krallığın himayesi altındaki İsveçli ilk Luteryen rahipler, bu tarihte İstanbul'a gelmişler; Ruslara karşı Poltava Savaşı'nı kaybeden İsveç Kralı XII. Karl da yine aynı yıl İstanbul'a gelip Osmanlı Devleti'ne sığınmıştır. 1741 yılında, İsveç Parlementosu'nun aldığı bir kararla, İstanbul'da İsveç Elçiliği'nin bahçesinde küçük bir kilise inşa edilmiş, ancak bu kilise 1818 yılında yanmıştır. Yanan kilisenin yerine yapılan ikinci küçük ahşap kilise 1885 yılından 1960 yılına dek ibadete açık tutulmuş, az sayıda Protestan bu kilisenin cemaatini oluşturmuştur. 1999 yılından itibaren, kiliseyi İstanbul'da yaşayan Finlandiyalı, İsveçli Luteryenler kullanmaya başlamışlar; Türkçe konuşan bir rahip, pazar ibadetlerini Türkçe olarak yapmaya başlamıştır. Nitekim, İstanbul'daki Luteryen Kilisesi'nin varlığı 2005 yılında Türk hükümeti tarafından resmen tescil edilmiş; cemaat sayısında meydana gelen artışla birlikte, Luteryenler Romanyalıların bıraktıkları Kutsal Üçlü Kilisesi'ni Ermeni Katolik Kilisesi Episkoposluğu'ndan kiralamışlardır.

İSTANBUL LUTERYEN KİLİSESİ'NİN BROŞÜRÜNDEN

On altıncı yüzyılda yaşayan Katolik rahip Martin Luther, Tanrı'nın gözünde iyi ve doğru olmak için çok çaba gösterdi. İnsanın en iyi işlerinin bile Allah'ın taleplerini yerine getirmek için yetersiz olduğunu anladığında, Luther umutsuzluğa düştü. Bir gün İncil'i okurken Luther'in gözleri açıldı, harika gerçeği gördü; Kutsal Kitap'a göre, insan, İsa Mesih'in tamamladığı işe iman ettiğinde sadece Allah'ın lütfuyla kurtulur. Kilisede Reformasyon ve Protestan hareketi bu anlayışla başladı. Luther'e göre, kilisenin değişmesi Kutsal Kitap'ı kendi dilinde okuyabilmektir.

Martin Luther yeni bir kilise kurmak değil, kilisede reform yapmak istiyordu. Ancak, on altıncı yüzyıl Avrupa'sının siyasal durumu Luteryen Kilisesi'nin kuruluşunu gündeme getirdi. Bugün dünyada yaklaşık 63 milyon Luteryen Hıristiyan vardır.

...İstanbul Luteryen Kilisesi, kilise ibadetinin yönetimi, öğretiş ve bireysel danışmanlıkla Rab'bin verdiği görevi devam ettirir. Toplumsal ve yasal sorumluluklarını üstlenerek, faaliyetlerini kamuya açık olarak yürütmeye ve bulunduğu ülke, Türkiye'nin refahı için dua etmeye önem verir.

NUR-U ZİYA SOKAĞI

Adını, eskiden beri burada varlığını sürdüren Mason Locası'ndan almış bir sokaktır Nur-u Ziya... "Işıklı, aydınlık"... Konumu itibarı ile, ham taşını yontmaya çalışan birçok aydın kişinin gelip geçmiş olduğu bir sokak... Ama, eski adı Polonya Sokağı'dır. Zira, Polonya'nın bölünmesinin ardından bağımsızlığını yitirmesiyle beraber İstanbul'a mülteci olarak gelen Polonyalı direnişçiler burada Fransız elçiliğine sığınmışlar, yine bu sokakta kendilerine ayrılan evlerde oturmuşlar, bu nedenle de sokak bir zamanlar Polonya Sokağı olarak anılmıştır.

Nur-u Ziya Sokağı girişinin sağ tarafındaki bina eski İngiliz kız mektebi High School'dur, biraz aşağıda sol tarafta başlayan ardı ardına dizili binalar, yine İtalya'da bir yerlerdeymiş havasını hissettirir insana. Çünkü, ferforje balkonlarıyla estetik bir güzellik oluşturan bu yapılar İtalyan mimarların ellerinden çıkmıştır. Bu antika binaların başında yer alan ilk hanenin yerinde, bir zamanlar İstanbul'un en gözde müzik mağazasının sahibi olan Alexandre Commendiger'in 19 kapı numaralı malikânesi yer almaktadır ki, İstanbul'a gelen ünlü Macar bestecisi Franz Liszt burada misafir olmuştur. Bu binanın bitişiğinde de Hür ve Kabul Edilmiş Masonlar Locası'nın binası yükselmektedir. Sağ tarafta, Fransız Sarayı, Palais De France'ın duvarları yer alır. Bu duvarların arkasında görülen ilk bina Fransız Arkeoloji Araştırmaları Enstitüsü'nün yeridir. Stefanos Yerasimos gibi İstanbullu bir araştırmacının uzun yıllar hizmet vermiş olduğu yerdir burası. Onun berisinde de, büyük bir alana yayılmış, geçmişte "İstanbul'daki Küçük Versay" olarak adlandırılan Fransız Sarayı'na ait binalar di-

Nur-u Ziya Sokak'tan aşağıya doğru inerken...

zilidir. Sarayın, Nur-u Ziya'ya açılan büyük demir kapısının sol tarafında yükselen küçük eski bina ise, Şener Şen'le Şevket Altuğ'un paylaştıkları Gölge Oyunu filminin bir iki küçük sahnesinde görülen evdir. Şener Şen, gözlerinde kaynakçı gözlüğü gibi iri yuvarlak gözlükler, başında 1920'li yılların pilot şapkalarına benzeyen bir başlık, geçmişin baba motosikletlerinden bir Triumph üzerinde gelip bu evin önünde durur. Motorun lunapark uçaklarına benzer sepetinde de Şevket Altuğ görülür. İnerler, bu evin köhnemiş merdivenlerinden ağır ağır çıkarlar yukarıya. Beyoğlu gibi; bu sokak, bu evler gibi yıllanmış sallanan bir koltukta oturan yaşlı bir kadın bekler onları. Elini öperler, getirdikleri çiçek buketini verirler. Karşılarındaki güzelliği solmuş kadın, yaşamında tek bir kez bir filmde –o da bu filmde– rol almış olan Füreya'dır. Atatürk'ün silah arkadaşlarından Kılıç Ali'nin ikinci eşi, ünlü seramik sanatçısı Füreya.

Bu filmin vizyona girmesinden kısa bir süre sonra da yaşama veda etmiştir.

Nur ve Ziya. Evet ışıkları bol bir sokaktayız burada...

HIGH SCHOOL İNGİLİZ KIZ MEKTEBİ

1840'lı-1890'lı yıllar arası, Osmanlı Devleti ile İngiltere Krallığı arasında "al gülüm ver gülüm" dönemidir. Mısır'a askerlerini çıkartan Napoleon Bonaparte, Osmanlı'yı sinsice arkadan bıçaklamasının ardından oluşan bu siyasi dengesizlikten rahatsız olan, İngiltere'yi karşısında bulur ve Amiral Nelson gemileriyle İskenderiye açıklarına kadar gelip Fransız donanmasını Akdeniz'in sularına gömer. Bundan sonra gelişen politik dostluğun içinde yer alan önemli adamlardan biri de, 1842-1858 yılları arasında İngiltere Krallığı'nın İstanbul'daki büyükelçiliğini yapmış olan Viskont Statford Canning De Redclif'tir. Abdülmecit'in çok sevdiği bu diplomat döneminde Hamalbaşı Sokak'taki bugünkü Pera House, yani elçilik binası[1] inşa edilir. O dönemde de, siyasi-ticari yakın ilişkilerden dolayı İstanbul'daki İngiliz nüfusunda artış kaydedilir. İngiliz elçisinin eşi Lady Statford'un gayretleriyle, İstanbul'da yaşayan İngiliz ailelerin kız çocukları için ortaokul düzeyinde bir okul açılması düşünülür ve bu okul ilk defa elçilik binası içinde hizmete girer. Ancak, kısa bir süre içinde eğitim almak isteyen kızların sayısında artış olup, açılan okul yetersiz kalınca daha büyük bir okulun yapılması fikri doğar. Bu olaya Abdülmecit de çok sıcak bakar ve bugün Nur-u Ziya Sokağı girişinin sağ köşesinde yükselen Beyoğlu Anadolu Lisesi olarak kullanılan binanın yerindeki araziyi bağışlar. Okul, velilerden de toplanan paralarla 1850'li yıllarda inşa edilir. 1877-1878 Osmanlı-Rus Savaşı zamanında kapılarını kapatmış, 1881 yılında yeniden eğitime başlamıştır. Bu ikinci açılış döneminde, Pera ve civarında oturan Os-

1 bkz. İngiliz Sarayı – Pera House/ Sayfa: 172

Günümüzde Beyoğlu Anadolu Lisesi olarak kullanılan eski High School binası.

manlı uyruklu kız öğrenciler de okula kabul edilirler. Bir süre sonra, İstanbul'da oturan İngiliz ailelerin erkek çocukları için ikinci bir okula gereksinim duyulur; yine padişahtan alınan izinle Galata'da ikinci okulun açılışı yapılır. Çok daha sonra bu okul 1905 yılında Nişantaşı'nda açılan yeni binasına taşınmıştır. High School uzun yıllar İstanbul'da eğitim hizmeti vermiş ve bu okullardan çok yetenekli öğrenciler yetişmiştir. 1979 yılında alınan kararla her iki okul da ulusallaştırılır, İngilizce eğitim veren Anadolu Liseleri kapsamına alınırlar. Nur-u Ziya Sokağı'nın girişinde yükselen bir zamanların İngiliz Kız Mektebi, High School for Girls," günümüzde Beyoğlu Anadolu Lisesi olarak karma eğitim vermektedir.

Yüzyılın başlarında İngiliz Kız Mektebi'nin İstiklâl Caddesi'ne bakan alt katında o dönemin en büyük kırtasiye dükkânlarından, aynı zamanda matbaacılıkla ünlenmiş Zellitch Biraderlerin mağazası, Osmanlı Bankası'nın Cadde-i Kebir Şubesi ve Kırmızı Horoz Şirketi'nin mağazası bulunuyordu.

PHOTO PHEBUS

Yüzyılın başlarında High School binasının bitişiğinde ünlü bir fotoğraf stüdyosu yer alıyordu. Burası Phebus Efendi'nin fotoğrafhanesiydi. Arkası Phebus yazılı fotoğraflar, eski fotoğraf meraklısı koleksiyonerlerin albümlerinde muhakkak olması gerekenlerden bir tanesidir. 19. yüzyılın 20. yüzyıla geçiş yaptığı dönemin ünlü fotoğrafçılarındandır Phebus. Adı, hep böyle bilinmiştir, ama onun gerçek adı Boğos Tarkulyan'dır. İlk fotoğrafhanesini Mısır Apartmanı'nın olduğu yerde açar; ancak burada pek fazla kalmaz. Çünkü, çıkan bir yangında büyük hasar gören stüdyosu ve de buradaki arazinin Mısır Apartmanı'nın yapımı için Abbas Halim Paşa tarafından satın alınması üzerine, Nur-u Ziya Sokağı girişindeki İngiliz Kız Mektebi High School'un yanı başına yeni dükkânını açar. Aslında, Boğos Tarkulyan fotoğrafçılıktan da öte iyi bir ressamdır. Kimi yakın dostlarının da dile getirmiş oldukları gibi iyi bir insan, iyi bir hayırseverdir. Ressamlık yetisini fotoğraflarında kullanmış, o zamanın tekniği ile fotoğraflarda çok kaliteli renklendirmeler yapmıştır. Tabii bu başarısı sarayın gözünden kaçmaz, bir dönem sarayın fotoğrafçısı olur. Beğenisini kazandığı Sultan II. Abdülhamit tarafından da ödüllendirilir. Photo Phebus 1937 yılına kadar açık kalır. Ne var ki Boğos Tarkulyan Efendi yaşlanmış, yorulmuştur. Fotoğrafhanesini kapattıktan üç yıl sonra vefat eder. Üzerlerinde adının basılı olduğu, koleksiyonerlerin albümlerini süsleyen yüzlerce fotoğraf bırakır ardında.

KIRMIZI HOROZ ŞİRKETİ

High School İngiliz Kız Mektebi'nin alt alt katında yer alan "Kırmızı Horoz Şirketi" ya da orijinal adıyla "Le Coq Rouge", 20. yüzyıl başlarının İstanbul'unda ilk taksitli satışlar yapan, şapkadan tencereye birçok değişik ürün satan büyük bir mağazaydı. 1898 yılında kurulmuş bu şirket 1907 yılında Londra'da açılan bir başka şirketle ortaklık kurarak The Coq Rouge Company Ltd. adını aldı. Şirketin kırmızı renkli horoz logosu, mağazanın tabelasında olduğu gibi faturaların, zarfların üzerinde yer aldı ve bu horozlu kağıtlar eski kağıt toplayan koleksiyonerlerin büyük ilgisini çekti. 1930'lu yılların sonlarında ticari sıkıntılar yaşamaya başlayan şirket 1942 yılında kapandı.

Kırmızı Horoz Şirketi reklamı (Turgay Tuna Koleksiyonu)

COMMENDIGER AİLESİNİN EVİ VE FRANZ LISZT

Franz Liszt

Genç Macar bestecisi Franz Liszt ya da gerçek ismiyle Ferenc Liszt, 1847 yılında İstanbul'a gelmiş Sultan Abdülmecid'in huzurunda ve o dönemin İstanbul sosyetesi önünde bestelerini icra edip konserler vermiş, İstanbul'da bulunduğu günlerde de bu evde müzik aletleri tüccarı Commendiger ailesinin misafiri olarak kalmıştır. Cadde-i Kebir üzerinde iki büyük müzik mağazasının sahibi olan Commendiger'ler bir dönem sarayın da müzik aletlerini getirten, notalarını temin eden müessese olmuşlar ve bu görevlerinden dolayı padişahın irade-i seniyesiyle ödüllendirilmişlerdir. Piyanola adı verilen estrümanı İstanbul'da tanıtmış, aynı zamanda saraya da getirtmiş olan Commendi-

Commendiger ailesinin oturmuş olduğu yerde, günümüzde yükselen bina.

ger'lerin, yüzyılın başlarında da varlığını sürdürmüş olan son mağazaları Avrupa Pasajı içinde yer alıyordu.

Bina üzerinde yer alan plaket

HÜR VE KABUL EDİLMİŞ MASONLAR LOCASI

1850'li yılların öncesinde Masonluk, Devlet-i Osmaniye'nin başkenti İstanbul'da Galata ve Pera bölgesinde yaşayan Avrupalı diplomat ve tüccarların arasında görülüyordu. Zaman içinde yine aynı bölgelerde kurulmaya başlanan değişik localarla bu kuruma katılanların sayısında artış kaydedilmeye başlandı. Osmanlı vatandaşları arasında ilk masonlar Avrupalılarla yakın ilişkide bulunan ya da Avrupa'da seyahat eden diplomat ve tüccarlar arasından çıkmıştır. Bu kuruma girmiş Osmanlı döneminin ünlü isimleri arasında Yirmi Sekiz Mehmet Çelebi, İbrahim Müteferrika, Humbaracı Ahmet Paşa, Namık Kemal, Şeyhülislam Musa Kazım Efendi, V. Murat gibi isimleri sayabiliriz. Mason locası, 1935 yılında Atatürk'ün emriyle kaldırılan tekke ve zaviyelerle beraber kapılarını kapatıp Türkiye'deki etkinliklerine son vermiş, ancak kısa bir süre sonra ötekilerden farklı bir konumda olduğu için yeniden açılıp etkinliklerini sürdürmesine izin verilmiştir. İstanbul'da birbirlerinden bağımsız iki Mason locası yer almaktadır. Bunlardan biri Nur-u Ziya Sokağı'nda, ikincisi de İsveç konsolosluk binasının karşısındaki Müeyyet Sokak'tadır.

Nur-u Ziya Sokağı'ndaki Hür ve Kabul Edilmiş Masonlar locasının kullandığı, İtalyan mimarların elinden çıkmış üç binadan birincisinin yerinde Abdülmecit döneminin ünlü müzik aletleri satıcısı Commendiger'lerin evleri yer alıyormuş. Söz konusu ev geçen yüzyılın sonlarında yıktırılıp yerine bugün gördüğümüz kâgir bina yaptırılmış ve bu bina, Osmanlı'nın son demlerine dek "Cercle d'Union" (Birlik Çemberi) adıyla bilinen diplomatlar kulübünün lokali olmuş. Dantel gibi işlenmiş ferforje balkonlarıyla yer alan ikinci bina ise, 20. yüzyıl başlarında Voyvoda Caddesi'nin ünlü simalarından banker Baudouy'nin oturduğu ev. Üçüncü bina, aslında mason locasının eski binası. 1935 yılında loca kapılarını kapattıktan sonra, Beyoğlu Halkevi'nin binası olmuş, ancak 1959 yılından bu yana tekrardan açılan mason locasının binası olarak kullanılmaya devam ediliyor.

FRANSIZ SARAYI

Kaynaklar, Fransa Krallığı'nın Osmanlı topraklarındaki ilk elçisinin 1535 yılında İstanbul'a geldiğini ve bu ilk temsilcinin Galata'da hizmet verdiğini yazar. Fransız Sarayı anlamına gelen Palais de France ya da Fransız Evi anlamına gelen Maison De France Fransızların Türkiye topraklarındaki ilk müstakil elçilik binasıdır ve yabancı elçilikler arasında en eski olanlardan bir tanesidir. Nur-u Ziya ile Postacılar sokaklarının arasında, İstiklâl Caddesi tarafından görülmediği için varlığı yokluğu pek fazla bilinmeyen bu büyük kompleksin ilk binaları, Fransa Kralı 1. Fransuva ve Kanuni Sultan Süleyman'ın döneminde ekilen dostluk tohumlarının yeşermesinin ardından 1589-1606 yılları arasında, Pera Bağları olarak adlandırılan bölgede inşa edilmeye başlanmıştır. Yarı kâgir, yarı ahşap bu ilk elçilik binası bir saray olarak yapılmış, kimi gravürlerde de görülebildiği gibi eşsiz mimari güzelliği nedeniyle çok sonraları "İstanbul'daki Küçük Versay" olarak tanımlanmıştır. Maalesef 1831 Pera Yangını'nda bu muhteşem bina yanıp kül olmuş, yerine de 1841 yılında Fransa'dan özel olarak gönderilen kraliyet mimarı Pierre Lourécisque tarafından bugün gördüğümüz "Louis Philippe" tarzındaki saray inşa edilmiştir. Mimar Lourécisque'in Fransız Sarayı'nı inşa ettiği yıllarda salgın hastalık sonucu yitirdiği çok sevgili eşi ve küçük yaştaki biricik oğlu, elçinin isteği ile elçilik kompleksi içinde yer alan Saint Louis Kilisesi'ne gömülmüşlerdir. Bina, yaz sıcakları ve kış soğuklarına karşı dayanıklı olabilmesi için, Malta'dan getirilen kalker taşlarıyla yapılmıştır.

"Palais de France" (Fransız Sarayı) binası.

Sarayın büyük, gösterişli salonu Kırım Savaşı sırasında yapılan toplantı ve davetlerde, güzel İmparatoriçe Eugénie'nin İstanbul'a gelişlerinde, Sultan Abdülaziz'in Avrupa seyahatine çıkışı öncesinde çok renkli, unutulmayan resepsiyonlar yaşamış, bütün bunlar tarihçilerin kalemlerinden satırlara dökülmüştür. Bu görkemli salonlar, 1670'li yıllarda, burada elçilik yapan Marquis de Nointel zamanında kimi zaman Pera'daki diplomatik aristokrasinin gelip hayranlıkla izlediği, Moliere'in eserlerinin oynandığı bir sahneye dönüşmüştür.

Fransız Sarayı, cumhuriyet dönemine kadar elçilik binası olarak kullanılır, Ankara'nın başkente dönüştürülmesinden sonra da, bütün elçiliklerin Ankara'ya taşınmasıyla beraber, büyükelçi ve İstanbul genel konsolosunun İstanbul'daki rezidans binası olur. Mobilyalardan tablolara, halılardan avizelere çok değerli ve zengin bir dekorasyona sahip olan sarayın giriş holünde, geçmişte hizmet veren elçilerin taşındığı birbirinden güzel iki tahtırevan; büyük resepsiyon salonunda da, geçmişte hizmet veren elçilerin kullanmış oldukları taht koltuk, üzerlerinde kraliyet armalarının yer aldığı ipek Gobelin duvar halı-

Duvarlarını ipek Gobelin halılarının süslediği Fransız Sarayı'nın resepsiyon salonundan bir görünüm.

ları ilk göze çarpan dekoratif unsurlar arasında yer almaktadır. Bu büyük salon eskiden olduğu gibi günümüzde de resepsiyonlar için kullanılmaya devam etmektedir. Antik dönemlere ait heykel ve mermer fragmanlarla süslü sarayın iç bahçesinde de, çinilerle bezeli çok güzel bir Osmanlı dönemi çeşmesi bulunmaktadır.

SAINT LOUIS KİLİSESİ

Fransız Sarayı'nın bahçesi içinde yer alan bu kilisenin geçmişi 1628 yılına kadar uzanmaktadır. İstanbul'daki Katolik kiliselerin en eskilerinden biri olup, 1831 yangınında kısmen hasar görmüş, ardından da 1847 yılında kraliyet mimarı Laurécisque tarafından yeniden yapılarak günümüze dek gelmiştir. Günümüzde Fransisken bir rahip tarafından açılıp kapatılan kilisenin maalesef ibadete gelen cemaati yok gibidir. Kilisenin zemininde, geçmişte burada hizmet vermiş kimi rahip ve bağışçıların mezarları yer almaktadır. Kilise içinde yer alan mermer yazıtlardan birinin üzerinde Mimar Pierre Laurécisque'in salgın hastalıktan ölen, burada gömülmüş eşiyle kızının adları okunmaktadır.

1914 yılında, Osmanlı Devleti savaşa girdiği zaman, el koyulan Fransa Sarayı'na Türk askeri yerleşmiş, Saint Louis Kilisesi küçük bir camiye dönüştürülmüş; bu dönemde arşivi kaybolan ve içi kısmen zarar gören kilisenin rahipleri de, Tomtom Kaptan Sokağı başında yer alan Santa Terra Şapeli'ne yerleşmişlerdir. 1919-1923 yılları arasında, yani İstanbul'un işgali döneminde kilise büyük bir onarım görmüş, bu son haliyle de günümüze kadar gelmiştir. Söz konusu onarımla ilgili bir kitabe kilisenin içinde yer almaktadır. Saint Louis Kilisesi'nin absidini süsleyen, ahşaptan yapılmış Hz. İsa, Hz. Meryem ve Hz. Yahya heykelleri; Saint Antoine Kilisesi'deki ahşap Hz. İsa ve Aziz Antoine heykellerinin yapımcısı ünlü İtalyan heykeltıraş Luigi Bresciani'ye aittir.

Maalesef, Saint Louis Kilisesi'nin ilk orguna dair hiçbir bilgi yok elimizde. Bilinen tek şey, 8 Aralık 1894 tarihinde buraya Fransa'dan getirilip yerleştirilen org ki, dönemin Avrupa'sındaki en ünlü org yapımcılarından biri olan Merklin'e ısmarlanmış bir enstrüman bu. 1914 yılında, elçilik sarayına asker yerleştirilip, kilise camiye dönüştürüldüğünde, söz konusu org da kayıplara karışıp gitmiş. Cumhuriyetin ilanından sonra, kilisenin yeni baştan hizmete girmesiyle birlikte, bir başka ünlü org yapımcısı Fransız Charles Mutin'nin imal etmiş olduğu yeni bir org, 1925 yılında kilisedeki yerini almış. Ancak bu sonuncu orgun ilginç bir öyküsü de var. Aslında, Şehzade İbrahim Efendi'nin konağı için özel olarak ısmarlanmış bir org bu. İbrahim Efendi iyi bir müzisyen ve müzikolog olan Şehzade Mehmet Burhaneddin Efendi'nin oğlu. Osmanlı İmparatorluğu'nun çöküşüyle birlikte sürgüne giden ailenin ardından org, Saint Louis rahipleri tarafından kilise için satın alınmış ve giriş kapısı üzerindeki yerine yerleştirilmiş.

FRANSIZ ARKEOLOJİ ENSTİTÜSÜ

Xanthos'tan Letoon'a, geçmişten beri Anadolu'nun değişik yerlerinde kazılar yapan Fransız arkeoloji heyetlerinin önemli bir geçiş ve çalışma yeri olarak kullandıkları bu enstitü; oryantalist akımlardan sosyolojiye değişik konulardaki araştırmalara da önemli imzalar atmıştır. Fransız sarayının bahçesinde, Nur-u Ziya Sokağı tarafına bakan enstitü binası çok zengin bir arşive sahip olup, kütüphanesinde de oldukça değerli kitaplar barındırmaktadır. Araştırmacılara açık olan enstitünün kütüphanesine izin alınarak girilebilmektedir.

HUMBARACI AHMET BONNEVAL PAŞA'NIN BÜSTÜ

Elçilik binası bahçesinin bir köşesinde Humbaracı Ahmet Paşa'nın ya da Fransız adıyla Kont Claude Alexandre De Bonneval'in bir büstü yer almaktadır. Büstte de görüldüğü gibi, Ahmet Paşa'nın başında bir Mevlevi sikkesi bulunmaktadır. Bu da bizlere bu devşirme paşanın tasavvuf ve sufiliğe olan hayranlık ve bağlılığını göstermektedir. Nitekim,1747 yılında, Humbaracı Yokuşu yakınlarındaki konağında vefat eden Ahmet Bonneval Paşa, çok sevdiği Galata Mevlevihanesi'nin haziresinde, yine çok sevdiği dostu İbrahim Müteferrika'nın mezarının yanı başına gömülmüştür. Kimi Fransızlar için bir vatan haini sayılan Humbaracı Ahmet Paşa, 17. yüzyılda yaşamış soylu bir Fransız generali olup, Fransa Kralı ile arasında doğan anlaşmazlıktan dolayı ülkesinden kaçıp önce Avusturya'ya daha sonra da Osmanlı Devleti'ne

Fransız Sarayı'nın bahçelerinde yer alan Humbaracı Ahmet Bonneval Paşa'nın büstü.

Humbaracı Ahmet Paşa'nın
Galata Mevlevihanesi haziresindeki mezarı.

sığınmış, yaşamının geri kalan döneminde de Osmanlı ordusunda hizmet vererek, Humbaracı (topçu sınıfı) teşkilatını düzenleyip modernleştirmiş, kazandığı büyük başarılarla herkese nasip olmayan "üç tuğlu" paşalık unvanını kazanmıştır. Ahmet Paşa'nın İstanbul'da yaşadığı yıllarda, buradaki hareminden Süleyman adında bir oğlu olmuş, ailenin devamı Boneval soyadı ile günümüze kadar gelmiştir.

PIERRE LOTI LİSESİ

Fransız Sarayı kompleksinin içinde yer alan Pierre Loti Lisesi, geçmişteki Fransız Okulu Papillon'un devamıdır[1]. Anaokulu, ilkokul ve lise bölümlerini kapsayan okul tamamı ile Fransa Milli Eğitim Bakanlığı'na bağlı olup, Fransa'da okutulmakta olan ders programlarını takip etmektedir. Özel kolej kapsamında, Fransız uyruklu çocuklar için eğitim veren okulun çok küçük bir kontenjanı da, anne ya da babası Fransızca bilen Türk uyruklu çocuklara ayrılmıştır. Fransa'da, ünlü Türk dostu yazar Pierre Loti'nin kenti Rochefort'daki Pierre Loti Lisesi'yle kardeş okul olan İstanbul Pierre Loti Lisesi çok başarılı bir eğitim vermekte, buradan mezun olan öğrencilerin büyük çoğunluğu Fransa ya da öteki Frankofon ülkelerde yüksek eğitime devam etmektedirler. Pierre Loti Lisesi'nin içinde bulunduğu binalardan biri, geçmişte Saint Louis Kilisesi rahiplerinin manastır olarak kullandıkları yapıdır.

---

1 bkz. Fransız Hastanesi / Sayfa: 39

TAKİYEDDİN EFENDİ'NİN RASATHANESİ

Nereden nereye!.. Hey gidi Şehr-i İstanbul, sen ne gizemler, ne zenginlikler taşırsın bağrında... Takiyeddin Efendi'nin Rasathanesi'de bunlardan bir tanesi. Bir İstanbul martısının kanatlarına takılmış, hayallerde uçup gittiğimiz yaklaşık 400 yıl öncesinin İstanbul'una geliyoruz... Burada, Pera'nın Tophane'ye bakan bu yamacında, Fransız Sarayı'nın inşasından 10 yıl kadar önce, ünlü astronom-bilim adamı Takiyeddin Efendi'nin yaptırmış olduğu rasathane yer alıyor. Ama, ömrü fazla sürmemiş bu bilim yuvasının. Adı üzerinde bilim yuvası değil mi, hele hele yıldızlarla, gökyüzüyle uğraşmak işi! Aman, haşa!!! Çok geçmeden de yerle bir edilip, tarihe karışmış.

Biz rasathaneden önce Takiyeddin Bin Muhammed Bin El Maruf Efendi'den söz edelim biraz. Bu ünlü bilim adamı 1521 yılında Şam'da doğar. Burada okul-medrese gördükten sonra Kahire'ye geçip, orada da eğitim-irfan almaya devam eder... Ardından bilgi hazinesini başkalarıyla paylaşmak, etrafına "bal vermek" için müderris olur, medreselerde öğrenciler yetiştirir. Daha sonra da bir dönem kadılık yapar. Osmanlı bilim tarihinin en önemli temsilcilerinden biridir. Hazret'in yapmış olduğu hizmet, ortaya çıkartmış olduğu bilimsel eser Avrupa'da bile eşi olmayan bir örnek olarak gösterilmiştir. Takiyeddin Efendi, payitaht kenti Asitane'ye gelir.

III. Murad'ın müneccimbaşısı olur. Burada kısa süre içinde itibar ve ilgi görür. Çok geçmeden de dönemin sadrazamı Sokullu Mehmet Paşa ve sarayın vaka-i nüvisi Saadettin Efendi'nin dostluklarını kazanır. En büyük emeli dünya şehri İstanbul'a mükemmel bir rasathane kazandırmaktır. Sokullu Mehmet Paşa ve Saadettin Efendi'nin aracılığı ile padişahın huzuruna çıkıp döker içini, bir bir anlatır yapmak, devlete kazandırmak istediklerini. Padişahı ikna eder; tez ferman çıkar ve 1575 yılında, Galata sırtlarında, bugünkü Fransız Sarayı'na yakın bir yerlerde rasathane kurulur. Takiyeddin Efendi gökyüzünü incelemede kullandığı ve kendi elleriyle bizzat yaptığı gözlem aletleri için 27-28 metrelik geniş bir kuyu kazdırır; bu aletlerin taşınır olanlar ve taşınmazlar diye listelerini hazırlatır. Bunlar arasında, yıldızların enlem ve boylamlarının saptanmasında, ay ve güneş tutulmalarında kullanılan araçlar vardır. Aslında, Takiyeddin Efendi'nin bir benzeri de, aynı dönemde Danimarka'da yaşamış olan ünlü astronom Tycho Brahe'dir (1546-1601). Ne tesadüftür ki, o da 1576 yılında, Danimarka kralı II. Frederick'in izni ve yardımlarıyla Hveen Adası'nda bir gözlem evi kurmuş, hemen hemen aynı tip rasat aletlerini kullanmışlardır. Her ikisi de, o dönemin Avrupa'sındaki en büyük ve en önemli iki rasathanedirler.

Her şey yolunda giderken, yıldızlar incelenirken ortalığı karıştıran çok önemli bir şey olur. 1577 yılında, İstanbul semalarında büyük bir kuyrukluyıldız görülür. Hurafelere göre pek hayırlı bir şey değildir bu görülen. Nitekim birkaç ay sonra, 1578 yılında İstanbul'da büyük bir veba salgını baş gösterir. Kırılan kırılana, insanlar ölmeye başlarlar. İşte o sırada, işin başından beri Takiyeddin Efendi'nin yaptıklarına soğuk bakan Şeyhülislam Hazretleri, bu uğursuzluğun nedeninin rasathane olduğunu haykırır, fetva verir. Bundan böyle, bu uğursuzluk yıkılmalı, ortadan kaldırılmalıdır. III. Murat'ın emriyle, Kaptan-ı Derya Kılıç Ali Paşa'nın humbaracıları Tophane'de konuşlanmış toplardan bir iki tanesini Beyoğlu sırtlarındaki rasathaneye doğru hedef tutarlar ve 22 Ocak 1580 tarihinde birkaç dakika süren top atışlarıyla Takiyeddin Efendi'nin rasathanesi, bilimsel çalışmaları, belki ilerde devlete çok şeyler kazandıracak emekleri yerle bir olur gider. Yine ne tesadüftür ki, Danimarka'daki Brahe de aynı kaderi paylaşır. Yıldızlarla uğraşılmasına pek sıcak bakmayan yeni kral IV. Christian'la anlaşamaz. Onun da rasathanesinin ortadan kaldırılması emri çıkar. Brahe'de soluğu, kendisine kucak açan kültür ve bilim kenti Prag'da alır, bilimsel çalışmalarını orada devam ettirir.

SOCIETA OPERAIA ITALIANA

Deva Çıkmazı'ndayız. Bir zamanlar vanilya ve pandispanya kokan mis gibi bir sokakmış burası. Neden mi? Çünkü, geçen yüzyılın ortalarında Pastacı Mösyö Vallaury'nin fırını yer alıyormuş bu sokakta. Pastacılıktan öte, Mösyö Vallaury adını sanını, çok iyi bir şekilde yetiştirmiş olduğu oğluna borçlu. Çünkü, oğlu Alexandre Vallaury müthiş bir mimarlık dehası. Öyle güzel binalar yapmış ve armağan etmiş ki İstanbul'a, bugün hâlâ önlerinden geçtiğimizde gururlanarak, imrenerek bakıyoruz bu taç yapıtlara. Bunlar arasında Sanayi-i Nefise Mektebi, İstanbul Arkeoloji Müzeleri Binası, Voyvoda Caddesi'ndeki Osmanlı ve Merkez Bankaları, Tepebaşı'ndaki Alliance Française binaları yer alıyor. İşte, bir zamanlar pastacı Vallaury'nin fırının bulunduğu bu çıkmaz sokağın dibinde; bugün hâlâ duvarında kırmızı-beyaz-yeşil İtalyan bayrağı asılı, üç katlı bir bina var. Belki sokak arasında kalmış olduğu için süssüz püssüz sade bir bina, ama oldukça eski. Fakat asıl önemlisi, binayı yapan yine bizim ünlü mimar Alexandre Vallaury. Bir de ona yardım eden Bottarlini adında ikinci bir mimar var. Kapının üzerindeki bronz tabelada da okunduğu gibi, Societa Operaia yazılı. Aman, operayla falan karıştırmayalım. Burası, 1850'li yılların sonlarında inşa edilen ve günümüze kadar da varlığını sürdüren İtalyan Yardımlaşma Derneği Binası. Dernek, İstanbul'daki İtalyan kökenli Levantenler tarafından kurulmuş, ama kurucuları içinde 1862 yılında İstanbul'a Garibaldi ile birlikte mülteci olarak gelen 41 Garibaldi yanlısı da var. Zaten, örgütün başkanlığı Garibaldi'ye, onursal başkanlığı da Manzini'ye verilmiş.

Deva Çıkmazı'nda yer alan Societa Operaia İtalyan Yardımlaşma Derneği binası.

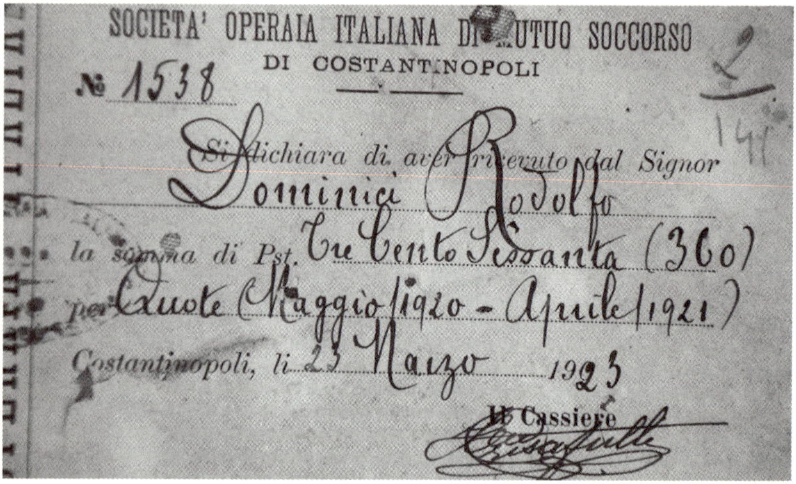

SOCIETA' OPERAIA ITALIANA DI MUTUO SOCCORSO
DI COSTANTINOPOLI
№ 1538
Si dichiara di aver ricevuto dal Signor
Dominici Rodolfo
la somma di Pst. Tre Cento Sessanta (360)
per Quote Maggio 1920 - Aprile 1921)
Costantinopoli, li 23 Marzo 1923
Il Cassiere

İtalyan Yardımlaşma Derneği'nin 1923 tarihli yardım makbuzu. (Turgay Tuna Koleksiyonu)

O zamanlar, üyeler arasında bu derneğe bir isim daha veriliyor. "Dopo Lavore". Yani, "İş Sonrası" derneği. Bundan da, iş sonrası gelip toplanılan, bir araya gelinen dernek anlamı çıkıyor ortaya. Aslında, derneğin kuruluş amacı, İstanbul'daki İtalyan kolonisindeki işçilere, yaşlılara, dul ve yetimlere, muhtaçlara yardım etmek ve bunun ötesinde İtalyan kültürünü İstanbul'da tanıtmak. Aynı, amaçlarla, günümüzde de varlığını sürdürmeye devam ediyor. Bugün hâlâ derneğin yerleşik olduğu birinci kat eski zengin görüntüsünü koruyor. Salon bölümünde geçmişten kalmış antika bir bilardo masası; Garibaldi, Manzini ve Kral Emmanuelle'in mermer büstleri, tablolar; duvarlar, tavan ve kapılar üzerindeki İtalya Birliği ile Osmanlı bayraklarını yansıtan ahşap süslemeler görülebiliyor. Ama, bütün bunların dışında dernek bugün halen kullanmakta olduğu çok değerli bir kütüphaneye sahip. Bir de, faaliyete geçtiği ilk günlerden günümüze dek saklanan bir damacana şişesi bu derneğin en değerli objelerinden birini oluşturuyor. Çünkü, bu damacana şişesi içinde, dönemin İtalyan kralı I. Umberto ve Sultan Abdülhamit'in adlarını taşıyan belgeler, derneğin faaliyete geçtiği gün açılışını haber yapmış bir gazete ve o günlere ait Osmanlı, İtalyan paraları saklanıyor.

SÜMER APARTMANI

Yüzyılın başlarında, Deva Çıkmazı'nın sol köşesinde, sonradan Karlmann Pasajı ve bu pasajdaki konfeksiyon mağazasına adını verecek olan ailenin moda evi bulunuyordu. Karlmann Moda Evi kapanıp Bon Marche Mağazası'nın yerine geçtikten sonra, burada Yeşilköy'deki Plak Fabrikası'nın sahipleri Gesaryan'ların işlettiği, "Sahibinin Sesi" gramofon ve plak evi hizmete girmişti. Bina 1943 yılında Sümerbank tarafından satın alındı ve yeni baştan aslına uygun olarak büyük bir onarımdan geçirilip Sümer Apartmanı adıyla açıldı. Atatürk'ün kurduğu, uzun yıllar "Yerli Malı Kullan" sloganlarıyla yurdun dört bir köşesinde hizmet vermiş olan Sümerbank'ın önemli adreslerinden biri müessese kapatılana dek, bu binada yer aldı.

ALMAN PAZARI VE BAKER MAĞAZASI

Tünel istikametine doğru Deva Çıkmazı'ndan sonra gelen ikinci sokak Korsan Çıkmazı'dır. İlginç sokak isimlerinden bir tanesi. Sanki Beyoğlu'nda değil de Karayip Adaları'nda bir yerlerdeyiz. İşte bu sokağı geçtikten sonra gelen Paşabahçe Mağazaları'nın yerinde, 1860'lı yıllardan 1950'li yıllara dek bir yüz yıl kadar varlığını sürdürmüş İstanbul'un en büyük alışveriş mağazalarından biri bulunuyordu. Önceleri, uzun yıllar Alman Pazarı adıyla hizmet vermiş, ardından Şark Pazarı olmuş, daha sonra da Baker adını almış olan bu mağaza mobilyadan mutfak eşyasına, bisikletten spor malzemelerine, guguklu duvar saatlerinden kol saatlerine binbir çeşit ithal mal satıyordu. Şark Pazarı'nın ilk sahibi Paluka, sonradan mağazayı Zahariadis adında bir başka ticaret erbabına devretmiş. Yüzyılın başlarındaki mağazanın en önemli reyonu da kedi, köpek, kuş, kırmızı balık ve hatta maymun satan pet bölümü. Buradan, hayvanlara çok meraklı olan II. Abdülhamid için bile hayvan satılmış. En çok da birbirinden değerli güvercinler. Baker'in kurucusu İngiliz uyruklu George Baker, Kırım Savaşı sonrasında İstanbul'a yerleşmiş bir ticaret adamı. Geçen yıllar içinde Tünel'den Taksim'e İstiklâl Caddesi üzerindeki mağazalarının sayısını dörde çıkarmış; kendisinden sonra da mağazaların işletmesini oğulları devam ettirmiş. Varlık Vergisi sonrası ve daha başka mağazaların da hizmete girmesiyle, Baker mağazaları eski ihtişamını kaybederek, yavaş yavaş gözden düşmeye başlar ve 1950'li yılların başlarında kapılarını kapatır.

HOLLANDA SARAYI

3.500 metrekarelik bir alan üzerinde yer alan Hollanda Sarayı, İstanbul'un en eski elçilik kurumlarından biri. Şatafatlı kapısı üzerindeki armada Hollanda kraliyet aslanlarının altında yer alan Fransızca yazılı "Je Maintiendrai", yani sonuna dek varolacağım anlamına gelen sözcük yer alıyor. İster istemez, bu sözcük Felemenk ülkesinin kraliyet armasında Fransızca'nın ne işi var diye soru sorduruyor insana? Evet neden Fransızca? Bunun tek sebebi, geçmişte Hollanda krallığı topraklarının Fransızların elinde olması "Var olacağım"" söz-

Hollanda Sarayı kapısı üzerindeki aslanlı kraliyet arması.

cüğü, kraliyet arması üzerinde hep Fransızca olarak kalmış. Etrafı çok güzel, büyük bir bahçeyle çevrili sarayın arka tarafında muhteşem güzellikte bir terası var. Mimarı İtalyan Barborini. İç mimarisi de Hollanda'dan özel olarak gönderilmiş mimarlar tarafından tasarlanmış. Gelelim biz, bu görkemli binanın yapılış öyküsüne. İki Rum kız kardeşten satın alınan arazi üzerinde ilk elçilik rezidansı açılıyor. Amsterdam'dan gönderilen ilk elçi Cornelius Haga 1612 yılında başlıyor elçilik görevine. İnşa edilen ilk elçilik binası ahşaptan bir konak. Burada, 1727-1744 yılları arasında görevde bulunmuş ünlü elçilerden biri de Cornelis Calkoen. Krala yakın biri. Hollanda ile Osmanlı ülkesi arasındaki bağların çok sıkı fıkı olması için didinmiş bir diplomat. Ancak, başından geçen bir aşk macerası onun İstanbul'daki görevinden uzaklaştırılmasına neden olmuş. Calkoen elçilikte çalıştırmak için köle pazarından satın aldığı "Beyaz Gül" adındaki Kafkas kökenli kölesine sırılsıklam aşık olunca, olay fark edilip, duyulmuş. Hollanda Kralı'nın hiç de hoş karşılamadığı bu skandalın ardından Calkoen'in başka bir yere tayini çıkartılmış. Ne var ki, çok sevdiği kadından ayrı kalmaya dayanamayan Calkoen bir gemiye atlayıp İstanbul'un yolunu tutmuş, ama gemide kendini gösteren veba salgınına yakalanarak terk-i diyar etmiş. Haber İstanbul'a ulaştıktan bir süre sonra, Beyaz Gül de dayanamamış bu aşk acısına, intihar ederek yaşamına son vermiş; biçareyi alıp, elçilik binasının arka bahçesindeki bir köşeye defnetmişler. O güzel Kafkas kızının mezarı bugün hâlâ yerinde duruyor. Çekmiş olduğu umutsuz aşkın acı sonu, lahit kapağının üzerinde yer alan heykelinden yansımakta.

İlk elçilik binası 1831 Beyoğlu Yangını'nda kül olup gidiyor. Ardından da 1854 yılında, Kral III. Guillaume zamanında, Rus Çarı'nın ünlü mimarları Giuseppe ve Gaspare Fossati kardeşlerin çizgileri üzerinden, İtalyan mimar Giovanni Battista Barborini, Hollanda Krallığı'nın en güzel elçilik binalarından biri olan bu eklektik yapıyı inşa ediyor ve saray şeklindeki bu yeni elçilik binası 1859 yılında hizmete giriyor. Hollanda Sarayı, caddeye bakan cephe tarafında iki katlı bir bina olarak görülür, oysa arka tarafı üç katlıdır. Sarayın iç tezyinatı, mobilyalarıyla birlikte ayrı bir güzellik, ayrı bir zenginlik sergiler. Saray duvarlarını, Cornelis De Bruyn gibi kimi ünlü oryantalistlerin ve çağdaş Hollandalı ressamların birbirinden güzel resimleri süsler.

Osmanlı ülkesinde açılan bu elçilik binasıyla, iki ülke arasındaki dostluk daha da pekişir. Padişah, bu dostluğun bir ifadesi olarak Osmanlı'nın en büyük tutkularından biri olan lalenin soğanlarını gönderir çiçeksever Hollanda kralına. İşte, bundan sonradır ki, bu çiçeği büyük bir sevgiyle sahiplenen Hollandalılar dünyanın bir numaralı lale üreticisi olurlar, değişik türlerde birbirinden güzel laleler üretip dünyaya tanıtırlar. Lale soğanlarının karşılığında da Hollanda kralı, padişaha sarayının duvarlarını süslemesi için hatıra olarak ülkesinin ünlü mavi-beyaz Delft[1] çinilerinden gönderir. İzniklerin yanında sönük ve soluk kalır bu çiniler. Ama, bir dostluk ifadesi olarak değerleri büyük olduğundan, padişahın emriyle, Topkapı Sarayı'nın Harem Dairesi'ndeki büyük salonun duvarlarında yerlerini alırlar.

Günümüzde, Hollanda Başkonsolosluğu olarak kullanılan elçilik sarayının bünyesinde 1958 yılından beri varlığını sürdüren, zengin bir kütüphaneye sahip, bir araştırma enstitüsü var. Anadolu'nun kimi yerlerinde arkeolojik araştırmalar yapmış olan Hollanda Arkeoloji Enstitüsü. Sarayın arka bahçesinde ise, 1711 yılından beri varlığını sürdüren Kalvinist Protestan kilisesi ve geçmişte hapishane olarak kullanılmış bölüm yer alıyor. Elçilik sarayının üst katı başkonsolosluk rezidansı. Yüzyılın başlarında, elçilik girişinin iki yanındaki dükkânlar arasında, iki ünlü fotoğraf stüdyosu Sebah&Joailler ile Apollon Fotoğrafhaneleri bulunuyormuş.

Hollanda çok güzel bir ülke. Bir o kadar da yasalarıyla, insanlık haklarına bakış açısıyla çok demokratik, ilginç ve bazen anlaşılması zor bir ülke. Anlaşılamayan taraflarından biri de Sırpların Saraybosna katliamı sırasında, NATO adına orada bulunan Hollandalı askerlerin gözleri önünde binlerce Bosnalının öldürülmesi...

1 Delft: Ortaçağ'dan bu yana porselen ve çinileriyle ünlü bir Hollanda kenti.

SEBAH&JOAILLER FOTOĞRAF STÜDYOSU

Türk fotoğrafçılık tarihinin gelmiş geçmiş en ünlü isimleri arasında yer alan Sebah ve Joailler, Hollanda Sarayı girişinin sağ tarafındaki stüdyolarında uzun yıllar, genelde İstanbullu seçkin müşterilerin fotoğraflarını çektiler; ama, bunun ötesinde padişah ve şehzadelerin de fotoğraflarını çekmeye başlayan ikili, uzun bir dönem sarayın resmî fotoğrafçıları oldular. Bu fotoğrafhanenin öyküsü 1857 yılında Suriye kökenli Pascal Sebah'ın Postacılar Sokak'taki "Photo Sebah"ı açmasıyla başladı. 1873 yılında, Osman Hamdi Bey'in başkanlığında gerçekleştirilen Viyana'daki Osmanlı sergisi için çektiği birbirinden güzel fotoğraflarıyla, padişahın takdirini kazanan Foto Sebah, Sultan Abdülaziz tarafından üçüncü dereceden Osmanî Nişanı ile ödüllendirildi. Stüdyosunda çıkan bir yangınla tüm malzeme ve negatifleri yanan Pascal Sébah bu kötü olaydan sonra Kahire'ye gidip yerleşmiş ve orada vefat etmiştir. Pascal Sebah'ın eşi Roza, kocasının ölümünden sonra yine bir başka usta fotoğrafçı Policarpe Joailler ile ortaklık kurarak, Sebah&Joailler adlı ünlü fotoğrafhaneyi açar. Bu ortaklık birkaç yıl sonra Pascal'ın oğlu Jean'ın başarılı çalışmalarıyla perçinleşir. 1899 yılında, Rusya elçilik binasının yanı başındaki Abdullah Biraderler'in eski stüdyosu satın alınır ve orada hizmet vermeye devam edilir. Daha sonra, stüdyo Galatasaray'a taşınmış, Foto Sabah adıyla burada varlığını sürdürmeye devam etmiştir. Bir yüz yıla yakın bir zaman İstanbulluların fotoğraflarını çeken bu köklü müessese 1952 yılında kapanmıştır.

APOLLON FOTOĞRAFHANESİ

19. yüzylın sonlarında, Hollanda Elçiliği girişinin sağ tarafındaki dükkânlar arasında yer alan ikinci fotoğraf stüdyosu da, 1888-1916 yılları arasında burada hizmet vermiş olan Kirkor, Artin ve Yervant Gülmez kardeşlerin Apollon Fotoğrafhanesi'ydi. İlk stüdyolarını Concordia Tiyatrosu'nun bitişiğinde açmış olan Gülmez kardeşler, birbirinden güzel İstanbul ve Bursa fotoğrafları çekmişler, Sultan II. Abdülhamid'in takdirlerini kazanmışlar, bir dönem fotoğraflarının arkasında Sultan'ın tuğrasını basma hakkını elde etmişlerdir. Apollon Fotoğrafhanesi'nin yerinde bugün, İstanbul'un ünlü sahaflarından Turgay Erol'un Denizler Kitabevi yer almaktadır.

POSTACILAR SOKAĞI

Hollanda Başkonsolosluğundan sonra Tünel istikametine doğru devam ettik mi, biraz ilerde, solda Postacılar Sokağı'nın önüne geliyoruz. Beyoğlu'nun tarih kokan sokaklarından biri de burası. Bu kısacık sokakta neler yok neler. Sokağın girişinde sağ taraftaki büyük binanın altında, Birinci Dünya Savaşı sonlarında, cephede yaralandıktan sonra, kapağı İstanbul'a atmış Gustave Zoewe adında bir Alman subay tarafından kaliteli Alman biralarının servis edildiği bir meyhane işletildiğini, ama hepsinden de önemlisi kimi kaynaklarda yazılı olduğu gibi, Mustafa Kemal ile Ali Fuat Cebesoy'un silah arkadaşlarıyla ara sıra buraya gelip, gizli görüşmeler yaptıklarını bilgi dağarcığımıza nakledelim. Daha sonra, burası Hristaki adında bir Rum tarafından yarı meyhane yarı taverna şeklinde çalıştırılmaya devam ettirilmiş. Ama asıl önemlisi, 1850'li yıllardan 1867 yılına kadar bu sokağın girişinde yer almış ünlü bir fotoğrafçı var. Fotoğrafçılık tarihinin ilk ünlü isimlerinden biri olan İngiliz James Robertson'ın stüdyosu burada imiş. 1853 yılında İngiltere Krallığı'nın sponsorluğunda yayımlanan "Photographic News Of Constantinople" adlı İstanbul fotoğrafları albümünündeki ilk İstanbul fotoğraflarını çeken adam.

Postacılar Sokağı, sol tarafta Hollanda elçilik binasının bir parçası olan İstanbul'un en eski Protestan kilisesine de ev sahipliği yapıyor.

1857 yılında, bu kilisenin karşı sırasında, bir önceki sayfada da kendisinden söz ettiğimiz ilk ünlü fotoğrafçılarımızdan Pascal Sebah'ın işlettiği "El Shark" Fotoğrafhanesi açılmış. 1881'de çıkan bir yangınla, stüdyo yanmış, maalesef içindeki çok değerli cam negatif-

Postacılar Sokağı'na bakış.

ler de yanıp kül olmuş. Biraz daha aşağıda, Postacılar Sokağı'ndan Tomtom Kaptan Sokağı'na dönerken sol tarafta, Fransız Sarayı'nın kapılarından biri yer alır ki, bu kapı Pierre Loti Fransız Koleji talebe ve öğretmenlerinin kullandıkları kapılardan biridir. Tomtom Kaptan Sokağı'na sapmadan önce yine sol tarafta 20. yüzyılın başlarına tarihlendirilen görkemli bir bina çıkar karşımıza. Kapısının üzerinde, Glavani Apartmanı yazar. Evet, yanılmıyorsunuz; Galatasaray'da, İstiklâl Caddesi'nden Tepebaşı'na uzanan Kallavi Sokağa[1] bir zamanlar adını vermiş olan ünlü İtalyan aile Glavani'lerin mülklerinden biriymiş bu bina. Dışı gibi içiyle de hâlâ Levanten havasını yansıtan, yaşatan bir yapı. Ünlü sinema eleştirmeni, "korku filmleri mütehassısı" tarihçi-yazar-eğitmen Giovanni Scognamillo bu binada oturan ünlü Levantenlerden biri. Buradan Tomtom Kaptan'a doğru kıvrılmadan önce tam köşede; eskiliği tarihi duvarlarındaki çatlaklardan adeta dışarıya sızan sarı badanalı küçük bir yapının önünde duruyoruz. Uzun

1 bkz. Kallavi Sokak / Sayfa: 252

yıllar kapısı kapalı olan bu bina, Santa Terra "Kutsal Toprak" adıyla bilinen ve 1870 yılından beri günümüze dek varlığını aynı şekilde sürdürmüş olan minik bir şapel. İspanyol asıllı Fransisken rahiplere ait, ama ortada ne rahip var ne de cemaat. İçerde, bir zamanlar ibadet yapılan şapelin yanı sıra, geçmişte kullanılmış küçük bir de "hospitum" yer alıyor. Yani, düşkünlerin gelip kaldığı yemek yediği küçük bir fakirhane.

Glavani Apartmanı

DUTCH ŞAPEL

Hollanda Elçilik Sarayı'nın içinde yer alan, 1711 tarihli Dutch Şapel ya da Hollanda Kilisesi; 1638 yılında yine aynı yerde açılmış olan, İstanbul'daki en eski Kalvinist Protestan kilisesidir. Günümüzde, İstanbul'da yaşayan Güney Korelilerden Endonezyalılara Kalvinist Protestanlar tarafından kullanılmakta olan bu küçük ibadethane 1642 yılında çok önemli bir olaya sahne olur. Kalvinizm'e büyük sevgi besleyen dönemin İstanbul Rum Ortodoks Patriği Krillos Lukaris buraya davet edilir ve burada gizli saklı Protestanlık mezhebine geçer. Ancak, çok geçmeden bu olayı öğrenen Rumlar patriği öldürerek cezalandırırlar. Kapısı, Postacılar Sokağı'na bakan kilisenin 20. yüzyılın başlarındaki rahibi Kurtuluş Savaşı hareketine cephe ve tavır almış, "İngiliz Muhipleri Cemiyeti'nin başkanlığını yapmıştır.

Dutch Şapel'in bitişiğinde de, geçmişte elçiliğin hapishanesi olarak kullanılmış bölüm yer almaktadır. Malûm, geçmişte, kapitülasyonlar sonrası kimi yabancı ülkelere verilmiş olan imtiyazlarla, İstanbul'da bulunan elçilikler kendi mahkemelerini, kendi hapishanelerini, hatta Osmanlı'nın son demlerinde kendi postanelerini açabilme yetkilerine sahiptiler. Pazar günleri muntazaman ayinlerin yapıldığı kilise, aynı zamanda konser gibi kültürel etkinliklere de ev sahipliği yapmaktadır.

SANTA TERRA ŞAPELİ

Kutsanmış Toprak anlamına gelen Santa Terra, Filistin'i simgeleyen bir isimdir ve Tomtom Kaptan Sokak başında yer alan küçük bir şapelin adıdır. Yıllardan beri kapısı kapalı duran, İspanyol Katoliklerine ait bu şapel, arka tarafında yer alan Santa Maria Draperis Katolik Kilisesi'ne bağlıdır. Birkaç yıl öncesine kadar, şapel kapısı üzerinde tellerle duvara bağlı olan eski İspanyol elçiliğine ait antika arma birileri tarafından yerinden sökülmüş ve sırra kadem basmıştır.

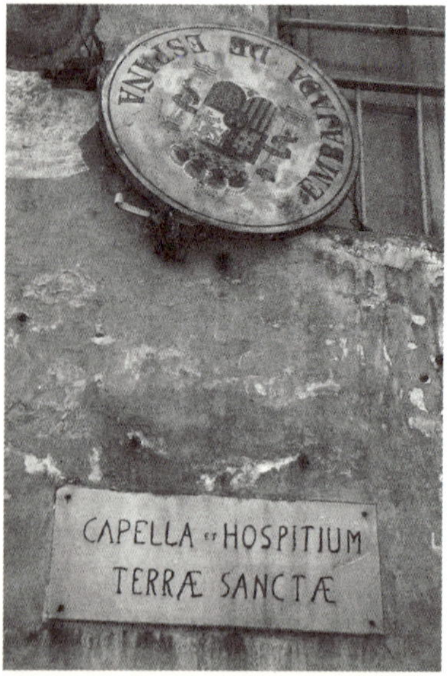

Birkaç yıl önce kayıplara karışan Santa Terra Şapeli'nin kapısı üzerindeki armalı pano.

VENEDİK SARAYI

Beyoğlu'nun en dik yokuşlarından biri olan ve de İstiklâl Caddesi'ni Çukurcuma'ya bağlayan Tomtom Kaptan Sokağı'ndan aşağıya doğru indik mi, kendimizi sessiz sedasız yine her bir tarafı Avrupa esintileriyle yüklü küçük bir meydanın ortasında buluruz. Bu meydandan aşağıya doğru uzanan sokakta Venedik Sarayı, Fransız mahkeme binası, Fransız elçiliği memur ve dragomanlarına ait bina, İtalyan Lisesi, İtalya Oteli ve öteki birkaç bina burada İtalyan rayihası estiren küçük bir "Campo"[1] havası yansıtır. Bu meydanın bir tarafında, geçmişteki ünlü Beyoğlu yangınları buralara kadar ulaşamamış olduğu için günümüze dek kalabilmiş eski İtalyan elçilik binası Venedik Sarayı "Palazzo Venezia" yer alır. Burada ilk görkemli bina, 1695 yılında, Pera'nın ünlü Levanten ailelerinden Testa'lar tarafından inşa ettirilmiş, daha sonra Balyos Andrea Memmo tarafından satın alınarak, 1781 yılında yapılan kimi değişikliklerle Polonyalı mimar Orlovski'ye restore ettirilmiştir. Geçmişte Pera bölgesinde yaşayan Veneddiklilerin başındaki balyos'un sarayıdır burası. Sonradan bu sarayın yanına hastane, şapel ve hapishane de inşa edilmiştir. Sarayın cephesinde, tam ortada aslanlı Venedik arması net bir biçimde görülür. Aslan, Venedik'in koruyucu azizi, dört İncil yazarından biri olan Markos'u simgeleyen hayvandır. Bu binaya çok ünlüler gelip gitmiştir; ama, bunların arasından bir tanesi yakışıklılığı ve çapkınlığı ile romanlara, filmlere konu olmuş ünlü Giacomo Casanova'dır. 1741 yılının yazında İstanbul'a gelen ve Venedik elçisinin misafiri olan maceraperest

1 İtalyanca'da alan.

Venedik Sarayı "Palazzo Venezia"

yazar Casanova'nın gittiği her bir yerde olduğu gibi, çapkınlığı ile İstanbul'da da kimi hatunların yüreklerini dağladığı yazılmıştır.

Geçmişte, Avusturya-Macaristan Krallığı Venedik'i ele geçirdiği zaman bu bina da el değiştirmiş, bir dönem Avusturya Krallığı'nın hizmetinde bulunmuştur. Ta ki, Avusturyalıların Napoleon Bonaparte'ın orduları karşında yenilgi almalarına dek. Bundan sonra, Venedik Sarayı'nı 1806-1825 yılları arasında Fransızlar kullanmış, ardından yine Avusturyalıların eline geçmiştir. Birinci Dünya Savaşı'ndan sonra İtalya'ya geçen saray, İstanbul'un düşman orduları çizmelerinin altında ezildiği 1919-1923 yılları arasında İtalyan işgâl kuvvetleri kumandanlık binası olarak kullanılmıştır.

Venedik Sarayı, içindeki pek değerli antika mobilyaları, halıları, tabloları, Murano kristal avizeleri, heykelleri ve hatta elçilerin bir yerden bir yere götürüldükleri tahtırevanıyla bugün hâlâ eskilerini yaşamaya devam edegelen bir elçilik sarayı olarak karşımıza çıkmaktadır. Günümüzde, bir bölümü ile İtalya Başkonsolosluğuna ev sahipliği yapan bina, aynı zamanda 1936 yılından bu yana İtalya elçilik misafirhanesi olarak kullanılmaktadır.

İTALYAN LİSESİ

Venedik Sarayı'nın yan tarafında, yine İtalyan tarzı yapılmış bir başka büyük bina yer alır. Burası 1919 yılından bu yana, Özel İtalyan Lisesi (Liceo Statale Italiano) olarak kullanılmaktadır. İstanbul'da, ilk İtalyan mektebi, İtalya'da İtalya Birliği'nin kurulmasından kısa bir süre sonra, 1861 yılında Santa Maria Draperis Kilisesi'nin[1] bitişiğindeki küçük bir binada açılır. İstanbul'daki İtalyan ailelerin çocuklarının eğitim alması için açılan bir okuldur. Her nedense, okul akşam saatlerinde faaliyet gösterir. Ardından, 1888 yılında Polonya Sokağı'na, yani günümüzdeki Nur-u Ziya Sokağı'na taşınan okul, bir dönem eğitim hizmetlerine burada devam eder. Ayrıca, bir başka İtalyan Okulu, 1885 yilında Galatasaray Lisesi'nin arka tarafındaki Hayriye Sokak'ta açılır. Burası 1970'li yılların başlarına kadar eğitim vermeye devam eden İtalyan Ticaret Mektebi'dir. Şimdilerde Cezayir Restoran olarak kullanılan bina. 1910 yılından sonra, İtalyan Okulu'na, belirli bir kontenjan sayısına göre Türk öğrenciler de kabul edilmeye başlanır. Yine Galatasaray Lisesi'nin arka tarafında kalan Turnacıbaşı Sokak'taki eski İtalyan Kız Ortaokulu, şimdiki karma İtalyan Lisesi Galilei Galileo da 1870 yılından beri eğitim vermeye devam etmektedir.

1 bkz. Sayfa 304

FRANSIZ MAHKEME BİNASI

Tomtom Kaptan'dan inip küçük meydana gelindiğinde, Venedik Sarayı'nın tam karşısında yer alan saray yavrusu niteliğindeki neoklasik – ampir tarzındaki yapı, Fransız Sarayı'nın bir parçası olan eski Fransız mahkeme binasıdır. Günümüzde Pierre Loti Koleji'nin ana okulu sınıfları için kullanılan bu bina, bir zamanlar, Fransızların İstanbul'da ticari suç işleyen vatandaşlarını sorguladıkları, mahkeme ettikleri yerdi. Kraliyet Fransa'sı döneminin izleri görülen bu küçük,

Günümüzde Pierre Loti Lisesi'nin ana okulu olarak kullanılan eski Fransız Mahkeme Binası.

Fransız Mahkeme Binasının cephesinde yer alan terazi ve baykuş simgeleri.

ama muhteşem yapının cephesinde Fransızca, Justice–Lois–Egalité, yani Adalet–Yasa–Eşitlik sözleri yer alır. Bu sözcüklerin iki yanını da, iki ilginç taş pano süsler. Bunlardan birinin üzerinde adaleti simgeleyen terazi ile mitolojideki adalet tanrıçası Athena'nın bilgelik sembolü baykuş, ötekinde de sanayi ve ticareti simgeleyen bir çapa yer almaktadır. Şunu hemen belirtelim; bu tarihi bina, üzerinde baykuş motifi bulunduran İstanbul'daki nadir binalardan biridir. Mahkeme binası 1844 yılında, sefaret sarayını yapan Mimar Laurécisque tarafından inşa edilmiştir.

FRANSIZ ELÇİLİĞİ DROGMAN VE MEMURLARININ LOJMANI

Fransız mahkeme binasının solunda kalan bahçe içindeki büyük binalar Fransız Sarayı'nın müştemilatıdır. Bahçenin büyük kısmını oluşturan ağaçlarla süslü teras, gravürlerden bildiğimiz eski saraydan kalmış yegâne izlerdir. Günümüzde, Pierre Loti Lisesi öğrencilerini taşıyan servis arabalarının gelip gittikleri sarayın arka kapısı da buradadır. Bu demir kapının sağ tarafında uzanan büyük yapı, bir zamanlar elçilik memurlarının, öncelikle de elçilikte tercüman olarak çalışan "drogman"ların kaldıkları binadır. Çok iyi eğitim görmüş olan bu tercümanlar Türkçe, Arapça, Yunanca ve Ermenice dillerini en iyi şekilde konuşup yazabilen, özel olarak seçilmiş ve bu göreve getirilmiş kişilerdi. Fransızca'da "Truchement", Türkçe'de "Tercüman" sözcükleri, "Drogman" ya da "Dragoman" sözcüğünün etimolojik olarak gelen bir devamı olarak kabul edilmektedir. Fransız Sarayı'nda görev alan "drogmanlar" 1721-1785 yılları arasında öncelikle Paris'teki Louis Le Grand Koleji'nde eğitim alıyorlar, daha sonra da, buradaki elçilik sarayı içindeki binada eğitimlerine devam ediyorlardı. Gravürlerde de görüldüğü gibi, şık ve gösterişli kıyafetler giyen bu tercümanlar, diplomatik kimlikleriyle, bağlı bulundukları Fransa Krallığı'nın da prestijini temsil eden memurlardı. Fransız ihtilâli sonrasında, Fransa Sarayı'ndaki, drogmanlara eğitim veren okul kapatılmış, 1703-1803 yılları arasında Edirne'de hizmet vermeye devam etmiş, ardından tekrar Pera'ya taşınarak 1831 Pera Yangını'na dek burada devam ettikten sonra tamamı ile kapanıp tarihe karışmıştır.

Tomtom Kaptan Sokağı'ndan Çukurcuma'ya inerken...
Sol tarafta: Dragoman Lojmanları.

SANTA MARIA DRAPERIS KİLİSESİ

Mimari konumu nedeniyle, büyük binaların arasında kalan, Meryem Ana'ya adanmış Santa Maria Draperis, İstanbul'un içi loş, en karanlık kiliselerinden bir tanesidir. Kitabesinde de yazılı olduğu gibi, İtalyan mimar Guglielmo Semprini tarafından yapılmış, 1904 yılında İstanbul Şehremini Rıdvan Paşa'nın zamanında ibadete açılmıştır. Aslında, bu kilisenin İstanbul'daki geçmişi 15. yüzyıla kadar uzanmaktadır. 1453 yılında Fatih İstanbul'u fethettiği zaman, bugünkü Sirkeci semtinin sınırları içinde kalan Fransisken papazlara ait bir Santa Maria Kilisesi'nin varlığı tarihi kayıtlarda görülmektedir. Daha sonra, Galata'da Mumhare caddesine taşınan kilise,1584 yılında yanmış;1590 yılında çok varlıklı bir insan olan Madam Clara Bertola Draperis'in bağışları ile yeni baştan yapılmış, sonradan bu hayırsever kadının adı da eklenerek, kilise Santa Maria Draperis adıyla anılmaya başlanmıştır. Yine bir yangın sonrasında harabeye dönen kilise bu defa Beyoğlu'nda bugünkü yerinde yeni baştan inşa edilmiş, ancak 1870 Beyoğlu Yangını'yla burası da kül olup gitmiştir..

1904 yılında yeniden inşa edilen kilise son halini alır. Kiliseye, İstiklâl Caddesi'ne bakan dış kapısından itibaren merdivenlerden inilerek ulaşılır. Caddeye bakan kapı üzerindeki kitabede Sultan II. Abdülhamit ve Şehremini Rıdvan Paşa'ya Latin Katolik cemaatinin şükran borcu dile getirilmektedir.

Santa Maria Kilisesi'ne ait aynı isimle anılan hanın caddeye bakan dükkânları arasında bir süre, Beyoğlu'nun gelmiş geçmiş ünlü kuyumcularından Çubukçuyan'ın dükkânı bulunuyordu. Ünlü fotoğraf-

Girişi üzerinde Meryem Ana heykelinin yer aldığı Santa Maria Draperis Kilisesi.

çılar Abdullah Biraderler'in yeğenlerinden, tiyatro afişleri hazırlayıp basan Palamari'nin dükkânı da buradaydı. Onun hemen yanı başında da, PTT'nin açmış olduğu küçük bir şube kısa bir süre için burada hizmet vermiştir.

Kilisenin içindeki İtalyan ekolüne ait Meryem tablosunun tarihi 16. yüzyıla kadar uzanmakta, Galata'da inşa edilen ilk kiliseden kalmış olduğu ileri sürülmektedir. Duvarlardaki öteki ikonografik tablolar da Venedik ekolüne ait eserlerdir. Pembe Carrara mermerinden yapılmış apsis bölümünde, geçmişte Galata Mumhane Caddesi üzerinde yer alan kilisenin yangınında kurtarılmış çok değerli eski Meryem Ana ikonası yer almaktadır. Apsis bölümünün iki yanındaki vitraylarda ise Aziz Fransuva ile Azize Klara betimlenmiştir. Duvarlar kiliseye geçmişte bağışlarda bulunmuş diplomat, doktor, tüccar gibi cemaatten ileri gelen kişilerin adlarına yazılmış kitabelerle kaplıdır. Bu duvarların eşiklerinde ayrıca, yine geçmişte bu kiliseye gömülmüş kimi önemli kişilerin kemikleri bulunmaktadır. Kilisede yatan önemli kişilerden biri de, Mekteb-i Tıbbıye-i Adliye-i Şahane'nin kurucularından, Türkiye'de modern tıp ve eczacılık öğretimini başlatan, saray doktorluğu da yapmış Avusturyalı Cerrah Doktor Karl Ambroise Bernard'dır. Yaptığı büyük hizmetlerden dolayı Sultan Abdülmecid tarafından "imtiyaz nişanı" ile ödüllendirilen Ambroise, 1844 yılında, henüz 36 yaşında iken ölmüş, ardından da buraya gömülmüştür.

Fransisken tarikatı rahiplerinin kurmuş olduğu Santa Maria Draperis, eskiden beri İstanbul'daki Latin Katolik cemaatinin ibadet ettiği önemli kiliselerden birini oluşturmaktadır.

BERGGREN FOTOĞRAF STÜDYOSU

Yüzyılın başlarında, Santa Maria Draperis Kilisesi'nin karşısındaki 414 numarada İstanbul'un gelmiş geçmiş ünlü fotoğrafçıların Berggren'in stüdyosu yer alıyordu. Stockholm'lü bir ressamın oğlu olan İsveç uyruklu Guillaume Berggren; genç yaşlarda, gezgin ruhunun rüzgârına kapılarak Odessa'dan Bükreş'e birçok yer dolaşmış; Almanya'ya gelip, Berlin'deki bir stüdyoda çalışmaya başlayarak fotoğrafçılık mesleğini öğrenmiş, ancak burada da fazla kalmayıp birkaç yerden gelip geçtikten sonra, maceracı ruhu onu İstanbul'a atmıştır. Geliş o geliştir. Vurulduğu bu kentte kalmayı yeğler. İlk fotoğrafhanesini Büyükdere'de açar, ancak burada pek fazla iş yapamadığından Pera'ya geçer, bir iki adres değiştirdikten sonra Cadde-i Kebir'deki 414 numaralı dükkâna taşınır. Berggren çektiği çok güzel panoramik İstanbul fotoğraflarıyla ünlenir ve bu fotoğraflar 1880'li yıllarda birlikte çalıştığı kartpostal yapımcısı Max Fruchtermann tarafından seriler halinde yayımlanır. İstanbul fotoğrafları dışında Anadolu'da da değişik görüntüler çekmiş, ayrıca değişik meslekleri fotoğraflamıştır. Zengin bir Rum aileye mensup Amalia Manopulo ile evlenen Berggren 1900'lü yılların başlarında, stüdyosunu Asmalımescit Sokak'a taşır ve yaşamının sonuna dek burada, 9 kapı numaralı fotoğrafhanesinde çok güzel işler yapar. "İngiltere Kraliyet Sarayı'nın Fotoğrafçısı" ünvanını da kazanmış olan Berggren 1920 yılında vefat etmiş, Feriköy'deki Protestan mezarlığına gömülmüştür.

Bir bölümü, geçmişte İstanbul Alman Arkeoloji Enstitüsü tarafından satın alınmış, geri kalan bölümü de kimi koleksiyonlarda yer alan Berggren'in negatif ve fotoğrafları, ilk defa 1985 yılında İstanbul'da; 2010 yılında da, İstanbul'un Avrupa Kültür Başkenti olması nedeniyle, "20. yüzyıl Başlarının İstanbul'u" adıyla, Stokholm'deki Akdeniz Müzesi'nde sergilenmiştir.

SURİYE PASAJI

İstiklâl Caddesi üzerindeki en büyük binalardan biri de Suriye Pasajı'dır. İstanbul'da ticaretle uğraşan Suriye kökenli Abut ailesi tarafından 1908 yılında Rum mimar Dimitri Basiliadis'e yaptırılmıştır. Birbirilerine bağlı üç bloktan oluşan pasajın giriş katı dükkânlardan, üst katları da ofis ve konut dairelerinden oluşmaktadır. Buradaki en eski iş yerlerinden biri, "Son Mohikan" örneği 1925 yılından bu yana yayımına devam eden, Vasiliadis'in kurucusu olduğu, başyazarlığını da Yaveridis'in yaptığı Rumların ünlü Apoyevmatini gazetesinin bürosudur. 1930'lu yılların başlarında günlük tirajı 15.000 olan gazete günümüzde 500 adet civarında basılmaktadır. Suriye Pasajı geçmişte, Fransızca olarak basılan bir başka ünlü gazete Journal De Stamboul'un da bürolarının bulunduğu yerdi. Pasajın Peremeci Sokağı çıkışı tarafında yer alan bu gazetenin yayım hayatı 1875 yılından 1974 yılına kadar sürmüş, çok daha sonraları Stamboul adıyla yayımlanmıştır. Fransızca olduğu halde John Laffan Hanly adında bir İngiliz tarafından çıkartılan gazete Türkiye'de yayımlanmış en uzun süreli gazetelerden biri olmuştur. Geçmişte, giriş katında seyahat acentelerinin de bulunduğu Suriye Pasajı, 1911 yılında Sine Santral adıyla açılan bir sinemaya kavuşur. Daha çok modası geçmiş eski filmler oynatan sinema, İstanbul'daki en ucuz ve en köhne sinemalar arasında yer almıştır. Sinema tarihçisi ve eleştirmeni Giovanni Scognamillo'nun da belirtmiş olduğu gibi, Sine Santral bitlenme riski olan sinemalardan biriymiş. Arif Yesari de Santral'de koltuk yerine tahta sıralar olduğundan söz eder anılarında. 1925'te tadilat görmüş, Santral

Suriye Pasajı'nın girişi

adı Şafak olarak değiştirilmiş, 1928'de Cumhuriyet adını almış; yıllar sonra da sinemanın yeni adı Zafer olarak anılmaya başlanmıştır.

Suriye Pasaji'nda, Santral gibi kötü, salaş bir sinema salonu yer almıştır ama, bunun yanında çok kaliteli bir ses kayıt stüdyosu da uzun yıllar bu pasajda hizmet vermiştir. Yeşilçam'ın değme filmlerindeki seslendirmeler, kimi yabancı filmlerin dublajları buradaki, Necip Erses'in sahibi olduğu ses kayıt stüdyosunda yapılmıştır. Geçmişin bu ünlü stüdyosunun adı: Ses Film Stüdyosu'dur. Suriye Pasajı'nda iz bırakmış dükkânlar arasında; hemen girişte yer almış kuyumcu Niko Lukidis'i, iki ünlü ayakkabıcı Mihailidis ve Havyaras'ı, Tayer Terzihanesini unutmamak gerekir.

Suriye Pasajı'nın cephesinde, birinci kat hizasında uzun yıllar bir uçtan öteki uca İstanbul Filateli Derneği'nin panosu yer alırdı. Başkanlığını Orhan Birand'ın yaptığı İstanbul'daki pul koleksiyoncularının derneği burada birinci kattaydı. Dernek, 1970'li yıllardan sonra buradan taşınınca tabelasını da söküp götürdüler. Bu pasajda bir dönem yer almış bir başka önemli dernek de Galatasaraylılar Derneği idi.

ABDULLAH BİRADERLERİN FOTOĞRAFHANESİ

1890'lı yıllarda Rusya elçilik binasının hemen yanı başında bir başka ünlü fotoğraf stüdyosu yer alıyordu. Viçen, Kevork ve Hovsep Abdullah kardeşlerin fotoğrafhanesi ya da ticari isimleriyle Abdullah Biraderler. Fotoğrafçılık tarihimizin efsane isimleri arasında yer alan Abdullah Biraderler'den, sonradan Müslüman olacak Viçen'in çalışmaya başladığı fotoğrafhane ilk önceleri Tarlabaşı'nda hizmet vermiş, kısa süre içinde elde edilen başarılarla, stüdyo "Abdullah Biraderler" adıyla İstiklâl Caddesi'ne taşınmıştı. Abdullah Biraderler'in yıldızı 1863 yılında çektikleri Sultan Abdülaziz portresiyle parlar. Padişahtan "Ressam-ı Hazret-i Şehriyari" ünvanını alıp, sarayın resmî fotoğraçıları olurlar. Çektikleri birbirinden güzel İstanbul fotoğrafları 1863 yılında Paris'te açılan dünya sergisindeki Osmanlı Pavyonu'nunda sergilenir. 1877-1878 Osmanlı-Rus Savaşı sonrasında Ayastefanos'a yerleşen Rus ordularının kumandanı Grandük Nikola Nikolayeviç ve öteki kumandanların fotoğraflarını çektiklerinden saray fotoğrafçılığı ünvanını kaybederler. Kahire'de de şube açmış olan Abdullah Biraderler, Beyoğlu'nda birkaç yer değiştirmiş son olarak da Rusya elçilik binasının bitişiğindeki dükkânı açmışlardır. Cadde-i Kebir'de ardı ardına açılan öteki rakip stüdyolar karşısında işleri bozulmaya başlayan Abdullah Biraderler; fotoğrahneyi, içindeki malzemelerle birlikte 1200 Osmanlı Lirası'na Sabah&Joailler ikilisine satarlar.

RUS SARAYI

1837 yılında, Rusya'dan özel olarak İstanbul'a gelen Rus Çarı'nın mimarları, İsviçre asıllı Guiseppe ve Gaspare Fossati kardeşler tarafından 1838-1845 yılları arasında yapılan bu saray 8.000 metrekarelik bir alanı kaplamakta olup, Çarlık Rusyası'nın Osmanlılar üzerinde özellikle uygulamış olduğu bir prestij ve baskı ifadesinin eseridir. Kimi kaynaklara göre, sefarethanenin temeline Rusya'dan getirilen topraklar serpiştirilmiştir. Rus kaynakları bu sarayın yapımı için 1 milyon ruble harcandığını yazarlar. Fossati kardeşler İstanbul'da yirmi yıl kalmış ve bu süreç içinde yalnızca Rus Sarayı'nın inşası değil, Ayasofya'nın da

Rus Sarayı'nın giriş kapısı.

Rus Sarayı'nın kapısı üzerinde yer alan Çarlık dönemi arması.

büyük restorasyonunu da gerçekleştirmişler, Osmanlı devletinden başka siparişler de almışlardır. Galata'daki Saint Pierre Kilisesi, Sultanahmet Sanayi Mektebi, Baltalimanı Kemik Hastanesi, Fossati kardeşlerin gerçekleştirmiş oldukları eserler arasında yer alırlar.

Bu saray yapılmadan önce, Ruslar elçilik binası ve "konçilerya" olarak Tünel tarafında kalan, sonradan Narmanlı[1] adını alacak hanı kullanmışlardır. Dışı gibi, içi de tavan ve duvarlarındaki muhteşem resimlerle oldukça zengin şekilde tasarlanmış olan sarayın büyük Sen Petersburg salonu, Çarlık Rusyası'nın ihtişamını İstanbul'a taşıyan ögelerden biridir. 1894 Depremi'nde zarar gören bina çok esaslı şekilde onarılmış, eskisinden daha sağlam bir konuma getirilmiştir. Kapılarını açtığı tarihten Sovyet Rusya'nın kurulduğu döneme kadar elçilik binası üzerinde yer alan çarlık simgesi altın varaklı kartal yerinden kaldırılıp yok edilmiş, yerine komünist Rusya'nın sembolü olan orak-çekiç işareti yerleştirilmiştir. Ne var ki, Gorbaçov'la birlikte bölünen Sovyetler Birliği'nin ardından Bellarussia'nın kurulmasına müteakip çarlık döneminin kartalı tekrardan saray cephesinin üzerindeki eski yerine yerleştirilmiştir.

Bu bina, Çarlık Rusyası'nın Osmanlı üzerinde uyguladığı baskı ve savaş yıllarında çok önemli görüşmelerin yapılmış olduğu bir yer olmasının ötesinde "93 Harbi" sonrası, 3 Mart 1878 tarihinde Ayastefanos'ta (Yeşilköy) imzalanan ve Osmanlı Devleti'ni hezimete uğratan

1 bkz. Narmanlı Pasajı / Sayfa: 338

Osmanlı-Rus Antlaşması'nın maddelerinin hazırlandığı yerdi. Ayrıca, 1894 yılında, Florya'nın Şenlikköy mevkiinde Rusların savaşta kaybettikleri askerler için yaptırdıkları ünlü Ayastefanos Rus Anıtı'nın proje çalışmaları da, İstanbul'a gelen Çar'ın mimarı Borazov tarafından bu binada hazırlanmıştı. Ayastefanos Rus Anıtı'nın içinde yer alacak olan 40 kadar ikonografik tablo da, yine Rusya'dan gelen Çar'ın altı ressamı tarafından bu sarayda özel olarak hazırlanmış, kendilerine atölye olarak tahsis edilen büyük bir salonda gerçekleştirilmişti.

Soğuk savaş yıllarının yaşandığı Sovyetler Birliği döneminde de, bu bina politikacılar gibi, kimi İstanbulluların nezdinde lanetlenmiş, korku veren "öcü" gibi bir yerdi. Soğuk savaş yıllarının en çetrefilli dönemi sayılan, atom bombalarının konuşulduğu 50'li, 60'lı yıllarda İstiklâl Caddesi'nin bu binaya yakın çevresini ilginç tipler kuşatmıştı. Bunlardan biri, bu satırların yazarının da çocukluk yıllarından çok iyi hatırladığı;ucu yuvarlak bir telle alıp üfleyerek minik baloncuklar uçurduğumuz deterjanla üretilmiş bir karışımı küçük şişeler içinde satan, saçı sakalına karışmış, pejmürde tipli bir adamdı. Yine, bu satırların yazarının hatırladığı ikinci ilginç bir tip ise, Sovyet Rusya Konsolosluğunun biraz ilersindeki bir köşede, genelde gözlerinden koyu güneş gözlüklerinin eksik olmadığı kemer satan bir adamdı. Kim bilir, daha kimler vardı konsolosluk binasının karşısındaki binalarda, dükkânlarda? Aradan yıllar geldi geçti; politikalar, değişti, eski komünistlerin çoğu liboşlaştı ve yıllar sonra bütün bu esrarengiz tipler tek tek yazıldı. Biz çocukların uçan balon satıcısıyla, öteki köşede kemer satan adamın yıllar sonra MİT ajanları oldukları ortaya çıktı. Gerçi, o zamanlarda Ruslar bunların kim olduklarını bilmiyorlar mıydı? Tabii ki, biliyorlardı. Kim bilir bilmediğimiz, öğrenemediğimiz daha kimler, neler vardı Beyoğlu'nun bu gizemli köşesinde? Ama şu gerçek ki, İstiklâl Caddesi ya da eski adıyla Cadde-i Kebir her bir dönemde, her bir köşesinde, her daim sırlar saklamış bir yün yumağı idi. Tokatlıyan Oteli'nden Pasaj'a, küçük ara sokaklardan Pera Palas'a uzanan semtte, her bir dönem James Bond'a taş çıkartacak casuslar, ajanlar cirit atmışlardı.

KONT ANDREA HADJAROS BİRAHANESİ

Kimi kaynaklarda, 1880 yılında açıldığı yazılan birahanenin sahibi bir İspanyol'du.[1] Rus elçiliğine bitişik bu birahanede ithal İngiliz Ale birası gibi Alman biraları ya da Fransız şarapları bulmak mümkündü; mezeleri de oldukça ünlenmişti, ancak Hadjaros Birahanesi'nin olumlu referansları arasında, bir dönem burada çalışmış, mükemmel servisiyle tanınmış Nikolaos Lalas isimli Rum garsonun da önemli bir yeri vardı. Kaliteli servisiyle, kaliteli müşterilere hizmet veren Andrea Hadjaros Birahanesi 19. yüzyılın sonlarında kapandı. Yine kimi kaynaklarda yazılı olduğu gibi içi havagazı lambalarıyla ışıl ışıl aydınlatılmış bir mekândı.

1 Bazı kaynaklarda Rum olduğu da yazılı.

SEN PETERSBURG PASTANESİ

Markiz pastanesinin yerinde çok daha önce, Pera'nın çok ünlü bir başka pastanesi yer alıyordu. Adını, biraz ilerdeki Rusya Sarayı'ndan esinlenerek almış, sosyetik müşteriye hizmet veren Sen Petersburg Pastanesi. Pastanenin sahibi Charles Bourdon çok iddialı nefis pastalar yapan bir Fransızdı, ama dükkânının yan tarafında, çok daha sonra Oryantal Pasaj'a dönüşecek olan yerde Fransız mutfağından spesiyal yemekler de veriyordu. Bourdon'un seçkin müşterileri arasında Mabeyinci Ragıp Paşa, Ziya Paşa, ünlü banker Mavrogordato, Namık Kemal, Ahmet Mithat Efendi, Şinasi gibi isimler vardı. Hatta, 1888 yılında İstanbul'a turneye gelen ünlü Fransız aktrist Sarah Bernhardt da buraya birkaç kez gelmiş, burada bir şeyler yiyip içmişti. Charles Bourdon 1860'lı yıllarda, Cadde-i Kebir'in ünlü pastacısı Vallaury'nin yanında yetişmiş, aynı zamanda Vallaury'nin damadı olan Mösyö Edouard Lebon'u yanına ortak almış, bir dönem birlikte çalıştıktan sonra da, dükkânı Lebon'a devretmişti. Bu devirden birkaç yıl sonra da, 1903 yılında yaşlı Charles Bourdon ölmüştür.

LEBON PASTANESİ

Pastacı-şekerlemeci-dondurmacı, bütün bunların yanında ünlü mimar Vallaury'nin eniştesi olan Edouard Lebon, Charles Bourdon'un devrettiği Sen Petersburg Pastanesi'ni bir dönem eski adıyla işletmeye devam eder. Daha sonra da pastaneye kendi adını verir. Yaptığı leziz pastalarla İstanbul'un en ünlü pastacısı ünvanını kazanır; bu ünvan sarayın da dikkatini çekmekte fazla gecikmez; bir dönem sarayın, bir dönem de Fransız elçiliğinin pastacısı olan Lebon, kendi pastanesinin fırını gibi Dolmabahçe Sarayı mutfağındaki pasta fırınını da bizzat tasarlayıp, Paris'teki bu işin ünlü ustası Lemeunier'ye ısmarlar. Bu arada, Cadde-i Kebir'deki pastanesinin duvarları için Fransa'nın Ch. Boulanger Choisy-Le-Roi firmasına, dönemin modasına uygun "Belle Epoque" tipinde iki büyük ar-nuvo fayans pano siparişi verir. Bu firmanın atölyeleri Birinci Dünya Savaşı sırasında top mermileri altında yıkılıp gitmiştir. Birbirinden güzel "Sonbahar" ve "İlkbahar" panoları İstanbul'a gönderilir; 1905 yılında da pastanenin duvarlarına yerleştirilirler. 20. yüzyıl başlarının ünlü Fransız seramik sanatçısı J.A. Arnoux'nun eserleridir bu panolar. Bu panoların bir benzeri de, Kalamış'taki Villa Mon Plaisir yalısının duvarlarında yer almaktadır. Aslında Lebon Pastanesi için ısmarlanan panoların üç tane olduğu, ama bunlardan "Kış" kompozisyonlu panonun İstanbul'a nakli sırasında bir kazaya kurban gidip kırıldığı bilinir. Seramik panoların yanı sıra, sonradan Markiz Pastanesi'ne dönüşecek Lebon'un Mazhar Resmor imzalı vitrayları, dekoratör İbrahim Sarfiyef'in elinden çıkmış pasta vitrinleri, Cezarliyan ustanın kartonpiyer süslemeleri bu pastanenin ar-nuvo ve ar-deko karışımı ögelerini tamamlar. Çok iyi işlere imza atan Edouard Lebon, sonradan dükkânının karşı tarafında, Humbaracı Sokak'ın köşesinde ikinci bir dükkân daha açar. Bir dönem buraya gelen müşterilerin dilinde "Chez Lebon, Tout est bon" (Lebon'da her şey güzeldir) tekerlemesi moda olur çıkar. Lebon'un seçkin müşterileri arasında, sık sık şampanya içmeye gelen Anadolu Demiryolları Genel Müdürü İsviçreli Mösyö Huguenin, Said Naum Duhani, Pierre Loti, Claude Farrère, Levant Herald gazetesinin sahibi Lewis Mizzi, Yunus Nadi gibi ünlüler vardır. Bir de, adı unutulup gitmiş, Türk turizminin ilk tercüman-rehberlerinden, sık sık Lebon'a gelip oturan ve burada bulduğu yabancı müşterilerle tanışıp onlara İstanbul'u gezdirerek ekmek parasını kazanan Bazil Zakarof. Sait Naum Duhani, "Eski İnsanlar, Eski Evler" adlı eserinde, İstanbul'a gelen ünlü işadamı-zengin Kont Richard Orloff'u Bazil Zakarof'un gezdirdiğini ve yaptığı rehberlik hizmetinden çok memnun kalan Kont'un kendisine 100 Altın Türk Lirası ödediğini yazar.

Edouard Lebon öldükten sonra, pastaneyi bir müddet yanında yetişmiş olan Kostas Litopulos işletmiştir.

MARKİZ PASTANESİ

Kosti Litopulos pastane işini bırakıp dükkânı kapattıktan sonra, tam karşı köşede, Humbaracı Yokuşu'nun başına, damadı Yanna tarafından yeni Lebon pastanesi açılır. Bir müddet kapalı duran eski pastaneyi de, 1942 yılında muhasebe bürosu işleten Avedis Ohanyan Çakıroğlu adında Ermeni bir müteşebbis devralır. Gençlik yıllarında Tokatlıyan Oteli'nde çalışmış, sonradan Şişli'deki Nis Çay Bahçesi'nin işletmeciliğini yapmış Avedis Çakıroğlu ailevi bağlantıları nedeniyle Paris'e gidip gelen biridir ve çok sevdiği şeylerden biri de çikolatadır. Paris'e her gidişinde oradan, butik bir marka olan "Marquise De Sevigné" çikolatalarından alır getirir. İşadamı Çakıroğlu aklına koymuştur; muhakkak aynı kalitede çikolatalar yapıp satacaktır İstanbullulara. Ünlü Fransız çikolatasının adını verir pastaneye. Bundan böyle, eski Lebon Pastanesi'nin tabelası Markiz Pastanesi olarak değiştirilir.. Çok iyi pasta ustaları bulup getirtir. Arzu ettiği gibi de çok kaliteli çikolatalar yaptırıp satarak, o çikolata tutkulu rüyasını gerçekleştirmiştir. Çikolatanın yanı sıra Markiz'in oldukça başarılı ürünlerinden biri de ayva, portakal ve incirli "fruit-glacé"leriydi. Eskiden olduğu gibi, Markiz Pastanesi de seçkin müşterilere hizmet veriyordu. Yazarlar, sanatçılar, akademisyenler, işadamları; alt katı pastane, üst katı lokanta olarak kullanılan Markiz'i buluşma noktalarından biri haline getirmişlerdi. Eski, Lebon Pastanesi'nin atmosferi içinde, tonet sandalye masalar pastanenin bohem görüntüsünü tamamlıyor; Limoges fincanlar ve tabaklar, Christofle gümüş takımlar pastanenin soylu kimliğini devam ettiriyor; mis gibi vanilya kokularına moka kahvenin nefis rayihası karışıyordu.

İstiklâl Caddesi'nde bir "müze mekân" Merkez Pastanesi.

Markiz Pastanesi'nin 1940'lı yılların başlarından 50'li yılların başlarına dek uzanan döneminde dört ayrı müşteri profili vardı. Bunlardan birinci grup, sabah saatlerinde, kahve ya da çay içmeye, gazetesini okumaya gelen seçkin emekli takımıydı. Aralarında eski diplomatlar, edebiyatçılar vardı. Bu müşterilerden biri de Yahya Kemal Beyatlı'ydı. Sabah saatlerinde, başında Borsalino şapkası, sırtında mevsimine göre kemerli paltosu ya da pardösüsü, cebinde katlanmış gazetesi kaldığı Park Otel'den çıkar, ağır ağır yürüyerek Markiz'e kadar gelir, burada kahvesini içip gazetesini okur, eski dostlarla sohbet eder, bir müddet oturduktan sonra da yine aynı yoldan geri dönerdi. Markiz'in ikinci grup müşterisi öğle saatlerinde buraya bir şeyler atıştırmaya gelen patronlar, işverenler, banka müdürleriydi. Alaminüt bir şeyler yer, ama bundan daha önemlisi burada birbirlerini görüp, kimi zaman iş görüşmeleri yaparlardı. Öğlen saat ikiye doğru bu müşteri profilinden kimse kalmazdı. Üçüncü müşteri profili, pastaneyi saat üç ila dört buçuk arası dolduran birbirinden şık hanımlardı.

20. yüzyıl başlarının ünlü Fransız seramik sanatçısı Arnoux'nun, Markiz'in duvarlarını süsleyen İlkbahar ve Sonbahar panoları.

Beyoğlu'na alışverişe çıkmış bu hanımlar ellerinde paketleri, soluklanıp bir kahve içmek, bir ekler pasta ya da makaron yemek için Markiz'e gelirler, Markiz'in vanilya, çikolata kokularına o dönemin modası "Chat Noir" türünden mis gibi, baş döndüren parfüm kokularını katarlar, kahve sonrası afili tabakalarından çıkarttıkları yassı Gelincik sigaralarını püfürdetirler. Şık hanımların gidişinden sonra küçük bir boşluk yaşanır, ardından da dördüncü müşteri tipi yavaş yavaş Markiz'deki yerini almaya başlardı. Bunlar genel olarak Sait Faik, Orhan Veli, Fikret Adil gibi edebiyatçı, gazeteci ve sanatçılardı. Burada toplanıp bir araya gelirler; çaylarını, kahvelerini içip hasbihal ederler, daha sonra da yan taraftaki Asmalımescit'in yolunu tutarlardı.

Markiz Pastanesi, geçen yıllar içinde, Beyoğlu'nun yozlaşmasıyla birlikte eski parlak günlerini yitirmeye başlar. Üst kat, İlham Gencer'in piyanosu eşliğinde viskilerin yudumlandığı bir gece kulübüne dönüşür. Böylece, asırlık pastanenin soylu kimliğinde büyük bir değişiklik yaşanır; 1965 yılında son müşterilerine servis yaptıktan sonra kapısını tamamı ile kapatır. Bundan sonraki süreçte otomotivci bir tüccar çıkar ortaya; otomobil parçaları satmak amacıyla Markiz'i, son sahibi Ermeni Madam Verder'den satın alır. Başta Haldun Taner gibi birkaç entelüktüel olmak üzere Beyoğlu'nu sevenler, belediye, esnaf herkes el ele verip büyük bir imza kampanyası başlatırlar, Anıtlar Kurulu izin vermez böyle bir projeye ve otomotivci tüccar ortadan kaybolur gider.

Markiz; kapalı kapısı, vitrini, mobilyalarıyla yirmi yıldan fazla tozlar içinde kaldı ve 2003 yılında; yeni sahibi, karşı sırasındaki Richmond Oteli'nin işletmecisi Mustafa Aksoy tarafından aklanıp paklanmış olarak yeni baştan açıldı. Vitrininin önünden geçen eskilerin gönlünde bir ferahlık olmuş, uzun süren bir ayrılık sona ermişti. Bir iki yıl, vitrinde teşhir edilen birbirinden zarif koleksiyonlarla pastane olmanın yanı sıra, adeta bir sanat galerisine de dönüşmüştü. Bir ara cuma, cumartesi akşam saatlerinde keman, flüt, çellodan oluşan bir trio çok güzel klasik dinletiler yaptı. Ama, bütün bunlar her nedense fazla sürmedi. Birkaç yıl sonra, Markiz'in vitrininin üzerine koskoca, yakışıksız bir bilmem ne .... Coffe's tabelası yapıştırıldı. Markiz'e, Markiz'in geçmiş saygın tarihine yapılabilecek en büyük kötülüktü bu. Ondan sonra da, batırıldıkça batırıldı. Yetmedi, son sahipleri tarafından 1 makarna+1 salata, her şey dahil 5 TL'den yemekler veren bir yemek kulübü açıldı. Gerisi malûm, Yahya Kemal'lerin, Sait Faik'lerin, Mazhar Osman'ların Markiz'i çoktandır kayıplara karıştı.

"Her neyse, içi görülen salon bomboş ama, ben ara sıra geçerken, içeriye bakıyor ve üstad dostum Abdülhak Şinasi Hisar'ı görüyorum:

İki tombul elini, kiraz bastonunun gümüş topuzlu sapına üst üste koymuş, her zamanki melânkolisi ile, dalgın, oturuyor.

Yanına ilişmeyi –ve onu teselliye devam etmeyi–, ne kadar isterdim.

Ne yaparsınız ki kapı kilitli..."

(Beyoğlu'nda Gezerken / Çelik Gülersoy / Çelik Gülersoy Vakfı Yayını / 2003)

ŞARK PASAJI (PASSAGE ORIENTAL)

Girişi, Markiz Pastanesi'nin sağ tarafında kalan Şark Pasajı ya da öteki eski adıyla Passage Orientale 1840'lı yıllardan bu yana varlığını sürdürüyor. Bir kapısı Asmalımescit Sokağa açılan bu pasajda, geçen yüzyılın sonlarında Charles Bourdon'un işletmiş olduğu, Fransız yemekleri veren, küçük "a la kart" bir restoran bulunuyormuş. Geçmişte, Cadde-i Kebir üzerindeki en şık pasajlardan biri olan Şark Pasajı'nda Fransız Postanesi, Koehler Kardeşler'in işlettiği kitabevi, Valery Kitabevi, Mandus Matbaası, Kristikis Kuaför Salonu, iki Rum ortak tarafından işletilen Polonez Şarküteri Evi gibi dükkânlar ve ofisler yer alıyor. Bir zamanlar burada bulunan bir başka önemli adres de, Ermenilerin çıkarttığı Marmara Gazetesi. Bu gazete sonradan Balık Pazarı'nda, Üç Horan Kilisesi'nin arka tarafındaki bir binaya taşınır. Günümüzde, duayen gazetecilerden Rober Haddeler 'in yönetiminde olan Marmara, İstanbul'da çıkan üç Ermeni gazetesinden biri olarak yayım hayatına devam ediyor. Şark Pasajı, İstanbul'un sanat yaşamında da çok önemli bir açılıma ev sahipliği yapmış bir bina olarak tarihimize geçmiştir. 1901 yılında, burada Pera Salonu adı verilen galeride, Sanayi-i Nefise Mektebi müdürü Alexandre Vallaury'nin yönetiminde ilk resim ve heykel sergisi açılmış ve dört yıl üst üste devam eden bu sergiler İstanbullu sanatseverler tarafından büyük ilgiyle izlenmiştir.

Pera Sergileri, 1916 yılından sonra Osmanlı Ressamlar Cemiyeti tarafından yeni baştan hayata geçirilmiş, 1952 yılına dek Galatasaray Lisesi salonlarında devam ettirilmiştir.

ASMALIMESCİT

Eskiden, nüfusunun çoğunluğunu Rum vatandaşların, Beyaz Rus kökenli ailelerin, yabancı konsolosluk görevlilerinin oluşturduğu bir sokakmış Asmalımescit. Kimi konsolosluklar da bu sokakta yer almışlar. Hemen yan tarafta uzanıp giden Şehbender Sokak da bunu gösteriyor zaten! Şehbender eski dilde "konsolos" demek. Kayıtlara baktığımızda, sokağın adının 19. yüzyıl sonlarında Fransızca "Rue de Chancellerie" olarak geçtiğini görüyoruz. Yani, konsolosluk sokağı. 1880'li yıllarda, bugünkü Çağın Han'ın yerinde Romanya Konsolosluğu yer alıyor. Konsolosluğun taşınmasından sonra, yerini Paris Otel almış. Bir zamanlar konsomatrislerin, kabare ve kulüplerde çalışan sanatçıların kaldıkları yerlerden biri. Konsolosluk hizmetlerini bu sokakta vermiş ikinci bir ülke de Bulgaristan. Aslında, Asmalımescit mahallenin eski adı. Sultan II. Beyazıt döneminde (1481-1512) Tershane-i Amire Kalafatçıbaşısı Yunus Ağa tarafından burada yaptırılan Asma Mescidi'nden almış adını. Eskiden Karnik Zaroğlu, İrina Baydak, Ahmet Keskiner, Kegam Eryazı gibi antikacıların, çerçevecilerin, saat tamircilerinin yoğun olduğu sokak 1980'li yılların başlarından itibaren peyderpey açılmaya başlayan meyhanelerle birlikte klasik görüntüsünü değiştirmeye başlamış. Bugün, yalnızca Beyoğlu'nun değil, tüm İstanbul'un meyhaneleriyle ünlü iki sokağından biri. Asmalımescit'teki ünlü isimler arasında: Arslan 1, Arslan 2, Yakup, Refik, Mavi Melek ve Boncuk popülariteleri nedeniyle ön saflarda yer alan adresler. Ama, geçmiştekilerden adı kalmış bir tanesi var ki, o da, Asmalımescit'e İstiklâl Caddesi tarafından girildiğinde sol tarafta

Asmalımescit Sokak

yer alan Tunalı Meyhanesi. Günümüzdeki Atlas Apartmanı'nın altı. Bir zamanlar burası, Saik Faik'ten Elif Naci'ye, Salah Birsel'den Fikret Adil'e birçok edebiyatçı ve sanatçının bir araya geldikleri, kadehlerini tokuşturdukları yer. Zaten, Fikret Adil, Tunalı Meyhanesi'nden biraz ilerde, bugün de var olan 47 kapı numaralı binada oturuyor o zamanlar. Kaleme almış olduğu, 1933 yılında basılan "Asmalımescit 74"ve "Bohem Hayatı" adlı eserlerinde, bu sokağın renkli yaşamından, bu renkliliğin içinde yaşayanlardan bol bol söz ediyor. Şimdilerde ise Tunalı'nın yerinde güzel, modern bir bar var. Asmalımescit'in girişinde yer alan o zamanın 370 kapı numaralı binasında da Beyoğlu'nun tanınmış mağazalarından Baker'in bir şubesi bulunuyor. 1930'lu, 40'lı yılların Asmalımescit Sokağı'ndaki bar ve meyhanelerin yanında biraz aykırı kalan bir adres daha var. 1936'da kapılarını kapatan, "bohem havalı" Elit Pastanesi. Buranın müdavimleri de genelde akademili sanatçılarmış. Ne var ki, Asmalımescit son yıllarda, geçmişte kalan o ünlü Bohem görüntüsünü yeni baştan yakalamış gibi görünüyor.. Plastik sanatçıların, öncelikle de ressamların çok sevdikleri bu sokakta 30'dan fazla sanat atölyesinin yer aldığını da söyleyelim.

Asmalımescit'te oturmuş ünlüler arasında, Osmanlı'daki ilk modern bando teşkilatı Mûzika-yı Hûmayu'nu kuran, Devlet-i Alîyye-i Osmaniye ve padişah için marşlar bestelemiş Guiseppe Donizetti Paşa var... Ünlü opera bestecisi Gaetano Donizetti'nin kardeşi... 9 numaralı binada da, eski İstanbul'un ünlü fotoğrafçılarından James Robertson ikâmet etmiş. Onun biraz ötesindeki bir başka binada oturmuş diğer bir ünlü isim de gazeteci-yazar, çevirmen Fikret Adil. Burada oturduğu yıllarda, sokakta geçen anılarını, kaleme aldığı "Asmalımescit 74" adlı kitapta dile getirmiş.

Yakup Meyhanesi'nin bitişiğindeki binada ise bir başka tarih yatıyor. Geçmişin ünlü gazetelerinden, Mösyö Lewis Mizzi'nin sahibi olduğu, İngilizce - Fransızca yayımlanan The Levant Herald'ın büroları uzun yıllar bu binada hizmet vermiş. Yakup'un karşı sırasındaki Fransız Pasajı'nda da Nil Lokantası yer alıyormuş. Lokanta nedeniyle pasaj uzun bir zaman Nil Pasajı olarak anılmış. Bina aynı zamanda 1960'lı yıllarda çalışmalarını burada devam ettirmiş Turing Otomobil Kurumu'na da ev sahipliği yapmış bir yer. Bu meyhaneler sokağında adını bırakmış ünlü mekanlardan bir başkası da Lalas ve oğullarının işletmiş oldukları Kohut Restoran ve Birahanesi. Lokantacılık işini çok iyi bilen Lalas'lar aynı dönemde, Haydarpaşa'daki "Gar Lokantası"nı da işletmişler.

Son yıllarda Asmalımescit'e renk katmış olan bir başka adres de, Şehbender Sokak'ta yer alan, dünyaca ünlü müzisyenlerin gelip konser verdiği Babylon. Tünel tarafındaki General Yazgan Sokak ise, Asmalımescit'in alaminüt restoran ve kafelerle yoğunlaşmış başka bir köşesini oluşturuyor.

REFİK

İstanbul'un "kendine özel" meyhanelerinden söz edildiği zaman, Refik ilk akla gelenlerden biridir. 1950'li yıllardan bu yana Asmalımescit'te hizmet veren bu ünlü meyhanenin kurucusu, 2011 yılının temmuz ayında, 90'lı yaşlarında vefat eden, deyim yerinde ise "refik gibi" bir adam olan Hemşinli Refik Arslan'dır. Bu meyhanenin en büyük özelliği, Aziz Nesin'den Ferit Edgü'ye, yıllardan beri basın ve yazın camiası üyelerinin keyifle demlendiği, uzun ve entelektüel rakı sohbetlerinin yapıldığı yerlerden biri olmasıdır. Servisi, kendine has atmosferi ve birbirinden nefis mezeleriyle meyhanesini adeta taçlandırmış olan Refik Arslan için çok şeyler yazılıp çizilmiş, bu sektörün en saygın duayenlerinden biri olarak yaşama veda etmiştir. Ölümünün ardından, 17 Temmuz 2011 tarihli Cumhuriyet'te yayımlanmış bir yazıda, edebiyatçı adaşı Refik Durbaş, gazete muhabirine şu röportajı verir:

"1965'te İzmir'den İstanbul'a geldiğimde ilk gittiğim meyhane "Refik", ilk tanıdığım meyhaneci Refik Arslan'dı. Meyhanesi içki adabının üniversitesi, kendisi de en yüksek yöneticisi idi. "Adam gibi" içmeyi öğretti. Müşterisi yoktu; konukları, arkadaşları, dostları vardı. Nesli tükenmiş bir "refik"ti, arkadaştı yani. Sevenleri ile buluşmaya gitti, anılarını yadigâr bırakarak..."

HUMBARACI YOKUŞU

Asmalımescit'in karşısındaki sokak, Tophane'ye inen meşhur Humbaracı Yokuşu. Neden meşhur? Çünkü, geçmişte bilhassa Tophane-Kasımpaşa arasındaki trafiğin en yoğun olduğu güzergâhlardan biri burası ve buradan gelip geçenlerin çoğunluğunu da azaplar, leventler, humbaracılar oluşturmuş. Bu dört yol ağzının köşesinde bir yeniçeri karakolunun var olduğu biliniyor. Kim gelip geçiyor, neler götürüp getiriyor, kontrol eksik olmazmış, çünkü buradan geçip giden yolun iki ucu da askeri mıntıka. Bir tarafta tersane, öteki tarafta Tophane. İstiklâl Caddesi'nden Tophane'ye inen bu yolun adı da yine aşağıdaki kışlada konuşlanmış topçulardan ve bir zaman bu topçu kışlasının kumandanlığını yapmış Fransız asıllı Humbaracı Ahmet Boneval Paşa'dan geliyor. Paşa'nın bu yokuşa yakın bir yerlerde dillere destan bir konağı varmış. Eski dilde humbaracı ya da kumbaracı, topçu anlamına geliyor. Yokuşun başında, sol tarafta daha önce de sözünü ettiğimiz Mösyö Lebon'un pastanesi yer alıyormuş; ama biraz daha aşağıda, sol tarafta 1920'li, 30'lu yıllarda sipariş üzerine güzel mobilyalar yapan bir marangozhane bulunuyor. Bir Rum olan marangozun adı Yeranus. Yeranus Usta, kış aylarında Beyoğlu'nda, yaz aylarında da Yeşliköy'de ikâmet ediyor. 10 Kasım 1938, Atatürk'ün elim vefatı. Bütün bir ulus yaslara bürünüyor. Vefatından hemen sonra da tahnit edilmesine karar veriliyor. İvedilikle hazırlanan cenaze programına göre en az bir hafta İstanbul'da kalması, ardından da Ankara'ya gönderilmesi kararlaştırılıyor. Atatürk'ün tahnit edilen naaşı, içi çinko kaplı bir tabutun içine yerleştiriliyor; fakat bu tabutun da içine yerleştirileceği daha büyük ve daha gösterişli bir tabut gerektiğinden alelacele yaverlerden biri yanındaki bir başka görevliyle beraber soluğu Beyoğlu Humbaracı Yokuşu'nda Yeranus Usta'nın yanında alıyor ve tabutun muhakkak bir gecede bitirilmesi öngörülüyor. Yeranus Usta'da bir panik, bir telaş; bunu ben nasıl bitiririm diye? Önce kabûl etmek istemiyor, ama red de edemiyor. Yardımcılarıyla birlikte kapanıyor marangozhaneye, bütün bir gece çalışarak gül ağacından tabutu ertesi güne hazır ediyorlar. Atatürk'ün cenazesini taşıyan fotoğraflarda, filmlerde gördüğümüz atlas Türk bayrağına sarılı o büyük tabut Yeranus Usta'nın Humbaracı Yokuşu'ndaki marangozhanesinde yapılır. O tabut bugün, Anıtkabir'de Zafer Kulesi'nin içinde, üzerinde taşınmış olduğu top arabası ile birlikte sergilenmektedir. Atatürk'ün naaşının Ankara'ya gönderilmesinden on on beş gün kadar sonra, ödeme yapmak için saraydan gelirler. Ancak, Yeranus Usta, "o benim babamdır" diyerek kati surette parayı almak istemez ve bu unutulmuş olay, yakın zamanlara kadar Yeşilköy'ün eski Rumları, Levantenleri arasında anlatılan bir efsane olur çıkar.

Humbaracı Yokuşu'nda, Yeranus Usta'nın marangozhanesine bitişik binalardan birinde de, 1949-1954 yılları arasında İstanbul Rumlarının bir dönem alıp okumuş oldukları Tahidromos gazetesinin bürosu yer alıyordu.

HIDİVYAL PALAS (HOTEL d'ANGLETERRE)

Humbaracı Yokuşu'nun girişinde, sağ köşede Hıdivyal Palas adıyla anılan görkemli yapı, İstanbul'un en eski ve ilk modern oteli Hotel d'Angleterre'e (İngiliz Oteli) ev sahipliği yapmış binadır. Avrupa'da da ünlenmiş, tarihi yarımada ve Boğaz manzaralı otel, 1841 yılında kapılarını hizmete açmış 50 yıl gibi uzun bir zaman rakipsiz tek şık otel olarak kalmıştır. Hotel d'Angleterre'i açan, işletmeciliğini yapan, bir zamanlar Mısır Hıdivi'nin seyislik, vekilharçlık gibi yakın hizmetinde bulunmuş aslen bir Kıpti[1] olan Mösyö Jan Missiri'dir. Kaynaklar, otelden önce burada Pera'nın ünlü zengin Rumlarından Dimitraki Zafiropulos'un görkemli malikânesinin yer aldığını göstermektedir. Kimi anılarda da yazılı olduğu gibi, otelin müthiş Boğaz manzaralı restoranında duvar üzerinde yukardan aşağıya, Kraliçe Victoria'nın büyük boy bir tablosu asılı dururmuş. Onun tam karşısındaki duvarda da, Mösyö Jan Missiri'nin tablosu. Kendisini kraliçeden daha aşağı ve daha küçük göstermemiş. 1895 sonrasında kapanan otelin önemli müşterileri arasında Türk dostu yazar Pierre Loti'yi de görüyoruz. Araştırmacı Behzad Üsdiken'in belirtmiş olduğu gibi, bu otel açılmadan önce yerinde manzarası muhteşem, nefis Fransız yemekleri, Fransız şarapları veren kaliteli bir lokanta bulunuyormuş. Hotel d'Angleterre, otelcilik tarihimizde soylu, seçkin müşterilerin taşınması için tahterevan kullanan ilk otel olarak da karşımıza çıkar. "Beyoğlu Sedyesi" adı verilen

1 Mısırlı Hıristiyanlara verilen ad.

bu tahteravanlar önceleri elçilik binalarında elçiler ve aileleri için kullanılmış, ardından Hotel d'Angleterre'le otelcilik sektörüne girmiştir. Hotel d'Angleterre'in en önemli özelliklerinden biri de burada çalışan personelin iki üç yabancı dil bilen elemanlardan seçilmiş olmasıydı.

1895 yılında, Hallas Kardeşler tarafından satın alınan otelin adı Mısır Oteli olarak değiştirilmiş, çok daha sonra da Hıdiv Oteli adını almıştır. Yıllar sonra kapanan otel, Beyoğlu'nun yavaş yavaş çirkinleşmeye başladığı yıllarda, üzerine çıkılan iki kat ilavesiyle bir iş hanına dönüştürülmüştür.

Bir zamanlar Hotel d'Anglettere olarak kullanılmış olan Hıdivyal Palas binası.

SIGMUND WEINBERG STÜDYOSU

Beyoğlu'ndan gelip geçmiş ünlü isimlerden biri de, sinema ve fotoğrafçılık tarihimizde silinmeyen izler bırakmış; Türkiye'de ilk kez sinema gösterileri ve çalışmaları başlatan kişi olarak bilinen Sigmund Weinberg'dir. Romanya'da dünyaya gelmiş Alman asıllı Weinberg Pathe Film Şirketi'nin temsilcisi olarak İstanbul'a yerleşmiş; Hıdivyal Palas ile Botter Apartmanı arasında fotoğraf malzemeleri satışı yaptığı mağazasını açmıştır.1908 yılında, Beyoğlu'nda ilk yerleşik sinema salonu Pathe'yi de açan Weinberg, 1915 yılında Merkez Ordu Sinema Dairesi'nin başına getirilmiş, Galiçya Savaşı'nda çarpışan Osmanlı Ordusu'nun propoganda amaçlı filmlerini çekmiştir. Savaş sonrası tekrardan eski işinin başına dönerek, İstanbul'da Cine Palas ve Orientaux sinemalarını açmış, fotoğraf stüdyosunda çekmiş olduğu birbirinden güzel portrelerle de ünlenmiştir.

Jean Weinberg'in kullanmış olduğu tanıtım kartlarından biri. (Turgay Tuna Koleksiyonu)

HACHETTE KİTABEVİ

Çocukluk ve gençlik yıllarımın unutamadığım Beyoğlu mağazalarından biri de, Tünel'e doğru giderken Hıdivyal Palas Otelini geçtikten sonra bir iki dükkân ilerde yer alan Hachette Kitabevi'ydi. Adından da anlaşıldığı gibi, Fransızca ağırlıklı kitap ve süreli yayımlar satan bu büyük mağaza, İstanbul'da yaşayan Fransızlara ve Fransızca eğitim veren okulların öğrencilerine hitap eden prestij bir mağazaydı. Fransa'daki ünlü Librarie Hachette Yayınevi'nin yayınlarını İstanbul'da satan bir mağaza olarak açılmış, uzun yıllar da kapanana dek, adını korumuştu. Galatasaray Lisesi'nde okuduğum yıllarda, günümüzde büyük fiyatlara satılan Fransa'dan gelen o güzel ciltli, rengârenk Tin-Tin'leri aldığımız yerdi Hachette Kitabevi. Dükkânın kapısından içeriye girildiğinde güzel bir kitap kokusu gelmeye başlardı. Hachette'in hemen bitişiğinde de, Almanca yayınların İstanbul'daki bir numaralı adresi, Alman kökenli Bay Mühlbauer'in işlettiği Türk-Alman Kitabevi geliyordu.

BOTTER APARTMANI

İstanbul'daki ar-nuvo binalardan söz edildiğinde, ilk sırayı çekenlerden biri şüphesiz, İstiklâl Caddesi üzerinde İsveç Sarayı'na gelmeden önce, tüm ihtişamı ve bir o kadar yarı virane haliyle yükselen, kirlilikten siyahlara bürünmüş olan Botter Apartmanı'dır. Sultan II. Abdülhamid'in terzisi Mösyö Jan Botter tarafından, ar-nuvo mimarinin ustası Raymondo d'Aranco'ya yaptırılan bu görkemli bina her ne kadar içler acısı bir halde olsa da cephesindeki inci gibi işlenmiş bitkisel, geometrik motifler ve Meduza başlarıyla önünden geçenlerin hayranlıkla durup baktığı, bilmeyenlere "yahu, bu bina neyin nesidir?" dedirten muhteşem bir görüntü sergiler. Geçen yüzyılın sonlarında kral terzisi ve stilist Hollandalı Botter, padişahın terziliğini yapmak için İstanbul'a gelir. Kendisi gibi terzi olan eşi ve üç kızıyla II. Abdülhamid ve hareminin elbiselerini dikerler. Baba yadigârı mesleği kapmış birbirinden güzel sarışın kızları da, anne ve babalarına yardım ederler. Zenginliğine zenginlik katan Mösyö Botter, çok geçmeden dönemin ünlü mimarı, İstanbul'a ar-nuvo mimarinin inceliklerini getirmiş olan, İtalyan uyruklu Raymondo d'Aranco ile anlaşıp Beyoğlu'nda beş katlı bir bina yaptırır. Ortaya çikan bina, Botter'in adına sanına yakışan dört dörtlük bir malikâne olur. Alt kat mağaza, birinci kat terzihane, ikinci kat Mösyö-Madam Botter'in kaldıkları daire, üçüncü kat kızlarının ve oğlunun dairesi, son kat da yanlarında çalışan hizmetlilerin kaldıkları dairedir. Mağazanın vitrini bina gibi zengin bir görüntü sergiler. Sarayın ve yüksek sosyetenin terzisi Botter'in vitrininde balmumu mankenler üzerindeki ipekli abiyeler,

Botter Apartmanı

dönemin en güzel "haute couture" örnekleri arasında yer alır. Botter'lerden sonra binayı, Abdülhamit döneminin Donanma Nazırı Osman Paşa'nın oğlu Mahmut Nedim Efendi satın alır. Geçen uzun yıllar içinde değişen birbirinden farklı daire sahipleri ve kiracılarla, bina bir yüzyılı geçirip gider, ancak oldukça yıpranmasına karşılık belirgin bir onarım görmediğinden kötü bir hale dönüşür. Öyle ki, birinci kat üzerindeki ferforje balkonu çökme tehlikesine karşı koruyabilmek için, altına büyük putrel destekler yerleştirilir.

İlginçtir, yüzyılın başlarında bir saray terzisinin malikânesi olarak kullanılmış bu binanın bir dairesi, uzun yıllar sonra İstanbul Terziler Odası Başkanlığı'nın ofisi olur ve her ne kadar, tehlikeli bir konum arz eden bina boşaltılıp terk edilmiş olsa da, İstanbul Terziler Odası'nın tabelası yakın zamanlara dek binanın girişindeki duvarda asılı kalır.

Botter ailesinin Feriköy Latin Katolik kabristanındaki mezarı.

NARMANLI HAN

Narmanlı Yurdu adıyla da bilinen 1820 tarihli bu yapı, günümüze kalmış en eski Beyoğlu binalarından biridir ve İstiklâl Caddesi üzerindeki süsü püsü olmayan yalın, hantal, bir o kadar da özgün yapılar arasında yer almaktadır. İnşasından hemen sonra küçük bir kaleyi andıran hanı Ruslar almış, burasını içinde lojmanların, ahırların, hatta arka tarafta küçük bir hapishanenin bulunduğu Çarlık Rusya'nın elçilik ve konçilerya (konsolosluk) binalarına dönüştürmüşlerdir. Rus Sarayı'nın yapımından sonra yeni yerine taşınan elçilik burasını uzun bir dönem konsolosluk işlemleri için kullanmış, 1920'li yılların başlarına kadar da konsolosluk hizmetlerini buradan yönetmiştir. Daha sonra da bina Avni ve Sıtkı Narmanlı kardeşler tarafından satın alınmış, bundan böyle hanın adı Narmanlı Yurdu olarak anılmaya başlanmıştır. Narmanlı Kardeşler, hanı satın aldıktan sonra büyük bir tadilattan geçirmişler, binanın iç kısmı konut ve iş yerlerine, caddeye bakan kısımlar da dükkânlara dönüştürülmüştür. Hanın yakın zamanlara dek giriş zeminindeki mermerleri üzerinde, elçilik atlı arabalarının geçen yüzyıldan kalmış tekerlek izleri hâlâ görülebiliyordu. Zemine yeni taşlar döşendikten sonra bu izler tabanda kalmıştır. Narmanlı Han, kimi ünlü plastik sanatçılarının atölyelerini kurdukları yer olmuş, bunun yanı sıra, "Mahur Beste", "Beş Şehir", "Huzur", "Saatleri Ayarlama Enstitüsü" gibi eserlerin yazarı, ünlü edebiyatçımız Profesör Ahmet Hamdi Tanpınar da 1845-1951 yılları arasında burada ikâmet etmiştir.

Geçmişe meydan okuyan Narmanlı Han.

Burada oturmuş ya da atölyesini kurmuş ünlü plastik sanatçılar arasında heykeltıraş Dr. Firsek Karol, Bedri Rahmi Eyüpoğlu ve Aliye Berger yer almaktadır. Ayrıca, Rus orijinli İntourist ve Neft Sendikat acenteleri, ünlü pul tüccarı Ali Nusret Pulhan, Kürkçü Sanoviç, Ermeni Gazetesi Jamanac, Antoine Visconti'nin konfeksiyon mağazası, Andreas Kitabevi gibi isimler geçmişin Narmanlı Han'ında yer almış kimi ünlü marka isimlerdir...

JAMANAC GAZETESİ

1908 yılından bu yana yayımını sürdüren, Koçunyan kardeşler tarafından kurulmuş Türkiye'nin en eski günlük siyasi Ermeni gazetesi Jamanac, 1935 yılında, bürolarını Narmanlı Han'da açmış, uzun bir dönem burada hizmet vermiş, ardından da Santa Maria Draperis Han'ına taşınmıştır. Jamanac, günümüz Türkiyesi'nde yayın hayatını sürdüren Marmara, Agos gibi üç Ermeni gazetesinden biridir.

İSVEÇ SARAYI

İsveç Krallığı ile Osmanlı Devleti arasında ilk diplomatik ilişki 1735 yılında başlar. Gelişen dostluk ilişkileri içinde, İsveç Krallığı 1756 yılında Pera sırtlarından, bugünkü İsveç konsolosluk binasının bulunduğu yerdeki, İngiliz tüccar Lisle'e ait olan araziyi 6.000 duka altınına satın alır ve ilk elçilik binasını yaptırır. Giriş katında, içinde küçük bir şapelin de yer aldığı köşk şeklindeki ilk bina 1818 yılında yapılan Paskalya kutlamaları sırasında çıkan bir yangınla büyük hasar görür, ardından da daha büyük, daha kullanışlı yeni bir elçilik binasının yapımına karar verilir. Bugüne dek, çok iyi şekilde korunmuş olan eklektik bina, 1871 yılında, Kral XV. Karl zamanında, Avusturyalı mimar Pulgher'e yaptırılır ve o dönemin ünlü elçisi Selim Ehrenhoff'un verdiği görkemli bir balo ile açılır. Bu bina, İsveç Krallığı'nın sınırları dışındaki en eski ve ilk elçilik binası olması nedeniyle de ayrı bir özellik taşır. Gelmiş geçmiş elçiler arasında Ermeni asıllı bir İsveçli de vardır, Muradgea d'Ohsson. Önceleri elçiliğin baştercümanlığını yapmış olan bu zat-ı muhterem geçen yıllar içinde gösterdiği başarılarla elçiliğe kadar yükselmiştir. Ama, onu asıl şöhrete ulaştırmış olan şey, müthiş bir tarihçi olmasıdır. D'Ohsson, Paris'te yayımlanmış; üç büyük ciltten oluşan "Tableau Général de l'Empire Ottoman" (Osmanlı Tarihinin Genel Tablosu) adlı ünlü eserin yazarıdır. Cumhuriyet döneminin başlarında, elçiliklerin Ankara'ya taşınmasıyla beraber başkonsolosluğa dönüştürülen binanın bir köşesinde, günümüzde pek fazla etkinliği olmayan İsveç Arkeoloji Enstitüsü yer almaktadır.

Avusturyalı mimar Pulgher tarafından yapılan, İsveç Krallığı İstanbul Başkonsolosluğu binası.

Eski fotoğraflarda da görüldüğü gibi, yüzyılın başlarında elçilik bahçesinin caddeye bakan tarafında yan yana dizili dükkânlar yer alır. Bu dükkânlar arasında Sultan Mehmet Reşat'ın terzisi Voedoviç'in, ayakkabıcı Burguy'nin, ünlü kitapçı Heidrich'in ve sonradan yine aynı yerde bir başka kitapçı dükkânı açacak olan Kohen kızkardeşlerin mağazaları bulunmaktaydı.

Geçen yıllarda, İsveç Başkonsolosluğu; bina içinde çıkan bir yangın nedeniyle zorlu bir dönemden geçmişti. Alınan bir kararla, galiba vize işlemleri için, bahçenin tam ortasına tarihi binanın görüntüsünü maskeleyen ve de hiç yakışmayan prefabrike bir bina yerleştirilmişti. Doğal olarak ardından çok büyük eleştiriler geldi. Sonunda da, ivedilikle onarım yapıldı, ardından da görüntü kirliliği yaratan bu yapı kaldırılıp tarihi elçilik binasına yeniden nefes aldırılmış oldu...

FOTO SÜREYYA

İsveç Sarayı'nın köşesinden dönüp, hemen yanı başındaki, yokuş aşağı inen Şahkulu Bostan Sokağı'na giriyoruz. Sokak girişinin sağ başında yer alan iki katlı kâgir bina; bir zamanlar sosyetenin, sanatçıların, güzellik yarışmaları adaylarının fotoğraflarını çeken ünlü fotoğrafçı Foto Süreyya'nın geniş vitrinli stüdyosuna ev sahipliği yapmıştır. Yokuşun biraz aşağısında, sağda kalan Tarık Zafer Tunaya Kültür Merkezi'nin yerinde, geçmişte İstanbul'un en afili evlendirme dairesi olan Beyoğlu Evlendirme Dairesi yer alırdı ki, buranın bütün fotoğraf işlerini, adeta bir ışık ve gölge ustası olan; stüdyosu adına amatörler arasında tertip ettiği yarışmalar ve bir dönem yayımlamış olduğu fotoğraf dergisiyle tanınan Süreyya Bükey Bey yapardı. 1974 yılında vefat eden Süreyya Bey, binanın üst katını stüdyo, alt katını da dükkân olarak kullanmıştır.

1932 yılının, dünya güzellik yarışması birincisi Keriman Halis Ece'nin Foto Süreyya tarafından çekilmiş bir fotoğrafı. (Turgay Tuna Koleksiyonu)

FOTO S. SÜREYYA
BEYOĞLU - İstiklâl Caddesi No. 509
Tünel — Telefon: 44 34 95

BEYOĞLU EVLENDİRME DAİRESİ

Yeşilçam filmlerinde sıkça görülen bir zamanların ünlü Beyoğlu Evlendirme Dairesi, Şahkulu Bostan Sokağı'nda, bugünkü Tarık Zafer Tunaya Kültür Merkezi'nin yerindeydi ve burası cumhuriyet Türkiye-si'nin modern anlamda yapılmış ilk örnek evlendirme dairelerinden biriydi. Beyoğlu sınırları içinde olması nedeniyle, daha çok sosyetenin, seçkin ailelerin, sanatçıların evlilik törenlerinin yapıldığı yer olarak ünlenmişti. Hemen her gün, evlilik törenlerine gelen birbirinden şık davetliler, binanın çiçeklerle süslü giriş merdivenleri üzerinde endam ederler, son moda abiye elbiseler, ayakkabılar bir podyuma dönüşen bu merdivenlerin çevresinde patlayan flaşların sayısını artırır, davetlilerin gözlerini kamaştırırdı. Fotoğrafçılar arasında içerde yapılan töreni çekebilen tek bir kişi vardı. O da, gerçekten bu işin ustası, uzun yıllar buradaki fotoğraf çekme hakkını da belediyeden ihale ile almış olan Foto Süreyya idi. Şip-şak fotolar, elli adım ilerdeki stüdyoda banyo edilir ve büyük bir süratle müşterilerine teslim edilirdi. Beyoğlu Evlendirme Dairesi 1947 yılında inşa edildi, ama binanın inşası oldukça sorunlu ve sıkıntılı geçmişti. Nedeni de, daha önce burada yer alan Galata Mevlevihanesi'nin haziresinden kaynaklanıyordu. Zira, binanın yapımı için mezarların bir kısmı kaldırılacaktı. Nitekim, İstanbul Belediyesi'nin kararı ile, tarihi hazirenin bir bölümü istimlak edildi, mezarlar kaldırıldı ve buraya evlendirme dairesi inşa edildi. Bundan sonraki dönemde de 1993 yılına dek bu binada binlerce çift dünya evine girdi.

ALMAN LİSESİ

Tarık Zafer Tunaya Kültür Merkezi'nin bir ötesinde yer alan, İstanbul'un en eski okullarından Deutsche Schule ya da Alman Lisesi, Türkiye'nin ilk laik okulu Galatasaray Mekteb-i Sultani'si ile aynı yıl; yani 1868 yılında, 2 öğretmen ve 23 öğrenci ile Prusya elçilik binasında hizmet vermeye başlamış, daha sonraki yıllarda da eğitim hizmetini Galata ve Pera'da kiralanan iki ayrı binada sürdürmüştür.

Deutsche Schule-İstanbul Alman Lisesi

19. yüzyılın sonlarında başlayan Osmanlı-Prusya arasındaki yakın siyasi ilişkilerin sonucu olarak, İstanbul'da artış gösteren Alman nüfusla beraber 1883 yılında öğrenci sayısı kızlı erkekli toplam 600 kişiye çıkmış; ivedilikle alınan bir kararın ardından Deutche Bank (Alman Bankası) ve Osmanlı Bankası'nın maddi destekleriyle 1896 yılında, bugün gördüğümüz okul binası inşa edilmiştir. Neoklasik tarzda yapılan binanın mimarı Kapp Von Gulstein'dır. Açılışından bir yıl sonra, 1898 yılında, İstanbul'a gelen Alman İmparatoru Kayzer II. Wilhelm okulu ziyaret etmiş; yine yıllar sonra, 1954'te Şansöliye Konrad Adeanauer, 1957 yılında Theodor Heuss, İstanbul'a geldiklerinde okulu ziyaret eden Alman devlet adamları olarak tarihe geçmişlerdir. Okulun son büyük ziyaretçisi, 2010 yılının mart ayında İstanbul'a gelen Almanya Başbakanı Angela Merkel olmuştur.

1957 yılında yaptığı Ankara-İstanbul resmi ziyaretlerinde, Alman Lisesi'ni de ziyaret eden Almanya Cumhurbaşkanı Thedor Heuss için çıkartılmış iki hatıra pulundan biri.

KIRIM KİLİSESİ

İstanbul deryası içinde pek az bilinen yerlerden biri olan Kırım Kilisesi ya da öteki adıyla İngiliz Protestan Kilisesi, İstanbulluların pek alışık olmadıkları neo-gotik mimarisiyle ilk defa görenleri oldukça şaşırtan yapılardan biridir. Kaynaklar, geçmişte; kilisenin yapımından önce burada küçük bir Rum mezarlığının varlığını gösterir. 1854 Kırım Savaşı sonrasında, İngilizler dost ve müttefik Osmanlı Devleti'nden aldıkları izinle, savaşta ölen askerlerinin anısına Galata sırtlarında bir kilise inşa etmek isterler. Sultan Abdülmecid bu isteğe çok sıcak bakar ve emriyle buradaki arazi istimlâk edilip İngilizlere verilir. Kilisenin mimarı, Galatasaray'daki İngiliz Elçilik binası Pera House'ı yapan Charles Berry'nin yardımcısı, aynı zamanda Londra'daki Adalet Sarayı'nın da mimarı olan Street'tir. Kilisenin yapımına 22 Ekim 1858'de başlanır; temeli dönemin ünlü elçisi, Abdülmecid'in de çok sevdiği yaşlı Lord Stratford De Redcliffe tarafından atılır. Elçinin son resmî görevidir bu. Uzun yıllar Der Saadet'te İngiltere Krallığı'nın elçiliğini yürütmüş olan Lord Stratford, yaşlılığından dolayı elçilik görevinden ayrılmayı talep etmiş, 4 Mart 1858 tarihinde de padişaha veda ziyaretine geldiğinde, kendisini çok seven Sultan Abdülmecid'in ricasıyla emeklilik arzusunu gerçekleştirmeyi bir süre daha rafa kaldırmıştır. Taşları Malta Adası ve Büyükada'dan getirtilen kilisenin yapımında İngilitere'den gelen taş ustaları çalışmış, inşaat ekonomik sıkıntılar nedeniyle on yıl sürmüş, açılışı 22 Ekim 1868 tarihinde gerçekleştirilmiştir.

Kırım Kilisesi'nin absid kısmı, Asya yakasında, Selimiye yakınlarındaki GATA askeri hastanesinin arka tarafında kalan yeşillikler

1868 yılında açılan Kırım Anglikan Kilisesi.

içindeki İngiliz mezarlığına bakar. Bir açık hava müzesini andıran bu tarihi mezarlıkta İngilizlerin Kırım'da ölen askerlerinin şehitliği yer almaktadır. Kilisenin bulunduğu yerin de özellikle bunun için seçildiği düşünülmektedir. Bu kilisede yapılan büyük ayinlerde, yortularda Kırım'da ölmüş İngiliz askerlerinin ruhlarına da dualar gönderilmektedir. Dış cephesi gibi, iç mekânda da Gotik izlerin görüldüğü kilisenin vitrayları, vaiz kürsüsü, vaftiz teknesi, orgu dikkat çeken unsurlar arasında yer alır. Vaiz kürsüsü üzerinde görülen yedi küçük mermer sütun Hıristiyanlar için çok kutsal sayılan Anadolu'daki yedi kilisenin kalıntıları arasından getirilmiş değişik mermer parçalarından yapılmışlardır. Orgun bulunduğu kilise kapısı üzerinde yer alan galeri bölümünde asılı üç bayraktan ikisi Kırım ve Gelibolu cephelerinde savaşmış birliklere; üçüncüsü de Vahdettin'i götüren gemiye aittir.

İngiliz Kilisesinin içi.

Uzun yıllar, cemaat yokluğu çeken, hatta bu nedenle 1970'lerde kapılarını kapatan kilisenin son yıllar içinde İstanbul'da yaşayan Filipinli, Koreli, Sri Lankalı ve Taylandlıların ayinlere muntazaman gelmeye başlamalarıyla, 60'lı yıllara merdiven dayamış, kilisenin emektar rahibi Ian Sheawood'un yüzü gülmeye başlamış, uzun yıllar sonra kilise yeni baştan canlılık kazanmıştır. Hatta, 1991 yılında, İstanbul'da yaşayan Sri Lankalılar, rahip Ian Sherwood'un önderliğinde kilisenin onarımını gerçekleştirmişlerdir. Kırım ya da öteki adıyla İngiliz Kilisesi, dünya kenti İstanbul'un rengârenk mozaik taşları arasında, yanı başındaki Hacı Mimi Camii'nin minaresi karşısında yükselen çan kulesiyle dinler arası hoşgörünün, kardeşliğin ve insanlığın en güzel görüntülerinden birini yansıtmaktadır.

SERDAR-I EKREM SOKAK

Eski Beyoğlu semti, Taksim'den Tünel'e uzanan bölgede Hıristiyanların; Tünel'den aşağı Galata ve Karaköy'e uzanan bölgede de Musevilerin yoğun olduğu bir nüfusa sahipti.

Serdar-ı Ekrem Sokak

Geçmişteki Serdar-ı Ekrem Sokak, seçkin Musevi ailelerin ikâmet ettiği Galata köşelerinden bir tanesiydi. Aralarında Camondo, Aseo, Kastro, Braunstein gibi ünlü isimlerin yer aldığı aileler, Helbig Apartmanı'ndan Yüksekkaldırım'a kadar uzanan sokağın iki yanındaki dizili evlerde yaşarlardı. Bugün de görüldüğü gibi Taksim-Tünel arasında kiliseler; Tünel'den aşağıya doğru uzanan mahallelerde de sinagoglar yoğunluk gösterir. Ve bugün hâlâ, Serdar-ı Ekrem Sokak'taki kimi kapıların üzerinde eski Musevi ailelerin izlerini görmek mümkündür.

DOĞAN APARTMANI

1892-1894 yılları arasında, Belçika kökenli tüccar-banker Albert Helbig tarafından dönemin ünlü mimarı Raymondo d'Aranco'ya yaptırılan ve 20. yüzyıl başlarında Helbig Apartmanı olarak anılan Serdar-ı Ekrem Sokak'taki bina, İstanbul'un modern anlamdaki, birbirinden bağımsız apartman dairelerinden oluşan ilk bina örneklerinden bir tanesidir. Bu binanın yerinde daha öncesinde Mehmet Efendi Konağı adıyla, bir başka yapının var olduğu bilinmektedir ki, bu konak 1868 yılında Prusya elçiliği tarafından satın alınmış ve bir dönem elçilik binası olarak kullanılmıştır. Prusya elçiliği Gümüşsuyu'ndaki yerine taşındıktan sonra da, söz konusu konak bir dönem İstanbul'da yaşayan Alman ailelerinin çocukları için yuva işlevi görmüştür.

Mimar d'Aranco'nun ortaya çıkartmış olduğu, birbirlerine bitişik "U" şeklinde üç binadan oluşan yapının sağ kanadındaki daireler Haliç girişi ile bütünleşen tarihi yarımada manzarasını muhteşem bir şekilde görmekte, keza sol kanatta yer alan daireler de Boğaz manzarasının güzelliğini karşısına almaktadırlar. Bina, 1919 yılında sigara kağıdı fabrikatörü Mair de Botton ile kardeşi David de Botton tarafından satın alınmış, bundan sonra da Botton Apatmanı olarak anılmaya başlanmıştır. Osmanlı Devleti'nin son demlerinde hızla gelişmeye başlayan siyasal, ekonomik, sosyal içerikli olumsuz etkenler ve cumhuriyetin ilanından sonra ulusallaştırma programı paralelinde yürürlüğe giren yeni yasalarla Mair de Botton'un iflasının ardından bina Selanik Bankası tarafından ipotek edilmiş, daha sonra da Viktoria Sigorta tarafından satın alınmıştır. Viktoria Sigorta Şirketi; çatı

Eski bir kartpostalda Doğan Apartmanı'nın görünümü (Turgay Tuna Koleksiyonu)

katını, 330 metrekarelik avluyu, apartman dairelerini tek tek elden geçirip yeni baştan şekillendirdikten ve havagazı bağlattıktan sonra binayı 1942 yılında, yeni sahibi, Yapı ve Kredi Bankası ve Doğan Sigorta'nın kurucusu Kazım Taşkent'e satmıştır.

Bundan böyle bina, Kazım Taşkent'in biricik oğlu, İsviçre Alpleri'nde çığ altında kalarak ölen Doğan'ın adını alır, aynen Kazım Taşkent'in Türk çocuklarına bir armağan olarak çıkarttığı, kapağında oğlunun hatırasını yaşatmış olduğu Doğan

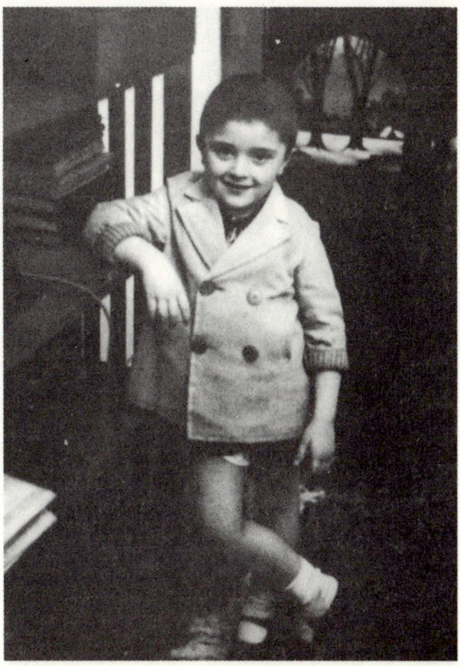

Doğan Kardeş (Taşkent)
(Turgay Tuna Koleksiyonu)

Kardeş dergisi gibi. Ancak, apartman sakinlerinin derdi ve kiracı kavramıyla pek baş edemeyen Kazım Taşkent, 1948 yılında binayı 450 bin liraya satışa çıkartır, fakat müşteri bulamaz. Bunun üzerine, daireleri beş yıllık taksitlerle tek tek satmaya başlar. Dairelerin yanı sıra, binanın bitişiğindeki tenis kortu da satılır. 4.500 m²'lik binada, büyüklü küçüklü toplam 52 daire o dönemin fiyatlarıyla çok ucuza gider. Daireleri sahiplenenler arasında kimi ünlü isimler de yer alırlar.

Aradan geçen zaman içinde, Doğan Apartmanı, Beyoğlu'nun genelinde olduğu gibi kıymete biner ve son yıllarda daire fiyatlarında büyük artışlar olur. Apartman yönetimi yerinde aldığı bir kararla avluyu düzenler, asansörleri oluşturur. Eskiden hizmetlilerin kullandıkları çatı katı yeni baştan yapılan düzenlemelerle bina sakinlerinin kullanabilecekleri bir spor salonuna kavuşturulur. Şener Şen'in başrolünü oynadığı "Muhsin Bey" filmi ile Doğan Apartmanı daha da popülerleşir.

Geçmişte, ortasında bir tenis kortunun bulunduğu binanın avlusu, geçtiğimiz yıllarda çiçekli bir bahçeye dönüştürülmüştür.

"Rasih Nuri İleri 1979 yılında, oğlu ressam Mehmet İleri'ye Galata çevresini gezdirirken Doğan Apartmanı'na da uğruyor. Kapalı kapıyı kapıcı Hüseyin Efendi açıyor. "Laf olsun diye, satılık daire var mı, diye sordum. Bana bir daire gösterdi, 700 bin liraymış. Ertesi gün eşimle geldik, cetvelle duvarları ölçtüm. Kitaplarımı alabilecek mi diye. Daire iyi ışık almıyordu. Bir üst katta başka bir daire daha gösterdi Hüseyin Efendi. Osmanlı Bankası'na aitmiş. Banka müdürüne gittim. "Kaç paranız var?" diye sordu. Kız istemeye gelmedim diye espri yapınca; müdür "Yok" dedi, "Size kolaylık göstermek isteriz". Bir yıl taksitle 500 bin liraya bu dairenin sahibi oldum."

(Fırakını Yitiren Apartman / Behzat Şahin / Cumhuriyet Pazar Dergi / Sayı: 431 / 26 Haziran 1994)

CAMONDO APARTMANI

Camondolar, kökleri İspanya'nın Andaluz (Endülüs) bölgesine uzanan ünlü Musevi ailelerden biriydi. Camondo adı, "Dünya Evi" anlamına gelmektedir. 1492 yılında, İspanya Kraliçesi Isabella, Musevileri ve Müslümanları ülkesinden kovduğu zaman Camondolar Venedik'e göç ederler, 300 yıla yakın bir zaman burada kalırlar. 18. yüzyılın sonlarında, batının doğuya açılan kapısı, Osmanlı Devleti'nin payitahtı İstanbul'un göz kamaştıran ekonomik hareketliliği yeni ufuklar arayan Camondo'ları da bu kente çeker, kısa süre içinde yerleşip burada işlerini kurarlar. Eskiden beri bankacılıkla uğraşan ve bu konuda büyük başarılar kazanmış olan Camondolar yaptıkları işlerle sarayın dikkatini çeker, sırası geldiğinde saraya kredi verirler. Öyle ki, Sultan Abdülaziz'in takdirini kazanmış olan Avram ve Isaac Camondo kardeşler, padişahın özel bir fermanıyla "başkalarına emsal olmamak kaydıyla" Osmanlı Devleti tarihinde ipotekle gayri menkul edinme hakkını kazanan ilk gayrimüslim bankerler olmuşlardır. Avram Camondo'dan önce; gayrimüslimler, borçluları taahhütlerini yerine getirmedikleri durumlarda ipotek etme hakkına ya da ipotek ettikleri gayri menkullere sahip olamıyorlardı. Kendilerine verilen bu özel izinden sonradır ki, Camondolar sayısız gayri menkul satın alma, tasarruf etme, inşaat yaptırma imkanlarına sahip olarak zenginliklerine zenginlik katarlar. Avram Camondo'nun ağabeyi Isaac Camondo, 1832 yılında İstanbul'da vuku bulan veba salgınında öldüğü zaman arkasında çok büyük bir servet bırakır. Ayrıca bu ünlü ailenin servetini oluşturan mülkler arasında Pera ve Galata'da binalar, dükkânlar;

Boğaziçi'nde yalılar, Çorlu'da büyük bir çiftlik, Çamlıca sırtlarında bağlar, bostanlar; Hasköy'de bir okul, Beykoz'da bir fabrika, Narlı yöresinde zeytinlikler, Balkanlarda arsa ve mülkler yer alır. Bunlardan biri de Serdar-ı Ekrem Sokak'taki Camondo Apartmanı'dır. Avrupalılar tarafından, kendisine kontluk payesi de verilen Avram Camondo, karlı, çamurlu kış günlerinde Galata sırtlarındaki evinden Voyvoda caddesindeki bankasına kolaylıkla gidip gelebimek için, günümüzde de onun adıyla anılan ve dünyanın sayılı ilginç merdivenleri arasında yer alan Camondo merdivenlerini yaptırır. Fransız fotoğrafçı Henri Cartier Bresson'un bir siyah-beyazında görüntülenmiş olan bu arnuvo merdivenlerin mimarı belli değildir. 30 Mart 1873'te Paris'te ölen Avram Camondo'nun naaşı vasiyeti üzerine İstanbul'a getirilip, devlet ricalinin de katıldığı görkemli bir törenle Hasköy'de gömülür. Mezarı, sonradan anıtsal bir mezara dönüştürülmüş, ancak geçen yıllar içinde, kimi define arayıcıları tarafından kırılıp dökülerek kötü bir hale getirilmiştir. İstanbul 2010 Kültür Başkenti etkinlikleri kapsamında Camondo Anıtmezarı yeniden restore edilerek eski görüntüsüne kavuşturulmuştur.

Camondolar, Osmanlı İmparatorluğu'nun çöküş sürecinin hızlandığı 19. yüzyıl sonlarında, payitahttaki ekonomik ve siyasal düzenin bozulmasıyla birlikte İstanbul'u terk edip Paris'e gidip yerleşmişler ve kısa zamanda orada da başarılı işlere imza atmışlardır. Aynı aileden Nesim Camondo, Fransız Hava Kuvvetleri'nde Almanlara karşı savaşmış, Nazi uçakları düşürmüş, kahraman bir pilot olarak Fransız havacılık tarihine geçmiştir. Ne var ki, kader mi, yoksa talihsizlik mi desek, 2. Dünya Savaşı'nın en acı günlerinde, Almanların Paris'i ele geçirmelerinden kısa bir süre sonra, yaşlılardan çocuklara tüm Camondo ailesinin fertleri öteki soydaşlarıyla birlikte zalim ve acı kaderin azgın, vahşi pençesinde Auschwitz'teki kamplara gönderilmişler, gaz odalarında can vermişlerdir. Arkalarında bıraktıkları büyük servetin küçük bir parçası olan Paris Monceau'daki malikâneleri, sonradan Fransız Devleti tarafından içindeki zengin sanat eserleriyle bir müzeye dönüştürülmüştür. Bugün Camondo Müzesi adıyla anılan o tarihi binada Camondo'ların hatıraları yaşatılmaktadır. Kim bilir? Camondolar, bütün zorluklara rağmen İstanbul'u terk etmemiş olsalardı, belki de bugün bu ünlü aile varlığını sürdürmeye devam ediyor olacaktı.

1861-1968 yılları arasında yapıldığı tahmin edilen ve maalesef mimarının kim olduğu bilinmeyen Serdar-ı Ekrem Sokak'taki Camondo Apartmanı'nda Musevi mimar Gabriel Tedeschi, padişahın diş hekimi Hantz Von Der Heyde gibi ünlüler oturmuşlardır. Bu apartmanda anılar bırakmış bir başka ünlü de, bir dönem burada atölyesini açmış olan değerli sanatçımız Abidin Dino'dur. 1942 yılında sürgüne gönderildiğinde, Dino'nun boşalttığı küçük daireye Rasih Nuri İleri geçmiştir. Camondo Apartmanı'nın iki yanında yer alan binalar ise, yine eski İstanbul'un ünlü Musevi ailelerinden Kastro'larla Braunstein'lara aitti.

1850'li yıllarda, Banker Abraham Salomon Kamondo tarafından, Galata'da, kendi adını taşıyan sokakta yaptırılan ünlü merdivenler.

YÜKSEKKALDIRIM

Geçmişte, Rumların Skalakia[1] adını verdikleri Yüksekkaldırım, geçmişten günümüze İstanbul'un en ünlü ve en dikkat çeken yokuşudur. Bu yokuş, iki yüzyıldan fazla bir zaman Beyoğlu ile Galata arasında büyük bir hareketlilik yaşamış, bunun yanı sıra bir ucunda tasavvuf dünyasına kapılarını açmış ulvi bir mekânın, öteki ucunda da bir fuhuş merkezinin yer alması kontrastlarla dolu bir gerçeği, ya da aykırılığı her daim gözler önüne sermiştir. Eski fotoğraflarda da görüldüğü gibi, 1920'li yıllara dek merdivenli bir yol olarak kullanılmış Yüksekkaldırım'ın Galata tarafına bakan ucu, eskiden beri İstanbul'un en ünlü genelev mahallelerinden birine ev sahipliği yapan Alageyik Sokak'tır. Bu sokak küf kokar, acı kokar. Tarihin en eski dönemlerinden bu yana kaderin kötü cilvesi isteyerek ya da istemeyerek fuhuş bataklığına düşmüş biçare kadınların ve de elleri uçkurlarında bu kadınları arayan ademlerin cirit attığı yerlerden biridir bu sokak. Burada kimi zaman kavgalar olur, bir yosma için kanlar dökülür ya da namus belasına hayatlar son bulur. Eskiden beri alışagelmiş bir tanımlamayla da tüyleri yeni yeni bitmeye başlayan toy delikanlıların, eskilerin tabiriyle "cinsi münasebet" eğitimi aldıkları "fakültedir" burası. Kimler gelip geçmemiştir ki buradan... Sidikli Despina, 8 Numara Melahat, Motor Necmiye, "Mamaların Maması" vergi rekortmenimiz Matild Manukyan, Yürek Yakan Aynur ve daha niceleri... Alageyik Sokak, eskiden olduğu gibi aynı hareketliliği yaşatırcasına fuhuş sektöründeki hizmetlerini yasal olarak vermeye devam etmektedir...

1 Skalakia: Merdivenler.

Yüzyılın başlarından Yüksekkaldırım Yokuşu'nun merdivenleri.
(Turgay Tuna Koleksiyonu)

Gelelim, Yüksekkaldırım'ın % 100 kontrast oluşturmuş öteki ucuna. Yani, Tünel tarafında yer alan, İstanbul'un üç büyük önemli Mevlevi tekkesinden biri olan, Şeyh Galip Dede Tekkesi'nin bulunduğu öteki tarafına. Dedik ya bir tarafı fuhuş, öteki tarafı tasavvuf. Ama, her ikisinin de arasında yer alan birbiri ardına dizilmiş dükkânlar gelip geçen uzun yıllar içinde, değişik esnaf takımına ev sahipliği yapmışlar. Bir dönem şapkacılar, bir dönem plakçılar, bir dönem koleksiyon pulcuları ve son olarak da müzik aleti satan mağazalar.

Yıllardır, ne zaman Yüksekkaldırım'dan geçsem, her defasında Bir "Garip" Orhan Veli'nin şu dizeleri gelir aklıma takılır kalır:

"Kim görmüş, ama kim; Eleni'yi öptüğümü..
Yüksekkaldırım'da güpegündüz Melahat'i almışım da
sonra Alemdar'a gitmişim öyle mi?
Onu sonra anlatırım...
Fakat, kimin bacağını sıkmışım tramvayda?
Güya bir de Galata'ya dadanmışız,
Kafaları çekip çekip orada alıyormuşuz soluğu
Geç bunları anam babam geç..."

Yüksekkaldırım, her bir İstanbullu'nun, tek bir kere de olsa, yaşamından gelip geçmiş olduğu bir yokuştur. Bu yokuştan geçmemiş olanlara ben İstanbullu demem. Ya buradaki "fakülteye" gelip diploma almıştır, ya okul yıllarında biriktirdiği harçlıklarla yapmaya başlamış olduğu pul koleksiyonuna bir zamanların demirperde ülkelerinin cicili bicili pullarından almıştır, ya da mandolin, gitar, saz her neyse büyük bir hevesle buraya kadar gelip bir enstrüman almış, en azından bunların boy boy endam ettikleri vitrinlere bakmaya gelmiştir. Ha, bir zamanların 78'lik ya da daha yakın dönem 45'lik plak hastalarının gelip gittikleri plakçı dükkânlarını da unutmayalım...

TEUTONIA

Yüksekkaldırım'ın orta yerinde geçmişi, anıları oldukça zengin; ancak sokağın darlığından ve de öteki binaların arasında sıkışıp kalmışlığından pek fark edilmeyen bir yapı yükselir. Üç Alman devlet başkanı Kayser II. Wilhelm, Theodor Heuss ve Konrad Adenauer, bir o kadar da başbakan tarafından ziyaret edilmiş tarihi bir binadır burası. Sözünü ettiğimiz yer, 1875 yılından bu yana İstanbul'daki Almanların kültür ve sosyal kulübü işlevini gören; balo, çay, toplantı, sergi, konser, konferans gibi etkinliklerin yapıldığı; "Anadolu-Osmanlı Şimendifer Kumpanyası"nın mimarı Von Mackensen tarafından inşa edilmiş Teutonia'dır. Aslında, geçmişi 1847 yılına dek uzanan dernek, aynı yıllarda İstanbul'da yaşayan Bohemyalı Alman cam tüccarları tarafından kurulmuştur.

Teutonia adı, Almanların ataları Teuton'lardan gelmektedir. 1898 yılında, II. Wilhelm'in ziyareti öncesinde kötü bir görüntü sergileyen Yüksekkaldırım, arnavuttaşları ile döşenmiş, Alman imparatorunun "yüzü hürmetine" şık bir sokağa dönüşmüştür. Bu binaya gelmiş olan ünlülerden biri de, II. Dünya Savaşı öncesinde burada oldukça heyecanlı ve hamasi bir konuşma yapmış olan Hitler Almanyası'nın propaganda bakanı Goebbels'dir. Ondan sonradır ki, Teutonia, İstanbul'daki Nazi Almanyası sempatizanlarını bir araya getiren Deutcher Ausflugverein adlı derneğin lokali haline dönüşmüş, dünya savaşının sonlarına doğru Türkiye'nin müttefik ülkelerle birlikteliğini ilan etmesinden sonra da 1944 yılında kapatılmış ve bina kapısı 1954 yılına dek mühürlü kalmıştır.

Eski bir kartpostalda Teutonia binası. (Turgay Tuna Koleksiyonu)

1956 yılından bu yana, İstanbul'da yaşayan Almanların sosyal ve sanat etkinliklerine merkez oluşturan Teutonia, Alman Lisesi öğrencilerinin de tiyatrodan konsere bir dizi etkinliklerini icra ettikleri yerdir.

ÇERÇEVECİ MAX FRUCHTERMANN'IN DÜKKÂNI

Eski İstanbul kartpostalları biriktirenler, Max Fruchtermann adını gayet iyi bilirler. Bu adı en iyi bilenlerden biri de, günümüz Türkiye-si'nin usta koleksiyonerlerinden biri olan Mert Sandalcı üstadımızdır. Yıllardır Fruchtermann'ın izini sürmüş, izlerini bulmuş ve de bütün kartpostallarını araştırıp toplamış; Koç Holding'in sponsor olduğu ağır mı ağır, üç ciltlik Max Fruchtermann kartpostallarının kitabını yayımlayıp dünya aleme tanıtmıştır.

Max Fruchtermann'ın çerçeve dükkânına ait vinyet etiketi. (Turgay Tuna Koleksiyonu)

Aslen Avusturya-Macaristan uyruklu bir çerçeveci olan ve bu işi geçen yüzyılın sonlarındaki İstanbul'da en iyi şekilde yapanlardan biri olarak bilinen Max Fruchtermann; 1867 yılında, henüz 15 yaşında iken İstanbul'a gelmiş, iş hayatına atıldığı yıllarda önce Galata'da, 1869 yılında da Yüksekkaldırım'da açtığı dükkânlarda çok güzel çerçeveler yapıp satmış, daha sonra da çok cazip bulduğu kartpostal yayımcılığı işine atılarak, yaşamı boyunca, üzerlerinde kendi adının yer aldığı, Almanya ile Avusturya'da bastırılmış İstanbul, Anadolu ve meslek temalarını içeren iki bin civarında değişik kartpostalı piyasaya sürmüştür. Çok daha sonra, işlerinin de iyi gitmesiyle, 1901 yılında Cadde-i Kebir'e taşınan, burada kartpostal ticaretinin yanı sıra kırtasiye vc büro eşyası da satan Fruchtermann, Saint Antoine kilisesi yakınlarındaki 341 numaralı dükkânında işlerini devam ettirmiştir. Mert Sandalcı'nın yaptığı araştırmalar neticesi alkol bağımlısı Fruchtermann'ın 1918 yılında dozu biraz fazla kaçırıp alkol komasına girdiğini ve bunun neticesinde vefat ettiğini, ardından da Feriköy'deki Protestan mezarlığına defnedilmiş olduğunu öğreniyoruz.

RESTAURANT VILLE DE PARIS

Türkçesi, "Paris Kenti Lokantası" olan bu Fransız lokantası, geçen yüzyılın sonlarında, Galata Mevlevihanesi'nin Karaköy'e bakan tarafında yer alan küçük bir yerdi; ama lezzetli Fransız yemekleri yapan, kaliteli içkiler bulunduran bir lokanta olarak isim yapmıştı. Bir özelliği de, müşterileri için her daim günlük yabancı gazeteler bulunduruyor olmasıydı. Bugün aynı yerde tadı tuzu iyi, kaliteli bir köfteci bulunuyor.

GALATA MEVLEVİHANESİ

İstanbul'un ilk büyük mevlevihanesi olan Galata Mevlevihanesi'nin tarihi Fatih Sultan Mehmet dönemine kadar gider. Burada ilk mevlevihanenin temelini attıran kişi, Fatih ve II. Beyazıt dönemlerinde sadarette bulunmuş vezir-ül azam İskender Paşa'dır. Ancak, fetihten önceki dönemde burada, aynı topraklar üzerinde, Aziz Theodoros Manastırı'nın yer aldığı bilinmektedir. Nitekim,1940'lı yıllarda yapılan araştırmalarda manastırın temel kalıntıları, MS 6. yüzyıla tarihlenen lahitler ortaya çıkartılmıştır. Mevlevihanenin sarnıç olarak kullanılmış bölümü de yine Aziz Theodoros manastırı dönemine ait izler taşımaktadır.

Galata Mevlevihanesi, Yenikapı Mevlevihanesi gibi günümüze kadar pek iyi konumda gelebilmiş İstanbul'daki iki Mevlevi tekkesinden biridir. Kimi Osmanlı tarihçilerinin de tanımlamış oldukları gibi, Hıristiyan mahallesinin ortasında yer alan bir tasavvuf adasıdır ve kapısını her daim gayrimüslimlere de açmış bir sufi yuvasıdır. Bu nedenle, İstanbul'a gelmiş yabancı oryantalist yazar ve ressamların ilgisini çeken yerlerden biri olmuştur. Kendisi de "harici" bir Mevlevi olan III. Selim'le başlayan modernleşme hareketiyle; 1791 yılında, padişahın da çok takdir ettiği postnişin Şeyh Galip Dede'nin döneminde bugünkü tekke yaptırılmış, günümüzde Galip Dede Caddesi adıyla anılan Yüksekkaldırım üzerindeki mevlevihane, döneminin çok önemli bir tasavvuf ve kültür merkezi haline dönüşmüştür. Mevlevihanenin yeni baştan ihya edilmesinin ardından; Galip Dede, padişaha olan şükran borcunu kapının iç bölümünde yer alan şu dizelerle dile getirmiştir:

"Lâfzen ve mânen didi tarihini Şeyh Galib abdi dâiyi kadim
Yaptı bu dergâhı pak ve hem cedid bin iki yüz altıda Sultan Selim
Geldi bir mısra'la Gaalib ana bir tarihi bülend
Ayrı resmi âsuman bi bedel meydanı aşk "

Galata Mevlevihanesi

Tekkenin giriş kapısının içe bakan tarafında III. Selim'in; dışa bakan tarafında da II. Mahmut'un tuğraları yer almaktadır. Sekizgen bir iç plana sahip olan semahane kapısı üzerinde de Sultan Abdülmecid'in tuğrası görülmektedir. Açılışına, bizzat III. Selim'in katılmış olduğu; derviş hücreleri, semahane, türbe, hazire, kütüphane, muvakkithane, mescit, mutfak gibi bölümlerden oluşan ve yer yer rokoko-barok karışımı özellikler içeren mevlevihanenin en eski yapısı 1649 tarihli Hasan Ağa Çeşmesi'dir. Kuruluşundan kapatılışına dek, post makamında 28 dedenin yer almış olduğu mevlevihanenin oldukça büyük bir alanı kaplayan haziresindeki "sikke"li mezar taşlarından da anlaşıldığı gibi, burada Esrar Dede'den Ankaralı Şeyh İsmail Resuhi Dede'ye kadar birçok Mevlevi yatmakta; aralarında, bu tekkeye bağlılık göstermiş kimi ünlü insanların da mezarları yer almaktadır. Bunlar arasında aynı dönemde yaşamış ve Osmanlı Devleti'ne büyük hizmetlerde bulunmuş iki büyük devşirme dost, bizde ilk matbaayı kuran İbrahim Müteferrika ile, Osmanlı ordusunda topçuluk teşkilatını modernize eden Humbaracı Ahmet Bonneval Paşa yan yana yatmaktadırlar. Bu hazirede ebedi uykusunu uyuyan bir başka ünlü isim de bestekâr, şair Leyla Hanım'dır.[1]

1930'lu yıllarda burada yapılan düzenlemeler sırasında, Mevlevihane ve arka tarafında kalan Alman Lisesi'ne ait alanda, MS 500 yıllarına tarihlenen sütunlar, sütun başlıkları, lahit gibi buluntular ortaya çıkmış ve bütün bunların Aziz Theodoros Manastırı'na ait oldukları kanıtlanmıştır.

1946 yılında mevlevihaneye ait hazirenin bir bölümü ortadan kaldırılıp yerine Beyoğlu Evlendirme Dairesi inşa edilmiş, bunun yanında semahane Vakıflar tarafından lojman olarak kullanılmaya başlanmış, girişin sağ tarafında yer alan Halet Efendi Kütüphanesi de bir dönem Tünel Karakolu olarak kullanılmıştır. Yıllar sonra, 1975 yılında Turizm Bakanlığı ve Vakıflar'ın aldığı isabetli bir kararla, Divan Edebiyatı Müzesi olarak kapılarını ziyaretçilere açan Galip Dede Mevlevihanesi, 2000'li yıllarda büyük bir restorasyona girmiş, dört dörtlük bir tadilattan sonra kapılarını yeniden ziyaretçilere açmıştır.

---

1 Leyla Saz

Semahane

Eski bir gravürde Galata Mevlevihanesi'nde sema eden dervişler.

AHMET CEVDET PAŞA TARİHİ'NDEN

"Galata Tekkesi, İstanbul'daki Mevlevihanelerin cümlesinin en eskisi olduğu ve içinde mesnevi şârihi[1] *Ankaralı İsmail Efendi ve şair kimselerin türbesi bulunduğu halde gaayetül gaaye harab olmuş, belki karga ve baykuş yuvasına dönmüş iken III. Sultan Selim kendisi Mevlevi ve Şeyh Gaalib'e, ziyadesi ile teveccühü olduğundan tekkeyi yeniden inşa ettirmiştir. Gaalib Efendi'ye atiyyeler gönderir, mübarek gecelerde ve sair günlerde Gaalib Efendi'yi huzuruna davet eder, kendisi de tekkeye giderek ayinlerini temâşâ eder, ayin ve zikirlerinden sonra dergâha pek çok ihsanlarda bulunurdu."*

1 Şerh eden, açıklayan. Bir şeyin mânasını izhâh eden.

LIBRAIRIE DE PERA

Yüksekkaldırım'da varlığını sürdüren en eski adreslerden biridir Librairie de Pera. Yani, Türkçe karşılığı ile Beyoğlu Kitabevi... Bu yokuşu iyi bilen eskiler ve tabii ki öncelikle kitap kurtları, bu antika dükkânı da pek iyi bilirler. Her bir köşesine eski kağıt kokusunun sinmiş olduğu, rafları antika kitaplarla dolu bu tarihi dükkânda, 1980'li yıllara dek yaşını başını almış, eski kitapların içinde kaybolmuş bilge bir kadın dururdu. Çocukluğundan beri kitaplar içinde büyümüş, yaşamış bu yaşlı hanım, bir zamanların ünlü Bizans tarihçilerinden Milityadis'in kızı Talya Nomidis'ti. Ama, dükkânı asıl çekip çeviren kişi, Madam Talya'nın sağ kolu, kendisiyle beraber çalışan Püzant Akbaş'tı. Bu dükkân uzun yıllar, birbirinden değerli nadir kitaplar sattı. 1980'li yılların başlarında Madam Talya, yaşlılık nedeniyle dükkânı bıraktı. 1994 yılında da vefat etti. Beyoğlu Kitabevi'nin yeni sahipleri Profesör Ayhan Aktar ile Uğur Güraçar bu tarihi dükkânı en iyi şekilde yaşatmaya devam ettiler. Ünlü kitapçı Püzant Akbaş da, Türkuvaz Sahaf'ın ortaklarından biri olarak, çok sevdiği işini devam ettirdi.

TÜNEL

Yüksekkaldırım'dan İstiklâl Caddesi'ne çıkıldığında, biraz Bohem, biraz da lümpen kendine özel hareketliliği ile bilinen Tünel Meydanı kucaklar bizleri. Kafeleri, tramvayı, müzisyeni, dilencisi ile tarihi binaların arasında sıkışıp kalmış ufak, dar ama bir o kadar da kendine özel rengârenk bir meydan. Üstelik geçmişte, bu meydanın orta yerinde fıskiyeli bir de havuzu varmış dersem inanır mısınız?

Ancak, bu meydanın asıl özelliği, adını da taşımakta olduğu dünyanın en eski üçüncü yeraltı taşıma sistemine ev sahipliği yapmasıdır. Geçmişin izlerini, yağ kokusu sinmiş duvarlarında taşıyan Tünel, 1863 yılında Londra'da, 1868 yılında da New York'ta inşa edilen metrolardan sonra dünyanın üçüncü tüneli olma ayrıcalığını taşır; ama bunun yanı sıra ötekilerde olmayan bir özelliğe de sahiptir. Bizim tünelimizin iki istasyon arasındaki uzunluğu yalnızca 573 metredir ve tam anlamıyla füniküler bir sistemdir. Yani, İsviçre dağlarında çalışan raylı sistemin yeraltındaki modeli. Bunun en son modern örneklerinden biri de günümüzde Taksim-Kabataş metro hattında kullanılıyor.

Bizim tünelin öyküsü 1867 yılında, Fransız mühendis, aynı zamanda ünlü bir işadamı olan Eugene Henri Gavand'ın İstanbul'a gelmesiyle başlar. İstanbul'u gezip dolaştığı günlerde, Galata'dan Cadde-i Kebir'e çıkarken Gavand'ın aklına müthiş fikir gelir. Günde 40.000 kişinin kendisi gibi ofluya pufluya çıktığı Yüksekkaldırım yokuşunu tırmanırken, beyninde şimşek gibi çakan bu fikir, Galata ile Cadde-i Kebir arasında yapılacak bir tüneldir. Bunun için dilekçeler yazar, izinler alır ve padişahın huzuruna çıkar. Sultan II. Abdülha-

Dünyanın ilk yeraltı füniküleri olma özelliğini taşıyan tünelimiz.

mit, her ne kadar Gavand'ın projesine soğuk bakmış olsa da, eninde sonunda "insanların yeraltında, arabalar içinde taşınmasına" ikna edilir.1869 yılında çıkan iznin ardından sermaye bulmak için Fransız hükümetine başvurur. Ancak, Fransızlar bu işe pek sıcak bakmazlar. Gavand da İngilizlerden medet umup, Londra'ya gider. Orada bulduğu sermayedarlarla da "The Metropolitan Railway of Constantinople From Galata Of Pera" adlı şirketi kurar. 1871-1874 yılları arasında, yapımı mühendis Eugene Henri Gavand tarafından gerçekleştirilen tünelin inşaası sırasında buradan çıkartılıp katırlarla taşınan topraklar, Tepebaşı ile Kasımpaşa arasındaki bayıra boşaltılır. Söz konusu katırlar güçlü İran katırlarıdır. Tünel inşaasında çalışanlar arasında kalifiye İtalyan ve Fransız inşaat ustaları da vardır. Açılışından sonraki ilk iki yıl hem korku hem de Şeyhülislam'ın "Bu zir-ü zemin arabalarında insan taşınması caiz değildir" diye verdiği fetva, insanların tünelden uzak kalmalarına neden olur. İki yıl boyunca, üstü açık vagonlarda yalnızca hayvanlar, at arabaları ve eşyalar taşınır. Ama, büyük ilgi gösteren gayrimüslim kesimin ardından, Müslümanlar da yavaş yavaş tünele binmeye başlarlar. Ne de olsa, Karaköy'den Beyoğlu'na çıkan o büyük yokuşu 108 saniyede kat etmek, hem zaman hem de fiziki açıdan büyük bir kolaylıktır. Tünelin çalışmasını sağlayan enerji, tünel garının karşısında yer alan, bugün de kırmızı tuğlalı bacasıyla İstiklâl Caddesi'nin günümüzdeki görüntüsü karşısında iyi bir tezat oluşturan "cer atölyesinde" üretilir. Raylar üzerindeki kayış sistemi ile, toplam 170 kişi kapasitelik iki vagonlu fünikülerin karşılıklı olarak birbirini çektiği hatta, kimi zaman kayış kopma nedeniyle meydana gelen kazalar ölüm ve yaralanmalara neden olmuş, kimi zamanlarda da tüneli hizmet dışı bırakmıştır. Ancak, Taksim-Kabataş hattında olduğu gibi; günümüzdeki Tünel, çelik hat sistemiyle çalıştırıldığından, kaza riski ortadan kaldırılmıştır. Yüzyılın başlarında, biri kadınlara, öteki de erkeklere ayrılmış tünel vagonlarının iç kısımları maundan yapılmış değerli ahşap malzemeyle kaplıydı. İmar planında da görüldüğü gibi, gar binasının üst katları önceleri otel olarak tasarlanmış, ancak bu proje hiçbir zaman uygulanmamıştır. Tünel, 1939 yılından bu yana İETT tarafından işletilmektedir.

METRO HAN

Tünel'i yapan Mühendis Eugene Henri Gavand, 1876 yılında Paris'e döndüğü zaman, bu büyük proje ile ilgili 44 sayfalık bir eser yayımlar. Eserde yer alan planda, Metro Han olarak adlandırılan Tünel Han'ı, üzerinde iki kulenin yer aldığı, beş katlı bir bina olarak gösterilmiştir. Tasarımda, altı kapılı Tünel Han'ın, ferforje balkonlu üst katları bir otel olarak düşünülmüş, ancak giriş katı hariç söz konusu proje uygulanmamıştır. Füniküler tünel sisteminin üzerine inşa edilmiş Tünel Han 1912-1913 yıllarında yapılmış, son yedinci katı da 1930'lu yılların başlarında ilave edilmiştir. Bina günümüzde, İETT Müdürlüğü'nün bürolarına ev sahipliği yapmaktadır.

TÜNEL PASAJI

Sıcak yaz günlerinde, Beyoğlu'na çıkanların biraz serinlik bulduğu; buz gibi soğuk bira keyfinin yaşandığı yerlerden biri de, tünel binasının karşısında yükselen Tünel Pasajı, ya da öteki adıyla Asmalımescit Pasajı içindeki bistrolardır. Yaz gibi, kışın soğuk günlerinde de güzel kaçamak yapılan sessiz sakin yerlerden biridir burası. Kaliteli bir kahvenin yanı sıra, sıcak şarabın da keyifle içildiği bu pasaj; İstiklal Caddesi'nin en ucunda kalmışlığından mıdır nedir, hâlâ o eski Beyoğlu'nun seçkin, entelektüel kimliğini titizlikle korumaya çalışan, Pera'nın son mösyölerinin, madamlarının takıldığı nadir yerlerden bir tanesidir. Tünel Pasajı'nın ilk inşaat tarihi 1886'dır. Üç bloktan oluşan pasajdaki apartman dairelerinde, çoğunluğunu Musevilerin oluşturduğu Beyoğlu'nun kelli felli aileleri oturmuşlardır. Pasajın ortasındaki üstü açık geçit Tünel Meydanı'nı Sofyalı ve Ensiz sokaklarıyla birleştirir. 1960-1970 yıllarında esaslı tadilat gören binanın eski apartman daireleri işyerlerine dönüştürülmüş, Tünel Pasajı ister istemez bir iş hanı görüntüsü kazanmıştır. Geçmişten günümüze varlığını sürdüren resim galerisi, antikacı, sahaf gibi dükkânların yanı sıra, sözünü ettiğimiz kafe ve bistrolar Tünel Pasajı'nın kendine özel görüntüsüne renkli bir kimlik kazandırırlar. Bu pasajda yaşamaya devam eden en eski dükkânlardan biri de bir zamanların ünlü sahafları arasında yer alan Kohen kızkardeşlerin kitapçı dükkânıdır.

6. DAİRE-İ BELEDİYE

Tünel Meydanı'nın hemen bitişiğinde; Şişhane tarafına bakan yamaçta yer alan bu muhteşem yapı; İstanbul'da, hatta Türkiye'deki belediyecilik tarihinin günümüze dek gelebilmiş en büyük değerlerinden biri olarak yükselir. Şehr-i İstanbul'da, özelikle Paris Belediyesi model alınarak, düzenli ve modern belediyecilik hizmetlerinin ilk başlatıldığı yer burasıdır. Tanzimat sonrasında Sultan Abdülmecit döneminin ünlü yenilikçi sadrazamı Mustafa Reşit Paşa ile başlayan ve ardı arası kesilmeyen reformlar arasında belediyecilik hizmetlerinin de, batının gelişmiş ülkelerinde olduğu gibi daha modern bir anlamda gerçekleştirilmesine karar verilir ve bunun için İntizam-ı Şehir Komisyonu adı altında bir komisyon kurulur. Belediyecilik hizmetlerinin daha düzgün ve verimli bir hale getirilmesi için de, söz konusu komisyon Paris belediye hizmetlerindeki uygulamayı örnek alarak, İstanbul'u 14 bölgeye ayırır. Bunlar arasında 6. Bölge olarak seçilen, yabancı ve azınlıkların yoğun şekilde yaşadığı Pera ve çevresinin kentin en modern bölgesi olması, ayrıca elçiliklerin bu semtte yer almaları nedeniyle pilot bölge olarak ilan edilir. Böylece, imparatorluk sınırları içindeki, ilk modern belediyecilik hizmetleri, 1857 yılında Beyoğlu'nda başlatılır.

6. Daire'nin başına Avrupa görmüş, ilim, irfan sahibi deneyimli bir şahsiyet olan Kâmil Efendi getirilir. Ne var ki, arkasındaki encümeni oluşturan üyelerin büyük çoğunluğu Pera'nın ileri gelen şahsiyetleridir. Bunlar arasında Miltiyadis Efendi, Kont Antoine Alleon, Bahçevanoğlu, Banker Kamondo, Yorgo Efendi, Banker Ohannes Mı-

dırgiç, Naum Tiyatrosu'nun sahibi Teodor Naum, Pavlakis Efendi, Mr. Hanson, Sinyor Franchini gibi isimler vardır. Osmanlıca'nın yanı sıra Daire'de uygulanan yazışmalardaki ikinci dil Fransızca'dır. Gerçekleştirilen büyük hizmet ve uygulamalar arasında, Cadde-i Kebir'in genişletilmesi, havagazı ile aydınlatılan sokak lambalarının kullanımı, 1864 yılında hizmete giren atlı tramvay, yeşil üzerine beyaz olarak eski Türkçe ve Fransızca yazılmış sokak isimlerini gösteren emaye tabelaların asılması, binaların numaralandırılması, kaldırım ve yolların düzenlenmesi, kurulan ekipler tarafından sokakların temizlenmesi İstanbul'da başlatılan ilk belediyecilik uygulamaları olarak tarihe geçer. Bütün bu hizmetlerin paralelinde gelişip büyüyen, modernleşen Pera bölgesine yaraşır bir belediye binasının yapımı için kollar sıvanır ve Edouard Blacque Bey'in başkanlığı zamanında; İtalyan mimar Barborini'ye, 6. Daire adıyla, günümüzde de Beyoğlu Belediyesi tarafından kullanılmakta olan neoklasik bina yaptırılır. 1890 yılında hizmete giren Haliç manzaralı bu bina, 1960'lı yıllarda Beyoğlu kaymakamlık binası olarak kullanılmış; sonradan yeni baştan belediye binasına dönüştürülmüştür..

Aslen Fransız olan, 1876-1890 ve 1893-1895 yılları arasında iki kez belediye başkanlığı yapan Edouard Blaque Bey'in iki oğlu, bir de kızı vardı. Diplomat olarak yetişmiş iki oğlu da Osmanlı Devleti'nin hizmetinde bulunmuşlar; çok güzel bir kız olan Béatrice ise yine Pera'nın ünlü Levantenlerinden Richard Couteau ile evlenmiştir.

1858-1913 YILLARI ARASINDA GÖREV YAPMIŞ 6. DAİRE-İ BELEDİYE BAŞKANLARI

Mehmet Kâmil Bey.............................. 1857-1860
Emin Muhlis Bey................................ 1860
Salih Efendi.. 1860-1861
Hayrullah Efendi................................ 1862-1863
Server Paşa... 1863-1868
Mehmed Efendi................................... 1867 (vekaleten)
Salahaddin Bey.................................. 1868-1869
Ali Rıza Bey.. 1869-1870
Kadri Paşa... 1871
Muhtar Bey.. 1871-1872
Sakızlı Ohannes Efendi....................... 1872
Kadri Paşa... 1873
Artin Dadyan Paşa.............................. 1873-1875
Pertev Efendi...................................... (tarihi bilinmiyor)
Kostaki Efendi.................................... (tarihi bilinmiyor)
Osman Hamdi Bey............................... 1877-1878
Edouard Blaque Bey............................ 1879-1890
Hüseyin Hasip Bey............................. 1890
Macit Bey.. 1890-1893
Edouard Blaque Bey............................ 1893-1895
Mehmet Ali Bey.................................. 1895-1908
Ferid Bey... 1908 (vekaleten)
Baha Bey... 1908 (vekaleten)
Hacı İhsan Bey.................................... 1909-1911
Fevzi Paşa... 1911-1913
Mahmud Şükrü Bey............................ 1913 (vekaleten)

Sabahın ilk tramvayı "çan çan" sesleriyle "merhaba" diyor Beyoğlu'na. Adım adım ilerliyoruz... Birkaç saniye için de olsa İstiklâl Caddesi "içinden kırmızı geçen" bir cadde olup çıkıyor gözlerimizin önünde... Mağazaların, pasajların önlerine yığılmış arabalar getirdikleri malları, malzemeleri boşaltıyorlar. Birazdan cadde trafiğe kapatılacağından alelacele bitirmeye çalışıyorlar işlerini. İnsanlar yavaş yavaş yollara dökülmeye başlıyor... Taksim'den Tünel'e, Tünel'den Taksim'e işlerinin, okullarının yolunu tutanlar... Arada, bir hayal misali kimi siluetler takılıyor insanın gözüne. Başında Borsalino şapkası, üzerinde kemerli paltosu, bastonuna dayana dayana giden bir zat-ı muhterem. Yahya Kemal Bey olmalı bu. Herhalde Markiz'e sabah kahvesini içmeye gidiyordur. Rebul'ün önünde, yanından geçen gençten bir beyefendi ile selamlaşıp ayak üstü bir şeyler konuşuyorlar. Onun da başında afili bir şapka var. Boynunda da bohem tarzı laci bir kaşkol. Başını biraz daha çevirdiğinde, siluet tamamlanıyor. İstanbul Şehir Tiyatrolarının "jön prömiyer" aktörü Hazım Bey bu... Abanoz sokağın önünden geçip ilerliyoruz... İlerde, Cercle d'Orient'ın önünden konuşa konuşa giden Galatasaray Lisesi hocalarından "Kaz" Hilmi ile "Titrek" Necati, birazdan okul kapısından girip önce öğretmenler odasına, ardından da sınıflarına girip yaşamlarından gelip geçecek tebeşir tozlu yeni bir güne daha "merhaba" diyecekler. Ayak alışkanlığı; İnci'nin kapısından girip, mis gibi vanilya-çikolata kokulu pastanenin içine atıyoruz kendimizi. Bu nefis rayiha Beyoğlu'nun has kokularından biri. Lefter İliadis Bey, kasasını bereketli bir güne hazırlamakla meşgul. Fırından henüz yeni çıkmış ılık-çıtır palmiye kurabiyelerden almadan geçip gitmek olur mu hiç?.. Beyoğlu, yepyeni bir güne uyanıyor, hayalimizdeki eski güzellikleriyle. Anadolu Pasajı girişindeki Lazzaro Franko mefruşat mağazası çalışanları dükkânın kepenklerini kaldırıp kapıyı açıyorlar. Birazdan Ermeni, Levanten tezgâhtar hanımlar mağazadaki yerlerini alacaklar... Turnacıbaşı Sokağa giren beyaz soketli, lacivert üniformalı genç kızlar; ellerinde okul çantaları, koşar adımlarla İtalyan Lisesi'nin yolunu tutmuşlar. Ders zilinin çalmasına pek de fazla bir zaman kalmamış... Geliyoruz Galatasaray Meydanı'na. Beyoğlu Postanesi'nin kapısında postane müdürü Sabahattin Soyuer oğlu Ömer'i hayır duasıyla okuluna gönderiyor... Biraz ilerde, İstanbul polisinin en yakışıklı memurlarından 88 sicil numaralı Hasan Bey bütün bir gün, bir balet edasıyla Beyoğlu trafiğini idare etmek üzere Galatasaray kavşağı ortasında; üzerinde Puro-Fay reklamının yer aldığı trafik noktasına çıkmış, beyaz manşonlarını kollarına takmakla meşgul. İ.E.T.T.'nin Taksim-Bakırköy seferini yapan önden motorlu Skoda otobüsü de kendine özel çoslama poflamalarıyla Galatasaray durağında gelip duruyor. Bir yığın öğrenci iniyor otobüsten. Tarhan Koleji'nden Zoğrafyon Lisesi'ne Beyoğlu okullarının öğrencileri bunlar. Hazzopulo Pasajı girişi önünde, Mösyö Jan Pulcu ve Hacet Güler yeni bir güne merhaba demeden önce, küçük ama koyu bir sabah sohbetine dalmışlar. Birazdan bol köpüklü sabah kahvelerinin siparişini de verirler...

Devam ediyor, sonradan Muammer Karaca Çıkmazı olarak anılacak, Fransız Sarayı Sokağı'nın başına geliyoruz. Beyoğlu'nun gelmiş geçmiş en ünlü şapkacı dükkânlarından biri olan "A la Marguerite"in sahibi Mösyö Dapola, kırtasiyeci komşusu bay Zellitch'e günaydın deyip, hayırlı işler diliyor... Santa Maria Draperis Kilisesi'nin demir parmaklıklı kapısı önünden, yüksek topuklu süet ayakkabıları üzerinde bir manken edasıyla yürüyüp giden; Brigitte Bardot benzeri, seksi, sarışın bir kadın geçiyor. Sabah sabah mis gibi bir parfüm kokusu yayıyor akşamdan kalma Beyoğlu'nun anason kokulu havasına. Papillon Fransız Lisesi'nin Fransızca öğretmenlerinden Madam Salzedo bu. Birkaç adım arkasında keçi sakallı, tel gözlüklü, siyahlar giyinmiş, ortası beyaz, düz yakalı siyah gömleğinden bir din adamı olduğu anlaşılan bir adem emin adımlarla Taksim'e doğru yol alıyor. Notre Dame de Sion'un, Mekteb-i Sultani'nin ünlü felsefe hocası, Vatikan'ın İstanbul temsilcisi Pére Dubois bu muhterem. Birazdan sınıfına girecek ve o müthiş felsefesiyle, "Eğer Tanrı varsa?.." sorusunu ortaya atarak yeni bir derse başlayacak... Suriye Pasajı'nın önünde, sabah sabah birbirlerini bulmuş üç kalıplı adam, canla başla heyecanlı bir sohbete dalıp gitmişler. Ortak noktaları pul koleksiyonculuğu... Aralarındaki en uzun boylusu, kolalı beyaz gömleği üzerinde iri mavi bir papyon takmış olan Orhan Birand; yanında yine bir başka İstanbul beyefendisi Ali Nusret Pulhan ve Yüksekkaldırım'ın emektar pulcu esnafından Memduh Altunay. Son müzayedede en yüksek fiyata satılan puldan söz ediyorlar... Kapılarını henüz yeni açmış Librarie Hachette kitapevinden dışarıya doğru mis gibi bir kitap kokusu yayılıyor. Acaba, bana mı öyle geliyor bilemiyorum?.. Tenten'in yeni serüvenlerini vitrine dizmişler. Rengârenk kapaklarıyla "Aya Seyahat", "Firavunun Puroları", "Tenten Madagaskar'da" ciltleri beni adeta büyülüyor, çocuksu gözlerimin derinliklerinden uzak diyarları düşlüyorum... Şahkulu Yokuşu'ndan çıkan, ihtiyar bir delikanlı dinç adımlarla İstiklâl Caddesi'ne ayak basıyor. Doğan Apartmanı sakinlerinden Herr Joseph Djibousky bu. Hitler Almanyası'nın zulmünden kaçıp İstanbul'a sığınmış, geçmişin acılarını bağrına basmış, ithalat işleri yapan başarılı bir işadamı. Biraz ilerde Foto Süreyya'nın önünden geçip Tünel Meydanı'na geliyor ve tam bu noktada kırmızı tramvayın çan çan sesleri ile gerçeğe dönüyor, zaman tünelimdeki unutamadığım İstiklâl Caddesi'nden dışarıya atlıyorum... Gürültü, görüntü, namus kirliliği içindeki Beyoğlu'nda buluyorum yeni baştan kendimi. Durduğum yerden Taksim'e doğru uzun uzun bakıyor, bu kadar kısa bir zaman içinde her bir şeyi nasıl yıkıp yok ettiğimizi, bu kadar güzelliğe, bu kadar değere nasıl kıydığımızı anlayamıyor, inanamıyorum...

KAYNAKÇA

- Atlas'ın Hikâyesi (broşür) / İstanbul 2010 Avrupa Kültür Başkenti / 2010
- Beyoğlu 1930 / Ali Özdamar / Galeri Alfa / 1991
- Beyoğlu'nun Adı Pera İken / Said Naum Duhani / Çelik Gülersoy Vakfı / 1990
- Beyoğlu'nda Gezerken / Çelik Gülersoy / Turing Yayınları / 2003
- Bir Beyoğlu Fotoromanı / Yapı&Kredi Kültür Sanat Yayıncılık / 2000
- Çok Kültürlü Pera / İo Çokona / Heyamola Yayınları/ 2010
- Dersaadet'ten İstanbul'a Tramvay –Cilt –I- / Sertaç Kayserilioğlu / İ.E.T.T. Genel Müdürlüğü / 2006
- Eski Beyoğlu'nda Restaurant, Birahane, Bar, Gazino ve Meyhaneler / Behzat Üstdiken / Toplumsal Tarih / Sayı: 7-8-9-12 / Temmuz-Ağustos-Eylül-Aralık 1994
- Eski İnsanlar, Eski Evler / Said Naum Duhani / Türkiye Turing ve Otomobil Kurumu Yayınları/ 1982
- Hulki Bey ve Arkadaşları / Yiğit Okur / Can Yayınları / 2010
- İstanbul'un 100 Fotoğrafçısı / Gülderen Bölük / Kültür A.Ş. Yayınları / 2009
- İstanbul Luteryen Kilisesi (broşür) / İstanbul Luteryen Kilisesi Yayımları
- İstanbullu Rumlar / Sula Boris / İstanbul Bilgi Üniversitesi Yayınları / 2011
- Pera'dan Beyoğlu'na Reboul Eczanesi / Aylin Çavuşyan-Serra Arıkök / Paros Dergisi / Sayı : 23 / Ağustos 201
- Pera Ressamları-Pera Sergileri: 1845-1916 / Seza Sinanlar Uslu / Norgunk Yayıncılık / 2010 / Fransız Kültür Merkezi Sergi Kataloğu / 2010
- Prusya Elçiliği'nden Doğan Apartmanı'na / C.Meyer Schlichtmann / Turing İstanbul Kitaplığı Yayınları / 1992
- Seyahatname / Evliya Çelebi / Yapı Kredi Yayınları / 2011
- Türkiye'deki Ermeni Katolik Kiliseleri / Hovhannes Çolakyan / Ohan Matbaacılık /1998
- Belle Epoque – Vie de Pacha / Var Matin / Sayı: 15 / Nisan 1997

KIYI KÖŞE İSTANBUL

TURGAY TUNA

e YAYINLARI